西昌学院博士科研启动项目"关系导向、商业模式创新 绩效的关系研究"（YBS202211）

U0571488

关系导向、商业模式创新与中小企业绩效

RESEARCH ON THE RELATIONSHIP BETWEEN GUANXI ORIENTATION,
BUSINESS MODEL INNOVATION AND SMES PERFORMANCE

杨　威◎著

GUANXI
BUSINESS
SMES

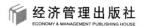

经济管理出版社
ECONOMY & MANAGEMENT PUBLISHING HOUSE

图书在版编目（CIP）数据

关系导向、商业模式创新与中小企业绩效/杨威著 . —北京：经济管理出版社，2023.5
ISBN 978-7-5096-9047-5

Ⅰ.①关…　Ⅱ.①杨…　Ⅲ.①中小企业—企业绩效—企业管理—研究　Ⅳ.①F276.3

中国国家版本馆 CIP 数据核字（2023）第 093974 号

组稿编辑：郭丽娟
责任编辑：赵亚荣
责任印制：黄章平
责任校对：蔡晓臻

出版发行：经济管理出版社
　　　　　（北京市海淀区北蜂窝 8 号中雅大厦 A 座 11 层　100038）
网　　　址：www. E-mp. com. cn
电　　　话：(010) 51915602
印　　　刷：唐山玺诚印务有限公司
经　　　销：新华书店
开　　　本：720mm×1000mm/16
印　　　张：14.5
字　　　数：266 千字
版　　　次：2023 年 6 月第 1 版　　2023 年 6 月第 1 次印刷
书　　　号：ISBN 978-7-5096-9047-5
定　　　价：88.00 元

前　言

  中小企业已经成为国家经济发展的中坚力量，是经济增长的重要驱动力。当前以互联网及人工智能为代表的新兴技术给市场环境造成了巨大冲击，在 VUCA 时代，层出不穷、变化不定的市场需求给中小企业带来了极大的挑战，不少中小企业的商业模式已无法适应这种外部环境的剧变与动荡，企业的生存与发展受到严重威胁。这迫使大多数中小企业不得不思考如何探索出一种更为新颖的商业模式以适配环境的变化，确保"活下来"，通过找到与自身组织特性相匹配的具体的商业模式来应对动荡的外部环境以获取市场博弈与产业角逐中的优势地位。同时，由于商业模式创新需要相当的资源基础以及伙伴的支持，因此，对于本土中小企业而言，还需要思考如何持续性地获取异质性的资源以推动商业模式创新，进而提升企业绩效。

  当前，组织间的正式制度连接与非正式网络关系都是中小企业获取资源的重要途径，但更有利于企业创新的隐性知识资源、异质性稀缺资源以及深度学习资源往往通过非正式网络关系得以高效传递，且随着中国特色社会主义市场经济制度的不断发展完善以及在反腐高压环境下全社会所形成的"亲清"政商关系的政治共识，"关系"的灰色作用已经被进一步弱化，反而其作为组织间正式制度的合理补充，为中小企业的创新资源获取提供了有效的基础。因此，当下中小企业对组织间非正式网络关系的重视与利用实际上是在法治社会框架下中小企业对市场经济普遍原则更为"圆融"的理解与灵活运用，其功能在越来越完备的制度框架下实现了更具合法性的优化。因此，基于这种"关系"所形成的关系导向正是中小企业获取创新资源的重要的合法性基础。再者，实现商业模式创新的目的主要在于提升竞争优势，但笼统地讨论商业模式创新与企业绩效的关系并不能揭示其中复杂的作用机制，因此需要进一步将商业模式创新与企业绩效进行细化研究，深入挖掘其中的作用机理。可见，树立关系导向可以驱动商业模式创新，而找到合适的商业模式创新类型才能提升企业绩效。但近期三者的关系尚在开放式的研究中，鲜有研究进一步探索不同类型的商业模式创新对企业绩效的差异化影响，更鲜有研究基于中国具体情境，从"关系"视角入手，探索关系导向下中小企业商业模式创新实现的内在机理，挖掘关系导向与中小企业绩效之间的作用关系，其中的"黑箱"有待进一步的揭示。

针对上述问题，本书从商业实践的困境与理论研究的缺口出发，紧紧围绕着"本土中小企业如何在制度环境约束下利用组织间非正式网络关系实现双元商业模式创新，并通过不同类型的商业模式创新在动荡的外部环境中获取不同的组织绩效"这一总问题，以中小企业为研究对象，以差序格局理论、社会资本理论、资源基础理论以及组织双元性理论为基础，尝试分析在动荡的技术与市场环境中，中小企业如何通过关系导向促进商业模式创新的实现，并且通过合适的商业模式创新类型构筑企业的竞争优势。

为了回答这一问题，本书具体分为三个子研究来加以探索：子研究一讨论在动荡的外部环境中商业模式创新对企业绩效的促进作用以及不同类型的商业模式创新对企业绩效的差异化影响。研究依据组织双元性理论提出一种新的商业模式创新类型划分方法，划分出双元协同型、效率主导型和新颖主导型三种商业模式创新类型，并对各类型商业模式创新与企业绩效之间的作用进行推导与实证，分析环境动态性的调节作用。子研究二讨论关系导向下具备组织双元性的商业模式创新实现的内在机理，详细讨论了资源获取在关系导向与商业模式创新及类型之间的中介作用。子研究三基于"导向—能力—行为—结果"的理论研究范式，构建了"关系导向—资源获取—商业模式创新—企业绩效"的理论模型，探讨了关系导向驱动下中小企业绩效提升的路径，从整体视角探讨了关系导向对中小企业的直接促进作用，以及资源获取与商业模式创新在关系导向与中小企业绩效之间的链式中介机制。本书通过问卷调查收集数据，经理论推导与统计检验得出以下结论：

（1）本书对商业模式创新类型的划分合理有效，其中双元协同型商业模式创新对各种企业绩效的正向影响显著，基本优于其他类型，而效率主导型商业模式创新对短期财务绩效的作用优于新颖主导型商业模式创新，新颖主导型商业模式创新对各种企业绩效的促进作用均不显著。

（2）环境动态性对商业模式创新与企业绩效之间的关系有着调节作用，但对不同类型的商业模式创新与企业绩效之间的调节作用并不一样。环境动态性负向调节效率主导型商业模式创新与短期财务绩效之间的关系，正向调节双元协同型商业模式创新与长期成长绩效之间的关系。

（3）关系导向对资源获取与商业模式创新及类型有显著的正向影响，资源获取对商业模式创新及类型有显著的正向影响，资源获取在关系导向与商业模式创新及类型之间具有显著的中介作用，关系导向可以驱动中小企业获取外部资源以推进其商业模式创新，帮助企业实现双元协同型、效率主导型或新颖主导型的商业模式创新。

（4）资源获取与商业模式创新在关系导向与中小企业绩效之间存在链式中介作用，关系导向通过驱动资源获取来促进商业模式创新的实现，进而提升中小企业绩效。

本书进一步丰富了关系导向、商业模式创新与中小企业绩效关系的相关研究，做出了一定的理论贡献。第一，本书基于组织双元性理论，提出了一种新的商业模式创新类型划分方法，探索了不同类型商业模式创新对中小企业绩效的差异化影响以及环境动态性的边界影响机制，促进了商业模式创新理论以及组织双元性理论的融合与发展。第二，本书基于中国特有的文化背景与管理思想，从中小企业实现组织双元性的可行路径出发，探索了关系导向下本土中小企业实现商业模式创新的内在机理，分析了资源获取在关系导向与商业模式创新及类型之间的中介作用，弥补了现有商业模式创新研究中中国情境因素探索的不足，推动了"中魂西制"相关研究的发展。第三，本书构建了整体研究的视角，提出了"关系导向—资源获取—商业模式创新—中小企业绩效"的整体分析框架，丰富了商业模式创新前因变量及结果变量的组合研究，本质上将差序格局理论、社会资本理论、资源基础理论、组织双元性理论等纳入统一的研究框架，促进了理论之间的契合。从整体来看，本书清晰地指出，在中国情境下，关系导向可以帮助中小企业获取外部资源以实现不同类型的商业模式创新，进而提升企业绩效，且双元协同型与效率主导型商业模式创新对企业绩效的促进作用要显著优于新颖主导型和双低对照组商业模式创新。

目　录

1 绪 论

1.1 研究背景

1.1.1 现实背景

2018 年，习近平总书记在民营企业座谈会上发表重要讲话，充分肯定了民营经济的历史贡献与重要作用，对"大力支持民营企业发展壮大"的战略部署进行了深刻阐述，指出了民营经济未来发展的重要方向。

2019 年国家统计局发布的《第四次全国经济普查系列报告之十二》指出，2018 年末，中小微企业的整体规模不断扩大，占全部规模企业法人单位（以下简称全部企业）的 99.8%，吸纳就业人员的数量占全部企业就业人数的 79.4%，资产规模占全部企业资产总计的 77.1%，全年营业收入占全部企业全年营业收入的 68.2%。

2020 年 7 月 21 日，习近平总书记在北京主持召开企业家座谈会并发表重要讲话，指出要千方百计把市场主体保护好，激发市场主体活力，落实好纾困惠企政策，打造市场化、法治化、国际化营商环境，高度重视支持个体工商户发展，弘扬企业家精神，勇于创新，集中力量办好自己的事。

2021 年 7 月 28 日，全国中小企业工作座谈会在湖南长沙召开，会议深入分析了中小企业在经济社会发展全局中的重要作用，学习贯彻国务院领导同志在 11 月 22 日部分地区中小企业工作座谈会的重要讲话精神，认真贯彻落实党中央、国务院关于促进中小企业发展的决策部署，围绕工业和信息化部工作布局，实事求是地总结今年工作，客观准确地分析明年形势，谋划明年的工作。

党的二十大报告指出："坚持和完善社会主义基本经济制度，毫不动摇巩固和发展公有制经济，毫不动摇鼓励、支持、引导非公有制经济发展""促进民营经济发展壮大"。

当前，构成民营经济主体的中小企业虽然在规模上与成熟的大型企业相比仍然较小，但灵活的决策机制、灵敏的市场反应、强烈的创新动机使其能够在市场中蓬勃发展，成为经济增长的重要驱动力，在经济转型与市场变革中扮演了重要角色，在稳定增长、促进创新、增加就业、改善民生等方面发挥着不可替代的作用。中小企业已经成为国家经济发展的中坚力量。

然而，中国经济运行已步入"企稳入常"的新阶段，呈现速度换挡、结构调整、动力转换的新特征，经济发展已由高速增长阶段转向高质量发展阶段。在这种经济结构调整、经济增速平稳的背景下，现有市场出现产能过剩，中小企业在供需两端的激烈竞争中备受"双重挤压"，存活率不容乐观。同时，中小企业本身也呈现出小而不强、缺乏创新的弱点，具体表现为合法性不足、资源匮乏、创新有限、要素涌动不充分等问题。这些不利因素阻碍了中小企业的生存与发展，使中小企业难以应对严峻的外部挑战。

激烈的竞争迫使中小企业的管理者开始思考如何通过创新来应对动荡的外部环境以获取市场博弈与产业角逐中的优势地位。著名的硅谷投资人 Peter Thiel (2015) 在其著作《从 0 到 1》(Zero to One) 中指出，在互联网时代，企业需要不断变革自己的商业模式以确保生存与发展，中小企业的商业模式不应仅仅止于从 1 到 N 的复制，还应该强调从 0 到 1 的创新，商业模式的创新可以让中小企业后来居上，获得优势地位。同样地，IBM 公司的报告指出，5 年间仅聚焦产品或服务创新的企业，其复合增长率有小幅度提升，只在运营创新方面有所投入的企业却呈现负增长的状态。而较之于前两者，聚焦商业模式创新的中小企业不仅实现了快速增长，而且其涨幅远高于聚焦产品或服务创新的企业（见图 1.1）。其实，IBM 公司本身就通过商业模式的创新由制造商转变为了服务提供商，从一个产品生产商转型为了知识集成商。

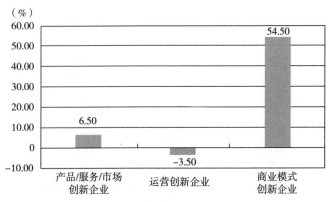

图 1.1　不同创新方式的增长率

　　早在 2013 年的中央经济工作会议上，商业模式创新就被定位成我国强化创新驱动发展的五个创新之一，是推进创新驱动发展战略的重要抓手。事实上，越来越多的中小企业也的确通过商业模式创新获得了竞争优势。据国务院发展研究中心统计，2016 年全球 76% 的商业模式创新发生在中国，不少中小企业因新颖的商业模式而竞相崛起。2018 年，国家统计局直接制定并颁发了《新产业新业态新商业模式统计分类（2018）》指导意见书，以更好地监测"三新"经济活动的规模、结构和质量，更好地服务于国民经济的整体发展，为中小企业的商业模式创新实践提供指导意见。可见，从宏观到微观层面，商业模式创新已经成为推动创新驱动发展战略、提升竞争能力的重要手段。正如德鲁克所言："当今企业间的竞争，是商业模式的竞争，而不是产品的竞争。"

　　然而，商业模式创新依赖于组织扎实的资源基础，商业模式创新就是企业把资源投入转化为产出的创新过程（Amit & Zott，2016），资源的匮乏会造成企业商业模式创新动力的耗散与衰竭。再者，作为一种典型的开放式创新，商业模式创新涉及不同交易主体之间的互动关系与维护这种关系的治理机制（Amit & Zott，2016），这种开放性特征决定了其创新过程需要中小企业与利益相关者开展合作、拓宽网络、深化关系，解决信任构建的问题。因此，对于中小企业而言，实现商业模式的创新需要思考几个现实问题：如何进行商业模式创新？怎样持续性地获取异质性的资源以推动商业模式创新？怎样避免开放式商业模式创新过程中的机会主义风险？

　　边燕杰和缪晓雷（2020）指出，在中国，对以上问题的回答离不开基于文化情境的具体思考，需要深入考量儒家文化下传统价值观对组织行为的影响，解释清楚"关系"（guanxi）在商业社会中的重要作用。进一步地，组织间的正式制度连接与非正式网络关系都是中小企业获取资源的重要途径，但更有利于企业创新的隐性知识资源、异质性稀缺资源以及深度学习资源往往通过非正式网络关系得以高效传递，且随着中国特色社会主义市场经济体制的不断发展完善以及在反腐高压环境下全社会所形成的"亲清"政商关系的政治共识，"关系"的灰色作用已经被进一步弱化，反而其作为组织间正式制度的合理补充，为中小企业创新资源的获取提供了有效的基础。因此，当下中小企业对组织间非正式网络关系的重视与利用实际上是在法治社会框架下中小企业对市场经济普遍原则更为"圆融"的理解与灵活的运用，其功能在越来越完备的制度框架下实现了更具合法性的优化。因此，基于"关系"形成的关系网络与关系治理是在社会主义市场经济与法治社会构建过程中中小企业获取合法性基础的有力补充，是构建信任机制、获取外部稀缺资源的有力保障。关系型交易与合作在市场中普遍存在，中小企业历来都重视关系网络的构建与优化，这为中小企业高效地获取稀缺资源、实现协同创新提供了一条切实可行的稳定路径。

这方面最为典型的现实案例是各地中小企业都会依靠以地缘关系为基础形成的商会，依靠"商会""老乡会""同学会"等形式拓展、利用关系。如著名的温江商会就是浙商在全国快速发展的重要因素。笔者曾经与哲仑贸易（云南）有限公司的创始人深入交流过，公司之所以能快速在昆明市场立足，主要就是依靠公司创始人多年来在云南构建的社会资本与社会关系网络，通过关系网络在企业家朋友圈中树立了产品的良好口碑，并获得几家大型企业员工工装定制的关键性大订单，逐步提升了市场份额，建立了行业认可的区域性服装定制品牌。

另外，各种商学院通常会开设总裁班或 MBA、EMBA 教学，学员一方面可以借此学习前沿的商学知识，另一方面能够通过这种业缘与不同行业的企业家建立同学关系，通过关系的构建、深化与拓展形成更好的关系网络，促进合作，实现创新。

然而，虽然确有不少中小企业因这种关系取得成功，但这并不表示对关系的利用就一定会带来必然的成功，其中的复杂机制还需要进一步讨论。正如罗永浩是通过其好友张亚东的关系实现了锤子手机音乐界面与调音软件系统的全面升级进而获得了初期成功，不少中小企业的创业者更是通过业界的好人缘、好关系来克服新生劣势。但需要清楚地认识到，构建好了关系绝不代表之后可以一劳永逸。锤子手机最后在市场竞争中的节节败退与其模糊的商业模式有着莫大关联，即不清楚自身商业模式在价值系统中的定位，未积极通过适时的商业模式创新来整合利用关系网络的资源，进而导致该手机品牌失去了长久的竞争优势。

相反，笔者在研究中了解到，成都环龙集团在创建"斑布 BABO"竹纤维本色生活用纸品牌时，其生产、运营等方面工作的实现与落地恰恰是通过其某位副董事长在原材料生产基地的个人关系而打通了合作最关键的一环，实现了商业模式创新，促使该品牌迅速拓展为全国竹纤维本色生活用纸引领者之一。

因此，对于中小企业而言，如何高效地利用其关系来促进创新，提升企业绩效，寻找到中国情境下关系影响商业模式创新与组织绩效的途径才更具有现实意义，这也是中小企业在激烈竞争环境中通过商业模式创新获取竞争优势时亟须解决的问题。

1.1.2 理论背景

商业模式创新已成为学术界研究的热点问题，其研究成果呈逐年递增的态势（余来文，2015）。不少学者指出，合适、可靠的商业模式能够帮助企业迅速将商机变现，商业模式创新是企业获取竞争优势、提升绩效的重要手段（Zott & Amit，2007；Chesbrough，2010；胡保亮，2012；Cucculelli & Bettinelli，2015；Mishra，2017）。例如，商业模式创新可以有效促进股东价值的提升（Martins et al.，2015），可以提高组织的财务绩效（蔡俊亚和党兴华，2015）或经营绩效（李巍和丁超，2016），同时也有助于企业构筑可持续性的竞争优势（Amit & Zott，2016）。

但由于目前商业模式创新的研究仍处于探索阶段，商业模式创新与企业绩效之间较为复杂的作用关系还需要进一步分析（Foss & Saebi，2017），不少结论之间还存在矛盾的地方，且鲜有研究以中小企业为研究对象，进一步从类型学的角度划分商业模式创新类型，以探究不同的商业模式创新对不同企业绩效的作用差异，其中的匹配关系还不明晰，需要进一步深入探索其中复杂的作用关系（Zott & Amit，2017）。同时，早期研究多从封闭的视角认为商业模式创新就是企业独自设计的新的商业策划方案，但开放式创新理论指出，"商业模式创新的过程实质上就是开放式学习的过程，企业对于知识资源的获取活动已经从封闭式模式逐渐转变成开放式模式"，商业模式创新的过程就是中小企业与合作伙伴一起完成的对交易系统的改进、变革，进而共同创造价值的过程。实现资源在组织间的有序流动，促进组织之间的良性沟通，建立起和谐的网络关系，将有利于商业模式创新的实现，进而提升组织绩效。基于此，本书通过对以往文献的回顾与梳理，发现相关研究还存在以下不足：

第一，商业模式的创新及类型对中小企业绩效的影响机制研究较为片面。现有文献主要分析了商业模式创新对企业整体绩效的促进作用，但也有研究指出这种促进作用未必显著，这种结论差异可能在于没有深入分析不同类型的商业模式创新之间的差异，即鲜有研究深入探讨不同类型的商业模式创新对中小企业绩效的差异化影响，它们之间的关系还有待进一步分析、研究与验证，这就需要对各种类型的商业模式创新与中小企业绩效间的关系进行更深入、更细化的研究。

同时，现有研究也很少将已适用于技术创新、战略联盟和组织学习等领域的组织双元性理论用于商业模式创新研究中，即鲜有研究从双元创新的角度来深入探索商业模式创新（Hu & Chen，2016；Liao et al.，2018）。虽然已有学者提及商业模式创新的双元性特征（朱明洋等，2017），但多止于概念提及，需要进一步深入分析。

再者，以往研究对商业模式创新类型的划分多基于案例分析，从逻辑演绎法的角度选择恰当的要素或维度划分商业模式创新类型的研究还相对偏少，且仅有的类型研究在实证过程中多把商业模式创新类型看作连续变量，而没有根据理论上的划分类型对数据样本进行分组，构建商业模式创新类型多分类变量，这使研究结论常常模糊与矛盾，实证研究还有待加强（庞长伟和李垣，2016）。可见，从理论到实证，有必要进一步探索商业模式创新对中小企业绩效的作用关系，解析其中的复杂机理，进一步深入分析不同类型的商业模式创新对中小企业绩效的差异化影响。

第二，中小企业商业模式创新的实现机理还需要进一步深化，鲜有研究基于中国特有情境来探索中小企业是如何实现具有双元性特征的商业模式创新的（吴晓波和赵子溢，2017）。现有研究已探讨了动态能力、高管团队、需求变化、技术进步等因素对中小企业商业模式创新的影响，但鲜有研究基于中国关系型社会这一重要的具体情境来分析中小企业商业模式创新的前因变量。

王利平（2012，2017）指出，"中魂西制"是中国式管理的核心问题，是管理学研究的重要方向，中主西辅与中实西形是企业管理实践中的基本事实，探索影响企业决策的深层次因素离不开对一脉相承的价值共识与文化共鸣的深入思考。作为一个极具特色也极为重要的概念，"关系"已经在西方主流研究中取得了合法地位（Park & Luo，2001；Lee et al.，2001；Su et al.，2003、2009；Murray & Fu，2016；Zhou et al.，2020）。不少研究指出，"关系"作为一种中国文化的内生性要素，对中小企业的生存与发展有着重要影响。但作为组织层面对个体"关系"制度化利用的关系导向如何作用于中小企业的成长与发展，是否有利于中小企业的商业模式创新，又是如何促进中小企业商业模式创新的，其中的内部机理还需要进行深入探索，其中的"黑箱"有待进一步研究。

差序格局理论指出，在转型经济体中，组织间基于信任所构建的非正式渠道与非市场交易机制是中小企业获取资源的有效方式，而关系导向作为一种重视与利益相关者协同合作的组织战略，可以促进伙伴之间彼此信任的构建，进而促进中小企业从外部获取稀缺资源。资源基础理论认为，商业模式创新的本质就是组织对获取的外部资源予以整合利用进而提升价值的过程（Amit & Zott，2012），互补异质的资源正是企业创造价值、实现创新的基础。因此，关系导向可能通过资源获取促进商业模式创新，但相关研究尚未就这一可能存在的递推机制进行深入探讨，关系导向能否推动商业模式创新及商业模式创新的各种类型需要进一步探究。

第三，商业模式创新在关系导向与中小企业绩效之间的作用也缺乏深入的探讨与分析，鲜有研究探索关系导向对中小企业绩效的促进作用以及实现路径。已有研究从创业导向、市场导向、技术导向、顾客导向等战略导向角度探索了中小企业绩效的提升方式和路径，但缺乏从"关系"的视角研究关系导向这一重要的战略导向与中小企业绩效之间的关系。再者，由 Foss 和 Saebi（2017）提出的商业模式创新研究模型可知，商业模式创新是企业提升组织绩效的一种转化机制，企业通过商业模式创新能够保证自身稳定地成长，但需要了解推进这一转化机制的驱动因素。因此，在了解了商业模式创新对绩效的促进作用及其实现机理后，进一步将商业模式创新作为中介变量探索其在前因变量与结果变量之间的传递机制也比较重要。同时，现有研究多是分析单一中介的作用，多重中介的实证研究还比较缺乏（Wales et al.，2013；姚梅芳等，2018）。但根据 Chrisman 等（1998）的绩效形成多因素复杂模型与 Acosta 等（2018）等学者的相关研究可知，在真实的商业情境中，中小企业的成长与发展具有复杂性，企业是在众多因素的共同作用下运行并获取绩效的，因此探索变量间可能存在的多重中介效应非常有必要（Divito & Bohnsack，2017）。由于现有研究既缺乏从"关系"这一中国视角来探索中小企业商业模式形成机理的文献，又缺乏深入分析商业模式创新及类型对中小企业绩效差异化影响的文献，因此，对关系导向、商业模式创新与中小企业绩效之间的作用关系也缺乏相应的理论分析与实证研究。关系导向是怎样促进商业模式创新进而提升中小企业绩效的？其中复杂的作用机制还有着较大的研究空间。

1.2 研究内容

在当下开放式创新的大背景下，本土中小企业如何有效克服资源匮乏的困境以促进商业模式的创新，并通过与自身组织结构相适配的商业模式创新类型来促进组织绩效的提升，已经成为中小企业获取可持续性发展的重要命题。

因此，本书从商业实践的困境与理论研究的缺口出发，紧紧围绕着"本土中小企业如何在制度环境约束下利用组织间非正式网络关系实现双元商业模式创新，并通过不同的商业模式创新在动荡的外部环境中获取不同的组织绩效"这一总问题，以中小企业为研究对象，以差序格局理论、社会资本理论、资源基础理论以及组织双元性理论为基础，尝试分析在动荡的技术与市场环境中，中小企业如何通过关系导向促进商业模式创新，并且通过合适的商业模式创新构筑企业的竞争优势，进而实现可持续性的发展。为了回答这一问题，本书具体分为三个子研究来加以探索：

子研究一：商业模式创新及类型对中小企业绩效的促进作用与差异化影响。

商业模式创新对中小企业绩效的影响机制较为复杂，因此研究既要探索商业模式创新整体对中小企业绩效的促进作用，也要分析清楚不同类型的商业模式创新对中小企业绩效的差异化影响。组织双元性理论指出，组织在实践中具备双元性，可以通过某种方式调节"鱼和熊掌"的权衡取舍问题。虽然已有一些学者提出了商业模式创新的双元性问题，但多止于概念上的提及，还未深入研究。因此，本书将基于组织双元性理论，从商业模式创新的效率与新颖两个维度，划分出更为清晰的商业模式创新组合类型，并界定各商业模式创新类型的内涵，然后以此为基础探索不同类型的商业模式创新对中小企业绩效的差异化影响。在实证研究中，本书将根据理论划分类型对数据样本进行分组，构建商业模式创新类型这一多分类变量，以更加清晰的方式呈现出不同类型的商业模式创新对中小企业绩效的差异化影响。同时，组织双元性的实现受外部环境的影响，动荡的外部环境更能驱动组织平衡双元之间的张力，加之企业的战略管理与创新活动通常也受外部动荡环境的影响，因此本书还将以环境动态性为边界条件，研究其对商业模式创新与中小企业绩效之间关系的影响，分析环境动态性在不同商业模式创新类型与中小企业绩效之间的调节作用。具体内容见第4章。

子研究二：关系导向下中小企业商业模式创新实现的内在机理。

"关系"是"中魂西制"相关研究较好的切入点，差序格局下中国特有的资源配置方式与信任构建机制是中小企业决策与行为的重要依据，能够帮助中小企业突破实现组织双元性的资源困境。个体或组织往往以"关系"为纽带，构建差序式的关系格局，并依据"关系"的亲疏远近决定利益与资源的分配、交易与合作的路径。商业模式创新需要异质性资源的支撑，而关系导向所发挥的功能与作用是驱动中小企业突破资源困境与合法性门槛的重要因素，为企业的开放式商业模式创新构建了稳固的资源基础与有利的合作空间。缺乏资源的中小企业需要树立关系导向以构建良好的关系网络，使企业可以用较低的成本获取资源以支撑企业的商业模式创新。以往研究虽然探讨了社会网络对资源获取的促进作用，但该理论强调弱关系对获取异质性资源的作用。然而，在中国这样的新兴经济体中，社会的诚信建设与制度构建还在完善过程中，弱关系所构建的信息桥包含太多虚假信息，本土中小企业通过构建和谐稳固的良好"关系"来获取资源。因此，本书结合中国独特的文化背景与管理思想，以"关系"为切入点，探索关系导向促成商业模式创新实现的内在机理，深入分析资源获取在关系导向与商业模式创新及其不同类型之间的中介机制，构建出关系导向、资源获取与商业模式创新的研究模型，打开"黑箱"。具体内容见第5章。

子研究三：关系导向驱动下中小企业绩效提升的路径。

不少研究指出，关系导向对中小企业的生存与发展有着重要影响，能够有效促进企业绩效的提升。从社会资本的角度来看，关系导向能够有效地动员网络间的社会资本，有利于营造企业在战略层面重视外部关系的组织氛围，形成独特的基于伙伴间长期合作、长效互惠的管理哲学，提升组织的适应性，提升中小企业的组织绩效。Mishra（2017）指出，中小企业的竞争优势来自组织从外部获取资源这种适应性机制以及与伙伴合作所构建的商业模式。而关系导向则是这一过程的重要战略驱动因素，规定了企业以构建信任关系、获取异质资源为主线的战略方向，能够赋予中小企业不断创新的核心动力，驱动中小企业的商业模式创新以提升绩效，因此，资源获取与商业模式创新可能在关系导向与企业绩效之间有着递推式的链式中介作用。基于此，子研究三将进一步从整体视角出发，探索资源获取与商业模式创新在关系导向与中小企业绩效之间的作用机理，并对不同路径的中介效应的大小进行对比，揭开"黑箱"，以期提出更契合中小企业基本特性的解释机制。具体内容见第 6 章。

1.3 研究方法与技术路线

1.3.1 研究方法

本书主要采用文献研究法、专家访谈法、问卷调查法以及统计分析法等方法对研究进行分析论证，各研究方法匹配不同的研究侧重点与研究目的。

（1）文献研究法。结合差序格局理论、社会资本理论、资源基础理论以及组织双元性理论等相关理论，对关系导向、资源获取、商业模式创新、中小企业绩效、环境动态性等领域的文献进行大量的收集整理和分析，完成对相关概念的界定并对它们的关系进行初步的理论推导，以此作为本书研究问题的理论基础。

（2）专家访谈法。本书辅之以专家访谈法来深化对本书核心概念的理解，并基于此优化调查问卷。本书制定访谈提纲，采用半结构化访谈的方式对受访对象展开对话与调研，通过现场面对面的交流获取企业的一手数据和企业家的真实想法，并在访谈中认真记录，事后及时整理分析，深入剖析变量之间的关系以及问卷题项设置的合理性等。

（3）问卷调查法。由于本书所涉及的核心问题的数据均无法直接从公开资料中获取，故采用了问卷调查的方法。在文献研究的基础上，针对研究内容科学地设计调查问卷，通过发放问卷获取研究所需的样本数据，为下一阶段的实证研究做准备。

（4）统计分析法。基于问卷调查法获取的样本数据，使用 Excel 2007、SPSS 22.0 以及 AMOS 20.0 等统计分析软件对所提出的研究模型和假设进行描述性统计分析，测度变量的信度及效度，并对数据样本按相关理论进行分组，构建新的分类变量，通过单因素多元方差分析、多元线性回归分析、Logistic 回归分析以及 Bootstrap 方法对数据进行检验。

1.3.2 研究技术路线

本书的技术路线如图 1.2 所示。

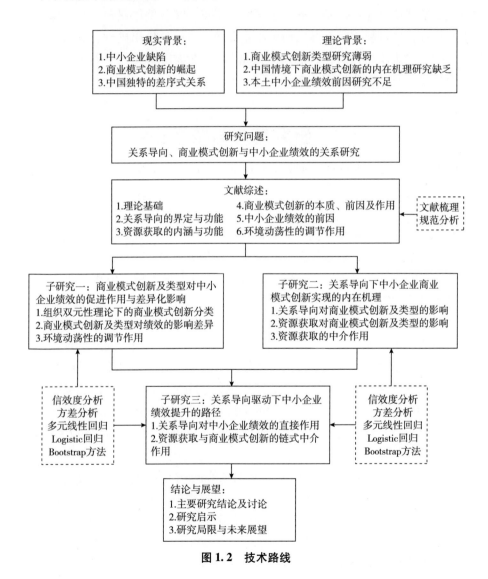

图 1.2 技术路线

本书首先对研究的现实背景与理论背景进行了深入分析，由研究背景直接提炼出本书的研究命题。其次，结合现有的理论基础，深入分析了关系导向、资源获取、商业模式创新、中小企业绩效以及环境动态性等变量的内涵定义以及研究现状，进一步指出了现有的研究空白。再次，建立了整体分析框架，并划分出三个子研究模型。最后，通过问卷调查收集到了相关数据，并采用单因素多元方差分析、多元线性回归分析、Logistic 回归分析以及 Bootstrap 方法进行验证，并基于研究结果进行了深入的讨论，指出了研究的理论贡献、实践启示以及局限性，并对未来研究的方向进行了展望。

1.4 内容结构

本书共分为 7 章。各章内容安排如下：

第 1 章，绪论。本章旨在阐明研究背景，提出研究的切入点，探讨研究意义与研究价值，阐明结构安排与创新之处。

第 2 章，文献综述。本章就差序格局理论、社会资本理论以及资源基础理论进行了分析，在此基础上对关系导向、资源获取、商业模式创新、中小企业绩效、环境动态性等重要变量进行了回顾与梳理，界定了各变量的内涵、维度，着重讨论了现有的研究成果与需要深化的地方，对研究进行了归纳总结。

第 3 章，分析框架与子研究模型。在梳理文献的基础上，分析本书研究变量之间的整体关系，提出整体研究框架，并进一步划分出三个子研究模型。

第 4 章，商业模式创新及其类型对中小企业绩效的促进作用与差异化影响，为子研究一。本章首先详细介绍组织双元性理论，在此基础上划分出商业模式创新类型。其次对商业模式创新及类型与中小企业绩效的关系进行分析与推导，分析了环境动态性的调节作用，提出了研究假设。再次在研究设计中，说明问卷设计的过程及内容，确定关键变量的测量方式，简要介绍了数据的处理方法。最后进行了实证分析与简要的结果讨论，运用统计软件检测量表的信度和效度以及各变量间的相关性，并对样本数据进行了分组，继而分析验证。

第 5 章，关系导向下中小企业实现商业模式创新的内在机理，为子研究二。本章首先基于相关理论基础及上一章有关商业模式创新的划分类型提出了研究假设，分析了关系导向下中小企业商业模式创新实现的内在机理。其次进行研究设计，结构上与第 4 章类似，内容上增加关系导向、资源获取两个重要变量。最后运用统计软件检测量表的信度和效度以及各变量间的相关性，并对假设进行实证分析。

第6章，关系导向驱动下中小企业绩效提升的路径，为子研究三。本章进一步从整体上探索关系导向与中小企业绩效之间的内在机理、作用机制，探索关系导向如何通过商业模式创新促进中小企业绩效的提升，分析中小企业绩效提升的路径。

第7章，研究结论与启示。本章首先对三个子研究的实证结论进行了深入分析与探讨，其次深入总结了理论贡献与实践启示，最后指出了本书研究中可能存在的局限性以及未来的研究方向。

1.5　主要创新点

第一，提出一种新的商业模式创新类型划分方法。本书基于组织双元性理论提出一种新的商业模式创新类型划分方法，将商业模式创新分为双元协同型、效率主导型与新颖主导型三类，验证了双元协同型商业模式创新对中小企业绩效的影响显著优于效率主导型和新颖主导型，进一步探索了不同类型商业模式创新对中小企业绩效的差异化影响，一定程度上解释了商业模式创新对中小企业绩效的作用不一致的结论，深刻揭示出商业模式创新与企业绩效之间复杂的匹配关系，深化、拓展了组织双元性理论的内涵与应用场景，同时探讨了环境动态性在其中的边界影响机制。本书将不同商业模式创新类型所对应的数据样本进行分组，构建出商业模式创新类型这一多分类变量，验证了分类的合理性与可靠性。通过单因素多元方差分析与回归分析更加清晰、直观地描述出双元协同型、效率主导型和新颖主导型商业模式创新对中小企业短期财务绩效与长期成长绩效影响的差异，实证了双元协同型商业模式创新相对于其他类型而言对企业绩效更为显著、更为强烈的促进作用，探索了效率主导型商业模式创新相较于新颖主导型而言对企业绩效提升更为独特的贡献，即双元协同型与效率主导型商业模式创新对于中小企业绩效的提升作用要优于新颖主导型和双低对照组商业模式创新。同时，本书提出并验证了环境动态性对不同类型商业模式创新与中小企业绩效之间关系的不同的调节作用。这些都有效揭示出商业模式创新与中小企业成长和发展之间关系的复杂性与多样性，为中小企业提供了实施商业模式创新以提升绩效的有效方案，促进了商业模式创新理论与组织双元性理论的融合与发展。

第二，丰富了中小企业商业模式创新的实现机理研究，构建了不同理论之间的联系，打破一元局限，基于中小企业实现双元创新的适配路径，探索出中小企业在"关系导向"战略驱动下实现双元性商业模式创新的内在机理。本书从差序格局这一典型的中国情境出发，基于中小企业组织双元性的可实现路径，探索了关系导向下本土中小企业商业模式创新得以实现的内在机理，提出了关系导向促进资源获取以实现中小企业商业模式创新的具体路径，弥补了现有商业模式创新研究中中国情境因素探索的不足。"关系"作为差序格局下社会有效运转的"复用纽带"，已经以文化嵌入的方式深刻影响着人或组织的行为方式与决策模式，是解决中小企业合法性不足与资源匮乏等问题的重要手段。本书提出并验证了资源获取在关系导向与商业模式创新及其类型之间的作用机制，清晰地揭示了关系导向的中介作用路径以及关系导向与商业模式创新之间复杂的作用机理，具有较强的针对性与说服力。

第三，进一步打开了关系导向与中小企业绩效之间关系的"黑箱"，丰富了中小企业绩效前因变量组合研究，深刻地揭示出中小企业成长的独特路径。本书整合相关理论，基于"导向—能力—行为—结果"的理论研究范式，构建了"关系导向—资源获取—商业模式创新—企业绩效"的理论模型，从整体视角研究了关系导向对中小企业绩效的直接作用，深入探索了资源获取与商业模式创新在关系导向与中小企业绩效之间的双中介以及链式中介作用机制。本书将相关理论纳入统一的研究框架，构建整合模型，研究了关系导向、资源获取、商业模式创新与中小企业绩效之间的作用机理与机制，丰富了战略导向视角下从关系网、资源能力到商业模式创新的中小企业竞争优势的相关理论研究，对中小企业绩效的成因研究具有较好的推动作用。从整体来看，本书清晰地指出，在中国情境下，关系导向可以帮助中小企业获取外部资源以实现商业模式创新，进而促进绩效的提升，且不同类型的商业模式创新对中小企业绩效的促进作用存在差异，其中双元协同型与效率主导型商业模式创新对企业绩效的促进作用要显著优于新颖主导型和双低对照组商业模式创新。

2 文献综述

2.1 理论基础

2.1.1 差序格局理论

费孝通（1948）提出的著名的差序格局理论深刻地揭示出中国社会的人际关系格局，指出中国的社会关系呈现出以"己"为中心而层层推演的特征，形成"等差"的关系与"有序"的层级，即构建"自我—亲人—熟人—生人"的关系格局（杨国枢，2005）。但在中国的文化语境中，"自我"并不等于西方文化中"团体格局"中的独立个体，并非彰显一种强调平等观念的个人主义。"己"或"自我"的本质是在"伦"与"礼"的规范下形成的一组组相对的社会关系，"自我"只能存在于区别亲疏远近的不同的关系组别中（费孝通，1998），"自我"是相对于他人而言方能成立的概念（洪建设和林修果，2005），因此这种相对的"关系"才是中国社会圈子中最为核心的命题（张江华，2010；边燕杰，2010）。"关系"已经成为中国商业生态圈有效运作的基础性变量，是组织在以儒学为核心的文化牵引下开展商业活动所需要遵守的价值规范（庄贵军，2012）。这是因为差序格局的关键在于通过这种稳态的社会关系形成一套与之匹配的社会行为模式，人与人之间或组织与组织之间都可以通过确立彼此在差序格局中的相对关系进而开展不同的决策与合作。

然而，差序格局的稳定性并非指由先赋性"血缘"所构成的社会圈子是一成不变的，翟学伟（2012）直接指出，差序格局的核心在于其动态性，是由己及人的"推"的过程，"推"是差序格局得以存在与发展的基本动力。在人际交往中，人们通常可以形成以"己"为核心的几组社会关系，这些社会关系主要以"缘"为基础进行区分（庄贵军，2012），能够妥善处理好不同的社会关系即所谓的有"人缘"。通常人们将"缘"划分为缘分与机缘（杨国枢，2013），缘分主要表征一种长期的关系,包括亲缘(血缘姻亲)、地缘(同乡邻舍)、业缘(同学同行)以及神缘(相同的宗教信仰)等,而机缘则表征一种临时性的短期关系,如同考、同船、同店等。人们基于缘分与机缘通常可以区别出家人关系、熟人关系、生人关系乃至排斥关系,差序格局动态性的主要表现就是可以推动这些不同关系相互之间的有效转化,形成以"己"为核心的不同社会关系的延伸、推广与转化(庄贵军等,2008;庄贵军,2012)。这些差序的关系层次并非单向的,而是呈现出波浪式的进退与伸缩,"群""己""公""私"之间的边界在关系层次的演变与转化中始终呈现出相对状态(费孝通,1998;孙立平,1996)。因此,差序格局理论的核心观点就在于中国人的关系行为是基于不同的关系层次与格局而开展的,个体或组织应该不断拓展"自己人"的范围,构建一个由己及人的差序式的网络结构。当"自己人"越来越多时,其所拥有的"人脉"也就越来越广,可使用的社会资本也就越来越多(Park & Luo,2001;Su et al.,2009)。

在转型社会中,差序格局理论依然发挥着重要作用,一方面是因为在传统与现代的冲突对抗中,某些非功能性的传统价值观势必在"扬弃"中得以保留,即使表现形式会产生变异,但深层次的价值内核并未改变,差序格局在当下依旧拥有较强的社会基础,基于血缘、地缘、业缘等构建的熟人关系网络在现代社会中依然具有强大的生命力(王建斌,2012),并表现出以下特征:第一,依旧以"己"为中心,以亲缘为基础,在构建关系层级上奉行特殊主义而非普遍主义;第二,延续传统的伦理规范,以差序性的权利与义务关系导引个人的价值追求,以辩证的"义利"关系构建社会的道德原则;第三,依据差序格局配置社会的稀缺资源,且这种"关系"依附在生产、消费与交易中,发挥着重要作用(卜长莉,2003;Murray & Fu,2016)。

另一方面,市场经济的逐步完善与公民社会的形成,推动了差序格局理论的变迁与发展,拓展了该理论的适用范围与情境。首先,传统差序格局下所形成的社会圈子通常是封闭的团体或组织,在空间上呈现出隔阂、孤立的状态,有较强的封闭性与排他性,社会圈子之间的转化往往难以实现。而在社会现代化的过程中,信息的通畅、交通的便利以及人口的迁徙,促使不同的社会圈子可以相互碰撞与融合,进而差序格局的形成可以突破原有边界,开放与融合两种特性得以衍生,个体或组织普遍采用拟"血缘"或准"亲缘"的方式拓展关系网络与系统,差序格局中逐渐衍生出信任格局。

其次,现代社会的人际关系呈现出前所未有的复杂性,传统宗族的崩解与现代社会的崛起,使固有的纲常伦理附着了越来越多的利益色彩。对关系的衡量中,利益的权重增加,成为较为重要的参考标尺,差序格局呈现出明显的"工具化"特点，即基于利益最大化的决策思维成为不同组别关系相互转化的重要依据。因此，在儒教文化主导下的转型社会与新兴经济体中，探索差序格局的"合理内核"关键在于围绕"权+利+情"构建三位一体的关系格局（洪建设和林修果，2005）。"权"表征主导，即谁拥有这一层社会圈子的控制权，"利"表征分配，即利益分配的方式，"情"则表征人情，即共同遵守的道义与责任，实现三者的有机平衡是维持现有差序格局稳定的前提与条件。因此，社会转型所带来的剧变不仅没有颠覆以往差序格局的文化根基，反而通过制度化的构建过程，赋予了其更为充沛的经济动力与更为合理的机制保障（童星和瞿华，2010）。运用差序格局理论研究中国情境下的组织行为与决策模式，有利于从特有的文化情境中探索研究中国企业的行为逻辑与价值导向（Su et al.，2003；杨光飞，2009；Huang et al.，2011；庄贵军，2012；王建斌，2012；杨玉龙等，2014；于维娜等，2015；Goh & Nee，2015）。

综上所述，差序格局理论认为，植根于中国固有的文化根基与社会现代化转型的具体情境，个体或组织往往以"关系"为纽带，构建差序式的关系格局，并依据关系的亲疏远近决定利益与资源的分配、交易与合作的路径，越是处于熟人关系网络的内层，彼此间的合作与沟通就越为简易与顺畅，越能获取差序格局中的关系红利。这表明，个体或组织会依据不同的关系层次在资源共享与情感依附上区别对待，进而构建个体与个体、组织与组织间的差序氛围。

中小企业具有小而弱、合法性不足且依赖于创业者或管理层的特征，受到极强的资源限制，带有明显的个人烙印，克服成长困境的关键在于通过独有的渠道获取足够的资源并通过适合的商业模式提高这些资源的使用效率（Wubben et al.，2015；李巍和丁超，2016；Chang，2017），从而可以持续性地创造出更多的价值，提升企业的组织绩效。研究指出，在转型新兴市场中，企业家应该投入更多的时间来构建和维护这种基于互惠与信任的社会关系，以获取正式渠道中难以获取的资源与知识，提升企业的创新能力（Peng & Luo，2000；Luo et al.，2012）。因此，在动荡的环境与激烈的竞争中，中小企业更应该在差序格局中构建良好的社会关系，在组织战略上树立强烈的关系导向，将创业者或管理层的个人关系转化为组织关系，并通过关系格局的优化，减少双方的关系级差，加深彼此的合作信任，强化互惠互利的交易动机，促使外部稀缺的资源在组织间有序流动，并创造性地利用各种资源，提升资源的使用效率，使被发现的市场机会能够迅速商业化，实现商业模式的创新，进而提升企业绩效。基于上述分析，差序格局理论的核心观点是本书重要的理论基础。

2.1.2　社会资本理论

社会资本理论由 Bourdieu（1985）正式提出。在总结以往研究的基础上，他指出，社会资本本质上表现为存在于关系网络中的有利于其掌握者从中获益的各种资源的集合，想要获取社会资本就应该在关系网络中得到认可，即获取网络成员的身份。同时，要尽可能维护网络关系的平衡与稳定，避免机会主义，防止网络关系中出现大量的偶然性选择，进而将其转化为必然的制度化的保障关系。Coleman（1988）则进一步基于功能视角指出，社会资本具有强烈的社会结构属性，依附于关系结构。之后的学者基于社会网络理论丰富了社会资本的内涵与概念（Putnam，1994；Portes，1998；Nahapiet & Ghoshal，1998；Burt，2004），指出社会资本总是体现于社会网络之中，社会资本的外在表现形式就是社会网络，有效地将社会网络加以工具化的利用便形成社会资本。因此，社会资本可以表征企业所处的社会网络的具体情况。Adler（2002）构建了一个较为全面的综合性框架，提出了一个整合概念，指出社会资本是嵌入个人或组织的社会关系网络资源的总和。他们认为，基于社会网络结构的视角，社会资本强调的是网络结构的基本特征，如关系的强弱、结构洞等；基于关系内容而言，社会资本主要是指行为准则、合作理念以及资源供给能力。总之，市场主体总是嵌入某一社会网络，并通过某种方式从网络中获取资源。

自社会资本概念提出以后，研究主要通过讨论社会资本与企业发展成长绩效之间的关系来深化该理论，具体表现在讨论社会资本与组织获取信息的能力、获取关键资源、发现新的商机、实现创新活动之间的关系。社会资本理论认为，个人或组织的社会关系越广，异质性伙伴越多，彼此信任越深，越有利于企业获取更多的资源，促进企业的创新与成长。研究表明，社会资本已经成为组织间知识与信息共享的渠道，能够帮助企业更便捷、更广泛地获取信息，有利于降低搜索与吸收成本，减少合作中的机会主义，增进组织成员的共识，提升凝聚力，提升组织的创新实践水平（Tsai & Ghoshal，1998），最终使企业获得可持续性的成长。Kogut（1992）指出，良好的社会关系网络能够帮助组织产生更多新颖的想法与设计，因为实现有效的沟通能够促进知识的整合。Thompson（2001）指出，企业家凭借自身的外部关系可以为企业获取更多的战略资源，使企业能更好地运转与经营，适应社会环境的变化。范烨和周生春（2008）则强调，社会资本之所以能够提升企业绩效，主要在于降低了企业的信息获取成本、企业的交易成本以及企业生产的实施成本，产生了溢出效应，最大限度地挖掘与利用社会资本是组织绩效提升的新通道。总而言之，研究者聚焦于社会资本所具有的功能，认为社会资本为企业与外部网络的联结创造了机会，有助于组织获得新的知识、新的信息，降低交易成本，实现创新，进而促进企业的成长与发展（周娟，2010）。

国内不少学者继承和沿用了社会资本理论的基本框架，在探索、应用其所具有的普适性功能的同时，亦基于中国特有的差序性关系网络丰富了社会资本理论，拓展了社会资本理论的运用情景。金耀基（1992）认为，中国人的社会资本是从中国式关系网中组建而来的，关系构建作为一种文化策略可以有效配置外部资源以实现个体的诉求。建构关系这一动态的文化设计可以扩展个体的社会资本。这是因为在社会发展过程中始终存在文化堕距（culture lag）的现象，文化的变迁会出现错位、滞迟与差距，物质文化的变迁速度常常快于非物质文化，因此观念、习俗、价值理念都会沿袭传统，这使固有的人情、伦常、"关系"在转型时期仍发挥着重要作用。边燕杰和张磊（2013）指出，"关系"的核心是纽带与网络。"关系"的运作过程即是关系资本化的实现过程。人们通过构建良好的"关系"可以扩展网络、提升信任进而获取某种资源，当产生某种资源需求而选择性动员时就可以实现关系的资本化，而其中的关键在于从人际关系的良性运转中获取足够的动员能力。虽然"关系"可以表征社会资本，但并不能完全等同于社会资本（翟学伟，2017），两者在私有性以及可转让性上存在差异（桂勇和张广利，2007），但这种差异更多体现于程度上的差异，两者在各自的文化情境中对企业的成长发挥着类似的功能与作用，延伸资源观视角下企业成长的本质与内核。

综上所述，社会资本理论认为，市场主体总是处在社会网络中，总是在网络中获取资源，社会资本是组织获取外部资源与信息的重要通道，是企业获取资源、实现创新的重要保障（高展军和江旭，2011；赵云辉，2014）。"关系"作为中国特有的文化概念，可以表征差序格局下社会资本的结构、形态以及存在方式，可以帮助新兴经济体中的中小企业获取更多的资源，构建信任格局，降低交易成本，提升企业的吸收能力，促进创新实践，提升企业的组织绩效与核心竞争力。中小企业存在先天资源匮乏的劣势，对关系网络资源的依赖性更强。尤其是中小企业在声誉、实力、合法性上尚处于较低层次水平，因此中小企业往往很难形成有效的组织层面的社会网络（石秀印，1998），需要有效整合创业者本身的"关系"，通过创业者的社会资本、关系网络的制度化安排以形成关系导向战略，将创业者或管理者的个人关系、社会资本让渡至组织层面，形成高管之间的跨组织联系（Chen et al.，2011），为中小企业的成长与发展奠定基础、提供动力。基于上述分析，社会资本理论的核心观点是本书重要的理论基础。

2.1.3 资源基础理论

资源基础理论认为，企业是资源的集合体，实现资源的优化管理是企业实现战略目标、优化组织结构、提升组织绩效、获取竞争优势的重要手段（Werner-felt，1984；Barney，1986；Dierick & Cool，1989；Grant，1996；Carlos et al.，2006）。研究指出，资源是企业价值创造的重要源泉，企业独有的资源禀赋有利于组织发现商机、预警风险，能够推进组织的战略形成与执行（Bagnoli & Gia-chetti，2015）。一旦缺乏应有的资源，企业既难以发展，又难以创新（Hoskisson et al.，1999；孙红霞，2016）。

Penrose（1959）最早提出了资源基础理论。他指出，企业是由各种资源按照一定规则或架构体系构成的集合，组织所拥有的异质性资源能够有效促进企业的发展，判断企业是否具有竞争优势，关键就在于明确企业是否存在稀缺的、有价值的、无法模仿或替代的异质性资源（Wernerfelt，1984；Barney，1991）。因为这些异质性资源能够驱使企业形成差异化的战略并阻碍其他企业的同化模仿和恶意替代，进而帮助企业获得优良的业绩（张建涛，2018）。Prahalad 和 Hamel（1990）则进一步指出，占有资源与利用资源对企业而言同等重要，企业只有对其拥有的资源进行了有效的配置和利用才能构建起其他企业难以模仿和替代的核心能力。因此，组织需要通过设计良好的商业模式以确保这些异质性资源能够得到有效利用，以迅速匹配市场中转瞬即逝的商机（Robinson et al.，1992；林萍，2012）。可见，传统的资源观认为，企业需要有效整合利用有价值的异质性资源才能构筑起组织的长期竞争优势（Barney，1991；Lippman & Rumelt，2003）。

但传统的资源观强调资源的不可转移性，忽略了开放式环境下异质性资源的可移动性，毕竟组织不可能占有所有资源，实现完全的自给自足。因此，企业必须与外部其他组织互动才能长久生存，获取资源的需求产生了组织对外部环境的依赖。因此，学者在传统资源观的基础上进一步拓展出资源依赖理论，强调资源管理的核心在于从外部获取互补、异质的资源以确保企业的长久发展（Bierly et al.，2009），这实际上是资源基础理论的延伸与优化。Gulati（1999）认为，企业可以从网络中获取异质性的资源，因为在企业的网络中不存在完全相同的企业，组织间总会表现出某种异质性，因而可以有效促进网络成员之间相互交换资源、知识，有效促进企业之间的协同创新。Lavie（2004）进一步指出，企业的竞争优势主要源于内部租金、关系租金、内溢租金和外溢租金，其中除了内部租金属于传统的资源基础理论，其他三种租金则属于拓展后的资源基础理论。

实际上，对于企业而言，无论是实现发展还是进行创新，都需要调动各方的资源予以协作。资源观的核心就在于把企业看作一个不断储备资源的集合系统，企业总会努力寻找那些与自身能够形成互补优势的组织开展合作。通过对外部市场进行扫描与搜索，企业可以明确自己的技术水平、发展阶段、所需资源与吸收能力，并获取其他组织的互补性信息。不同主体之间就企业生产、运营、市场、制度和技术等资源进行相互传递、学习与整合，使资源能够逐渐被组织吸收与利用，嵌套于组织的内部情境中，成为组织内化的资源，并逐步推动企业新产品、新工艺和新商业模式的产生，提升产品研发和运营管理的水平。最后再将这种新产品、新概念、新模式输出给市场，创造出新的市场需求并实现商业化，最终将资源转化为组织的经济价值与竞争优势，获取相应的绩效收益（Gupta et al.，2000；Wang & Noe，2010）。

综上所述，资源基础理论不仅指出资源是组织获取竞争优势的重要源泉，更强调从外部获取资源同样是企业的重要工作，有效的资源管理可以帮助企业实现创新并有利于企业实现自身的经济价值。当今世界，资源已经成为企业实现创新、获取绩效的关键因素，异质性资源可以促进企业核心能力的形成进而促进创新。组织既可以通过内部资源，也可以通过外部资源来实现发展与创新。但在开放合作的大背景下，组织间的边界越发模糊，趋于柔性，企业从外部获取资源已经变得较为容易，外部资源获取已经成为企业实现创新与发展的更为重要的途径（Chesbrough & Appleyard，2007；Christensen，2013）。因为外部的异质性资源是企业突破组织惯性的有效工具，既能够瓦解以前的劣势，颠覆过时的价值主张，又能够引发崭新的构念，设计新颖的商业模式（齐二石和陈果，2016；Chang，2017），企业在开放的环境中获取外部资源、不断努力学习的过程就是商业模式创新的过程（Chesbrough，2006）。

对于中小企业而言，其本身天然地存在资源缺口，资源管理的主要方向应该是迅速地向外获取资源并加以整合利用（Mishra，2017），弥补资源方面的缺陷，实现商业模式的创新，促进企业的长期发展。因此，向外搜寻获得资源既可以弥补资源短板，解决眼下问题，又能够革新资源结构，为创新奠定基础，两种方式都能够创造出经济价值，提升企业的绩效。基于上述分析，资源基础理论的核心观点是本书重要的理论基础。

2.2 关系导向

2.2.1 关系的界定

"关系"（guanxi）在中国的文化演变与制度构建中发挥着重要作用（边燕杰和张磊，2013）。与西方团体格局所强调的独立平权的"个体"不同，在中国以儒学为主导的文化背景下，相对的差序"关系"才是更具有普适性的概念。翟学伟（2005）指出，在中国的文化语境里，人不是个体，而是关系；社会不是组织，而是网络，社会关系能够更为准确地表征个体所依赖的普遍联系，"关系"网络是企业获取社会资本的主要途径，即使在现代社会与转型经济中，"关系"依旧是构建社会圈层、提升组织绩效的重要因素（Luo et al.，2012；Murray & Fu，2016；Zhou et al.，2020）。

对于关系的界定，不少学者都借鉴了"社会资本"的概念来加以定义，并从文化的视角予以规范、精确。因为作为带有强烈文化烙印的概念，关系的定义应该基于中国社会的具体情境来加以探索（翟学伟，2017）。因此，不少学者基于对社会资本的深刻洞见，从文化的视角来辨析人与人在社会中所构建的这种相互联系（Wang，2007；Su et al.，2009）。

研究者指出，中国的"关系"并不等于西方的"relationship""connection"等词汇，无法直接用某一个英文单词直译中国的"关系"。因此，在英文世界中，采用的是汉语拼音"guanxi"以直译。可见，有必要从比较文化的视角对"关系"所适用的特殊情境予以分析。

2.2.1.1 "关系"产生的社会条件

以"双希"（古希腊、古希伯来）文明为基础的西方社会早期的生产方式主要以渔猎与游牧为主，海洋文明催生出好迁徙、重商业的"生人社会"。因此，契约成为了这一社会形态有效运转的纽带。从契约的视角出发，《圣经》所描述的就是人类与上帝订约、守约、违约、再重新订约的过程（吴国盛，2016）。因此，西方社会具有强烈的契约导向特征。而中国社会在发展早期由于地理位置、资源禀赋等原因构建了发达的农耕文明，种植业的发达使人们对土地的依赖性很强，继而人口的流动性较低，因此形成了安土重迁的"熟人社会"。在这一社会形态中，稳定、安稳是基本核心，与之相对的则是"背井离乡"，即使产生了迁徙行为，最终依旧会"落叶归根"。因此，相对封闭的熟人社会主要依靠"血缘"作为运转的纽带（高名姿等，2015），人与人之间构筑起稳定的差序式关系，具有强烈的关系导向特征。

2.2.1.2 "关系"演化的文化根基

西方社会形成的契约文化的本质在于追求独立个体的"自主、自由、自然"，个体可以按照自我意志订约与守约，任何违约都将被视为违反自由意志。因此，契约本身代表着自由选择的权利（李存超和王兴元，2013）。同时，对于"我是谁"的终极诘问，西方文明指出，"我"即是具备恒定不变的品质的以探索"理性"而实现最高人文理想的独立个体（吴国盛，2016），而个体以平等自由的方式自觉遵守"团体格局"中所共同倡导的社会规范与价值理念，进而形成利益共同体（费孝通，1948）。

中国社会则构建了以儒学为内核的意识形态，将"我"置于不同的社会关系角色中予以考察，"自我"只有存在于"父—子""夫—妻""兄—弟""朋—友""师—生"等差序式关系中才会被赋予意义，并在接受差序非平等的前提下追求和谐的人际关系。因此，社会普遍崇尚"家和万事兴""以和为贵""一个篱笆三个桩，一个好汉三个帮""在家靠自己，出门靠朋友"等理念。

然而，需要指出的是，和谐的人际关系就文化的终极追求而言是"仁者爱人"的体现，但这种"仁爱"并不等于西方的"博爱"，而是基于关系的异同而予以的等差之爱。至于用什么样的方式来追求或表达出这种等差之爱，则主要体现为"克己复礼""约我以礼"等对"礼"的遵循与恪守。故而，中国的人文形态表现为典型的"仁—礼"结构，这与西方构筑的"自由—理性"的人文形态截然不同。"仁"即等差爱人的人文理想，"礼"则是规范人得以实现人文理想的具体形式（吴国盛，2015）。中国人常讲"做人难"，正是因为要依据不同的社会关系在不同的场合采用有所区别的礼仪来规范人与人之间的行为准则，进而才能促进人际关系的和谐。因此，无论在日常交往还是商业往来中，中国人特别强调"学会做人"。而这种为人之道正是文化涵养下全社会对"关系"达成的共识，"关系"已成为中国人"生活的血液"（费孝通，1947，1998）。

2.2.1.3 "关系"形成的特殊属性

契约文化下所形成的关系（relationship）带有典型的交易性和工具性的色彩，其基础是自由交易（deal），目的是获取利益，因交易而确立双方（actors）的关系，彼此按约定履行相应的权利和义务而实现共赢的目的。因此，交易成本是构建关系（relationship）的基础（柳青，2010），且呈现出一种非先赋性或弱先赋性状态。

但"关系"（guanxi）存在独有的构建逻辑。首先，"关系"起源于具有明显的先赋性和宿命论特征的"缘"（庄贵军，2012），是个体难以改变和选择的。因"缘"（血缘、姻缘、地缘、业缘、神缘等）而构成不同的人情以及相互区别的行为模式，进而形成以"己"为核心的差序式关系网络。"缘"不同，则社会圈层也不同，呈现出差序的"圈子"，进而通过等差之爱而彰显亲疏之别。因此，"关系"的远近实则为情感的亲疏，"关系"中的人情因素是评价关系好坏的重要指标（陈维政和任晗，2015）。情感认同下的非理性"关系"一旦构成一种长期联系，并不会因某次违约而有损于"关系"，即所谓"买卖不成仁义在"。因此，由"关系"所形成的"圈子"本质上是一种情感嵌入型网络，"关系"是一种以情感性为基础的兼具工具性的混合复用纽带（边燕杰和张磊，2013）。

其次，"关系"形成于"欠"与"报"的互动机制。"人情"与"面子"是主导"关系"的重要因素（黄光国，1988）。"人情"的产生会促使一种"非等价交换"的形成，即由于"人情"的介入而希望获得更为丰厚的回报。然而，当所得到的多于所付出的时，又会使人产生一种债务感，即"欠"人情（Murray & Fu，2016），从而又促使人在今后的交往中"还"人情，形成"投桃报李""礼尚往来"的良性"关系"循环。表面上看，这是对"非等价交换"的一种补偿机制，但实际上是基于"义"而导致的频发的互惠义务（边燕杰和张磊，2013）。所谓"君子喻于义"，"义"是构建社会信任的基础，它消解了"人情"欠报的时空滞后机制，促进了社会整体的非对称性交往，兑现"人情"的承诺因为这种互惠义务而变得稳定与可预期。

最后，"关系"的差序性通过"面子"得以维护与转化。"面子"是他者对于自己形象的评价，同时又是自我在社会公共领域的投射（宝贡敏和赵卓嘉，2009）。人与人之间的"关系"通过"给面子"得以实现。由于差序格局的深刻影响，人们常用"给面子"来完成这种区别对待，而被特殊关照则称为"有面子"。事实上，这种被某一圈层认同的心理取向在"关系"中尤为重要，自我在他人的关系圈中是否具有不一样的位置可以有效彰显其"关系"的特殊，并通过这种特殊性反馈外界的评价。因此，"关系"的稳定与转化以"面子"为驱动，"给面子"可以在陌生人之间建立关系，同时也可以在熟人之间发展已有的关系。相反，如果"不给面子"，就会在一定程度上破坏"关系"，乃至"关系"破裂。因此，"面子"观念作为一种约束机制，使人与人之间所构建的"关系"变得稳定（杨洪涛，2010）。

综上所述，"关系"是中国情境下的产物，并不等于"relationship""connection"等词，是带有文化烙印的社会网络。因此，本书认为，"关系"是以差序格局为基础，形成于熟人社会中的人与人之间特殊的、带有强烈情感属性、可以完成人情交换的社会纽带，并基于"人情""面子"通过"欠报"机制完成"关系"的发展与转换，实现频发的互惠义务。需要指出的是，"关系"在转型社会依然存在，并不因为社会的现代化转型而崩解，原有的关系网络至多是被改造或打破而已，人们依旧可以基于相同的逻辑构建新的关系网络，"关系"在新的情境下拓展了其适用范围与条件。

2.2.2　关系导向的基本概念

以"关系"为内核的人情文化构建出中国独有的社会形态。国人所倡导的

"天时、地利、人和""以和为贵""和气生财"等价值理念塑造出了追求和谐人际关系的特有文化现象。"关系"在文化的涵养与温润下形成社会整体所认可的价值取向与生活规范，成为内化于心、自然而然、理所当然的行为准则（taken-for-granted rules），并渗透于政治、经济、社会各领域的任一角落，自发地主导与调控着人与人、人与组织、组织与组织之间的联系状态。因此，中国社会带有强烈的关系导向属性（边燕杰，2010）。而这种重视人与人之间、组织与组织之间和谐关系的战略导向历来被视为在中国实现商业成功的重要因素（Park & Luo，2001；Wang，2007；Leung et al.，2011；Murray & Fu，2016；Chung，2019；Zhou et al.，2020）。

Murray 和 Fu（2016）指出，关系导向是中国企业维持长期的良好业绩的重要保证，中小企业需要有意识地管理与利用组织成员的关系，并通过制度化的安排使其形成有效的战略工具以构筑竞争优势。作为一种重要的战略导向，关系导向驱动企业与其他伙伴构筑良好的组织关系，促进组织间的良性合作，促成组织以独有的渠道获取稀缺资源，并在交易中减少摩擦，降低交易成本，实现互惠共赢（郑丹辉等，2014）。当今商业生态呈开放式状态，伙伴之间的合作是抵御风险、共享资源、促进创新的重要手段，中小企业需要协同商业网络中的各种关系共同挖掘新的市场机会，通过创新以创造出新的价值增长点（Putnins & Sauka，2019）。因此，强化关系导向无疑是组织从顶层设计上构筑竞争优势的战略选择（周小宇等，2016）。近年来，关系导向相关研究取得了重要进展，成为管理学领域"中魂西制"问题的研究重点。

有关"关系导向"的定义目前主要基于两种视角展开。一种是从社会学视角出发，从宏观层面将关系导向看作社会层面的一种文化导向，反映社会整体的价值取向，讨论关系文化对中国社会格局形成的影响。Hwang（1987）指出，关系导向反映出中国社会的一种关系文化，映射出社会整体的伦理认知和行为依据。梁漱溟（1989）则直接指出，中国社会是一种"关系本位"的社会。庄贵军（2012）在探索"关系"的文化内涵时，认为与"关系"相关的概念包括关系状态、关系行为、关系规范和关系导向。其中，关系导向代表人们对人际关系的基本认识和信念，是中国文化的基本假设。因此，宏观层面的关系导向本质上是研究中国社会中的"关系"文化。

另一种是从管理学的角度出发，从中观层面来探索关系导向对社会组织的作用（王磊和郑孟育，2013），本质上是从社会资本的视角出发，基于"关系"文化来探索作为组织战略的关系导向对企业生存与发展的重要作用（Park & Luo，2001），是"关系"文化在社会组织与社会团体中的延展与运用。本书旨在从中观层面探索与研究关系导向。

从中观层面看,关系导向(guanxi orientation)起源于差序格局理论、社会资本理论、"关系"文化以及战略类型理论的相关研究,是企业所拥有优势的具体表征,本质上是组织对"关系"重视与利用的程度,是个体"关系"在组织层面的渗透,表现出"关系"在组织层面的制度化特征(庄贵军等,2008)。虽然 Su 等(2003)和 Su 等(2009)将关系导向看作个体层面对"关系"的感知,认为关系导向仅仅是管理者自身的"关系"构建活动,是个体在商业世界中重视"关系"、使用"关系"以获取回报的关系管理实践。但研究表明,中国情境下的个体与组织间的边界较为模糊,管理者所具有的"关系"以及通过"关系"所能获取的信息、资金、技术、知识都可能成为组织资源的延伸(Gu et al.,2008)。Luo 等(2012)直接指出,关系导向是中小企业对个人"关系"的一种战略性投资与储备,是以组织作为基本的分析单元。与"关系"相比,关系导向更注重企业的战略目标(Zhou et al.,2020),是企业利用组织成员关系以提升业绩的战略手段。因此,关系导向的核心在于将个体关系,尤其是创业者或管理者的个人关系让渡至组织层面,形成高管之间的跨组织联系(Chen et al.,2011)。从组织视角来融合个人的关系管理与企业的战略导向更有利于理解关系导向的构建过程(Zhang & Zhang,2006;Murray & Fu,2016)。

Park 和 Luo(2001)指出,关系文化是中国社会的普遍共识,关系导向就是企业基于这种普遍共识将组织间的良好关系构建为一种战略保障机制,以此促进企业的长久发展。

庄贵军等(2008)认为,关系导向是组织对个人关系认知、重视与利用的程度,代表组织成员对私人关系的共识与心智模式,并以此作为组织的行为准则,指导企业的关系管理活动。关系导向越强,企业与外界所构建的"关系"越好,越愿意从"关系"所构建的特有渠道中获取资源、开展合作。

Chen 等(2011)则指出,关系导向属于企业的组织战略,代表了企业对组织成员所有关系的集合与利用。Luo 等(2012)认为,关系导向对于中小企业而言是一种富有价值的战略工具,对于不同"关系"的合理利用将促进企业绩效的提升。杨志勇和王永贵(2013)强调,关系导向应该是与顾客建立长期关系的一种承诺,基于这种信任与承诺会产生彼此的依赖,进而有利于双方的互惠互利。

郑丹辉等(2014)基于组织二元性理论,提出关系导向是一个相对的概念,即关系导向是组织在平衡"关系"与创新时相对而言对利用关系网络的重视程度。他们认为,组织的战略设计应在"关系"与创新两种战略导向之间寻求平衡,寻找到中小企业成长的最优路径。

周小宇等（2016）则将关系导向定义为企业高度重视外部社会关系的组织战略，其特点在于企业在获取资源的路径上依赖于与外部伙伴所构建的稳定关系。他们指出，在转型经济体中，制度建设尚不完备，市场发育还不成熟，非正式的组织关系通过特有的资源配置方式可以促进信息、知识、资本等要素在组织间的转移与共享。加之文化惯性的作用，关系导向是中国情境下中小企业适应环境剧变的重要战略。

Murray 和 Fu（2016）认为，关系导向是内嵌于企业内部的反映关系管理的组织哲学，是企业对"关系"的价值取向的反映，是影响企业战略决策的指导原则。组织倾向于将"关系"作为一种重要资源，并努力地将个体层面的"关系"纳入企业的制度建设，并促使其转化为有效的战略工具以帮助企业获取长期的竞争优势。他们指出，以往研究大多推导出市场导向有利于提升企业的组织绩效，却忽略了关系导向的重要作用。但在中国的本土市场中，"关系"具有较强的渗透性，各种交易行为都嵌入社会关系，因此应该探索中国企业如何利用关系导向实现商业成功。

Zhou 等（2020）则指出，关系导向是企业基于"关系"而形成的组织文化，指导企业在市场中的行为路径与决策模式，是对企业利用关系网络程度的一种制度规范。他们指出，树立关系导向的企业可以同合作伙伴构建良好的关系，并通过"人情""面子"等机制实现互惠互利。因此，中小企业应该在战略层面上建立一种以关系导向为基础的决策模式，促进企业市场绩效的提升。

虽然学者对关系导向的定义并没有完全统一，但基本认为关系导向是一种组织战略或战略工具，表征企业重视"关系"的组织文化。从关系导向的理论基础可以看到，关系导向是差序格局理论、社会资本理论和战略管理理论相融合的概念。差序格局的核心在于"关系"，社会资本的核心在于资源，组织通过构建与他者和谐的社会关系可以获取资源。而战略管理的核心在于绩效，企业需要基于内外部环境设计良好的战略以保持竞争优势。因此，关系导向可以理解成企业试图通过"关系"管理来获取较高的组织绩效，即组织形成一种重视"关系"的心智模式与思维观念来进行决策与行动，借此获得竞争优势。

基于此，本书认为，关系导向是企业基于构建和谐的外部社会关系以创造价值、提升绩效、获取可持续性竞争优势的战略态势与战略选择，反映出企业重视"关系"的组织文化与价值理念，是对企业利用社会网络程度的一种制度性规范，推动组织通过构建和谐的关系以实现伙伴间的长期合作与长效互惠。总而言之，关系导向规定了企业需要将对"关系"的重视程度置于组织战略的高度（Luo et al.，2012）。

2.2.3 关系导向对中小企业的作用与影响

中小企业一般具有小而弱的劣势，具体表现为资源缺乏、能力有限、资源的利用效率不高以及合法性缺失等问题。而这些"小企业缺陷"会严重影响企业的战略选择。通常而言，中小企业为了解决合法性缺失的问题，会倾向于关系型战略（Gu et al.，2008），组织的关系管理实践是中小企业得以生存与发展的有效途径（Wang，2007）。因此，从战略上树立关系导向对中小企业获取竞争优势尤为重要。

但现有研究在对关系导向重要性的解释上尚有争论。一种观点认为，新兴经济体中，制度构建尚未完成，市场体系不够成熟，利用"关系"可以获利；另一种观点认为，固有的追求和谐人际关系的文化观依旧是社会运转的价值规范，关系导向是组织运营理所当然的准则（taken-for-granted rules）。前一种观点强调，关系导向是社会发展的阶段性产物，当制度逐渐完备、市场趋于成熟时，"关系"的经济价值将随之降低乃至消失（Zhang & Keh，2010）。后一种观点强调，社会关系是中国文化的内生性要素，内嵌于社会的价值体系之中，组织的社会关系根植于组织成员的关系网络，即使制度、市场都发育成熟，也并不能逆转社会对"关系"的普遍共识，人际关系依然会在资源共享、知识传播、信任构建、机会主义防范等方面发挥积极作用（Zhang et al.，2010）。

基于本书对"关系"的界定，我们认为关系导向主要是特殊文化下的组织战略产物，对于中国人的预设需要坚持关系取向的立场（梁漱溟，1989；费孝通，1998；庄贵军，2012；Luo et al.，2012；翟学伟，2017）。周小宇等（2016）研究发现，即使在主要依靠市场机制获取资源的相对成熟的市场环境中，市场信息依旧主要依赖于组织的关系网络，关系导向战略的文化土壤与价值驱动力依然存在。因此，"关系"附着于文化根基之下，不因社会的转型与发展而被完全颠覆。但在制度化的构建过程中，人际关系的具体表现形式会发生演变，其背后的驱动机制和构建过程会体现出社会发展的阶段性特征。

目前，仍有研究指出，需要注意关系导向可能产生的伦理风险，强调关系导向应该受伦理、法制的规范与束缚，关系管理与运作不能突破市场经济所奉行的原则与运转的边界（Duffee & Warren，2001）。企业的关系导向是否会产生经济灰色地带值得关注。

但随着中国特色社会主义市场经济制度的不断发展完善以及在当下反腐高压环境下全社会所形成的"亲清"政商关系的政治共识的不断深入，"关系"的灰色作用已经被进一步弱化（张学娟和郝宇青，2017；黄少卿等，2018；梅德平和洪霞，2018），反而其作为组织间正式制度的合理补充，为中小企业的合法性获取提供了有效的基础。因此，当下企业对组织间非正式关系的重视与利用实际上是在文化惯性主导下中小企业对市场经济普遍原则更为"圆融"的理解与灵活的运用，关系导向所赋予的功能在越来越完备的制度框架下实现了更具合法性的优化。

因此，在现有研究中，不少学者认为，关系导向对中小企业的生存与发展依旧非常重要，可以帮助企业构筑优势地位，拓展营销渠道，获取异质性资源，降低交易成本，防范机会主义风险，提升企业绩效（Peng & Luo，2000；张闯等，2014；陈文婷和王俊梅，2015；周小宇等，2016；Zhou et al.，2020）。

2.2.3.1 关系导向对中小企业绩效的促进作用

关系导向可以直接提升组织绩效。当企业与伙伴建立起良好的关系模式时，就可以提高关系治理的水平，提升供应链上各方的合作绩效，组织间的关系管理可以优化对供应商的监督机制（Ittner et al.，1999）。因此，将关系管理活动纳入战略层面进行思考很有必要。Park 和 Luo（2001）通过构建一个整合性的关系利用理论模型将关系导向发展为一种战略机制，指出关系导向可以促进伙伴之间的合作，驱动彼此资源的交换与共享，有效克服双方的资源劣势，进而促进企业的市场拓展行为，增加企业的市场份额，提升企业的市场绩效。Luo 等（2012）研究发现，关系导向是提升企业竞争优势与长期绩效的战略工具。"关系"对组织绩效的正向影响是显著的，但商业关系与政府关系对绩效的影响具有差异，商业关系对运营绩效的促进作用大于政府关系。Bian 和 Zhang（2014）则基于中国的"关系"文化背景，深入讨论了在制度尚不完善的经济系统中关系资本如何促进企业在转型经济体中构建竞争优势，获取卓越绩效。Zhou 等（2020）指出，关系导向作为一种重要的战略导向，可以帮助企业建立良好的外部关系，有助于中小企业获取外部资源，促进组织的商业关系和政府关系，进而提升企业的市场绩效。

2.2.3.2 关系导向对中小企业获取稀缺资源的促进作用

稀缺资源对企业的发展至关重要，知识、人才、技术、资金都是企业生存与发展的基础。通常，企业的关系导向决定了企业关系网络的边界，企业家所构建的关系网络规模越大，企业所能获取的资源也就越多（Landry et al.，2002）。郑丹辉等（2014）指出，关系导向能够帮助中小企业获取外部异质性知识、互补性的技术以及市场中的顾客信息。Ju 等（2019）研究发现，学者的关系网络同样可以促进新创企业获得更多的外部资源，促进创业绩效的提升。可见，中小企业需要以关系网络为支撑来促进自身的创新战略。因为传统科层组织所构建的正式渠道存在信息更迭慢、效率低的弱点，加之可能存在的市场信息配置机制的失灵，企业可能难以获取足够的知识信息而使知识信息处于短缺状态。关系导向可以搭建一种更为灵活与更为有效的非正式渠道，有效弥补上述缺陷，扭转企业知识信息匮乏的状态（刘善仕等，2017）。因此有人提出，企业家首先应是社会活动家。

2.2.3.3 关系导向对中小企业间信任构建的促进作用

关系导向可以帮助企业在关系网络中树立良好的信誉与声望，使伙伴之间构建起良好的信任机制，这是解决中小企业合法性缺失的重要手段。信任是关系网络中资源转移的保障机制，由信任而形成的资源共享的特殊渠道已经成为非关系方无法复制的组织资源以及难以模仿的核心能力（常荔等，2002）。Dyer 和 Hatch（2004）指出，关系型企业重视组织间关系水平的提升，可以在组织间构建起良好的信任，通过有效的治理机制提升关系质量，进而促进效率的提升，减少交易摩擦与交易费用。其实，交易费用广泛存在于市场之中，组织基于信任、尊重等关系可以实现长期合作，节约了反复订立合同的费用。庄贵军等（2008）发现，关系型企业可以建立起基于信任的沟通机制，有利于化解企业与伙伴之间的交易冲突。当双方利益相悖时，良好的社会关系会使企业更倾向于在相互沟通、彼此妥协中解决问题，而不是诉诸强制性的规范，而这种关系依赖性会使渠道更为稳固、更具可控性（Lee et al.，2001）。因此，关系导向作为一种重视"关系"的战略导向，有利于加强伙伴之间的信任程度，从而帮助企业从外部获取更多的资源。

2.2.3.4 关系导向对中小企业间机会主义的抑制作用

在转型经济体中，机会主义普遍存在，交易主体间虽然未必会直接产生机会主义的行为，但实际上组织总是有机会主义的倾向，只是在不同的条件下所采取的策略不同而已（Dong et al.，2015）。研究指出，组织间良好的关系可以减少机会主义行为的发生，因为良好的关系更有利于构建共同的价值理念与简易的沟通机制，组织与伙伴的沟通越多，信任越深，信息的不对称性越小，目标越趋同，机会主义的行为也随之减少（Wong et al.，2005）。事实上，关系导向促使双方产生某种依赖，高度的关联性与依赖性使双方都难以承受机会主义带来的风险与损失（Lusch & Brown，1996）。因此，机会主义所获取的短期利益无法弥补由此导致的长期性损失，进而降低了机会主义的可能性。

2.2.3.5 关系导向对中小企业开放式创新的驱动作用

开放式创新是企业借助外部大量的创新资源以持续开展的创新实践，是以创新利益相关者为基础的不断搜索获取各种创新要素的多主体创新模式，涉及组织与组织的跨边界管理活动（Chesbrough & Appleyard，2007；陈钰芬和陈劲，2008；唐国华和孟丁，2015）。关系导向是一种重视企业与外部环境互动的组织战略。一方面，关系导向有助于企业获取更多的资源与知识，并且有效提高获取知识的效率，深化交流与学习的深度，为开放式创新夯实资源基础。黄文锋和张建琦（2015）研究发现，中小企业的社会关系对企业的管理创新有着显著的正向影响。周飞等（2015）研究指出，关系营销导向可以有效促进企业的商业模式创新，其主要原因在于关系网络赋予了企业创新所需要的资源。另一方面，开放式创新涉及多市场主体的交流与合作，关系导向可以通过构建信任，减少彼此的机会主义行为，进而促进各创新主体之间构建目标一致、利益相关的开放式创新模式。张华等（2019）研究了"关系建立—合作开发—价值获取"的开放式创新过程，指出关系、信任等要素有助于协调创新主体的利益冲突，规避开放式创新的机会主义风险，促进企业间的开放式创新。

2.2.4 研究小结

作为中国情境下中小企业特有的组织战略，关系导向对中小企业的绩效提升、资源获取、创新方式等都具有正向影响，强化关系导向无疑是组织从顶层设计上构筑竞争优势的战略选择，对中小企业的生存与发展尤为重要，因为这种组织层面的追求和谐关系的商业哲学与企业文化有利于组织间构建起更为稳定、广阔的关系网络，拓展社会资本，更有利于企业从外部获取稀缺资源，有利于组织在市场中构建信任，抑制机会主义行为，促进开放式创新。作为一种战略导向，它决定了企业的战略态势、资源配置方式、创新特点以及发展逻辑，是决定组织成败的关键问题（Park & Luo，2001；陈文婷和王俊梅，2015）。

然而，现有研究对关系导向的定义尚存在分歧，将关系管理上升为战略决策活动，从组织战略层面探究"关系"利用程度对中小企业影响的文献依旧不多，且实证研究依然偏少，关系导向的研究依旧处于探索阶段（Murray & Fu，2016）。

同时，虽然已有学者就关系导向对企业绩效的作用做了一定程度的研究，但也有学者认为研究可能夸大了"关系"的作用，"关系"未必能够有效促进企业绩效的提升（Guthrie，1998；Millington et al.，2005）。这可能是由于现有文献在讨论关系导向与企业绩效的关系时，并没有区分个人关系利用与组织关系利用之间的区别（Su et al.，2003；Su et al.，2009），并未深入讨论关系导向与绩效之间的内部作用机制，关系导向与企业绩效之间的中介机制还较为模糊，需要揭示其中的"黑箱"。

进一步地，开放式创新理论认为，商业模式创新是中小企业获取良好绩效的有效的转化机制，是中小企业构筑竞争优势的重要手段。中小企业在开放的背景下需要与伙伴开展合作才能更好地展开商业模式创新（Amit & Zott，2016）。关系导向作为一种重视与利益相关者协同合作的组织战略，可以促进伙伴之间彼此信任的构建、资源的共享，可以促进商业模式创新。Foss 和 Saebi（2017）指出，要重视商业模式创新在组织战略与企业绩效之间的中介作用。但现有研究尚未深入探讨关系导向与商业模式创新之间的关系，鲜有研究探讨中国情境下中小企业商业模式创新的实现机理，商业模式创新在关系导向与企业绩效之间的中介机制也并不清晰。这为研究留下可以进一步分析探索的空间。

2.3　资源获取

2.3.1　资源获取的基本概念

资源基础理论将资源看作企业获取卓越绩效的基础，是确保企业在竞争中生存发展，驱动企业不断创新的重要来源（Wernerfelt，1984；Barney，1986；Dierick & Cool，1989）。从静态视角而言，企业是由各种资源按照一定规则或架构体系构成的集合体，企业的生存和运作离不开对资源的配置和利用（Penrose，1959）；从动态视角而言，由于市场环境的动荡性，企业需要从外部获取相应的资源并加以运用，形成从外部获得并使用资源的能力以确保企业发展的可持续性（Lichtenstein & Brush，2001）。因此，任何企业尤其是中小企业的发展都离不开资源，稀缺的、有价值的和不可替代与模仿的资源是中小企业获得竞争优势的前提（Barney，1991）。

在当今开放合作的大背景下，组织间的边界变得模糊，"借力"已经成为中小企业生存发展的基本策略，从外部获取信息、知识等资源的效率常常比内部积累来得更好（江旭等，2008），因为外部资源的来源更广泛，获取的渠道更多，差异化互补的资源更为丰富（陈怀超等，2019）。由于中小企业自身存在规模小和合法性不足的问题，仅仅依靠资源的内部积累难以满足企业发展对资源的需求，因此对于中小企业而言，外部的资源获取是其成长与发展过程中的重要基础，由此才能解决其面临的资源困境，从而帮助企业抓住创新变革的机会，在激烈的市场竞争中获取竞争优势（Brush et al.，2001）。

Huber（1991）认为，知识作为企业最为重要的资源，其获取的过程应该属于组织学习的重要组成部分。企业为吸收互补知识所展开的知识管理活动，能够弥补知识短板，提升企业绩效。Holsapple（2001）也认为，资源获取就是企业跨越组织边界从外部源头获取资源并进一步加以研究利用的过程。外部资源、知识的获取并不是简单的搜索，更重要的是将外部资源嵌入组织情境，整合与利用这些资源与知识，增强组织的创造力。

Pfeffer 和 Salancik（2003）基于资源依赖理论指出，资源获取过程可以分为两步：一是确定获取资源的类型和来源，二是确定获取资源的方法。Hogan 和 Hutson（2005）进一步从资源所有权和资源获取方法两个角度定义了资源获取。马鸿佳等（2008）认为，资源获取指的是企业通过各种方式获得所需的关键资源和重要资源的过程。赵文红和李秀梅（2014）则将资源分为运营资源和知识资源，强调资源获取就是企业从外部获取运营资源和知识资源，通过对不同类型资源的整合与利用提升组织绩效。

江旭（2015）则强调，资源获取并不是企业无所不包地将组织外的资源全部纳入体系之中，关键在于从所处的社会网络中获取并运用那些具有异质性的可以弥补组织资源不足、优化组织资源结构体系的稀缺性资源，获取异质性稀缺资源的能力决定了企业发展的纵深。Grimpe 和 Sofka（2016）则指出，资源获取本质上是一种资源转移的过程，市场主体首先需要找到潜在的具有价值的资源拥有者，以确保资源、知识的获取可以有效展开。可以看到，资源获取是一个对不同层次、多种类别、不同来源的资源进行寻找、甄别、利用、吸收和配置的动态过程，核心是获取外部资源并加以利用，代表了企业对资源识别、筛选、整合、利用的能力，属于重要的资源管理活动（吕兴群和蔡莉，2016）。

资源观认为，资源获取在整个资源管理系统中发挥着关键作用，外部资源获取就是跨越组织边界找到组织本身不具备但需要的异质性资源。这些资源获取的渠道可以是基于组织本身，也可以是基于组织中的优秀个体。组织一旦从外部得到所需资源，就可以将其以组织理解的方式保存下来，嵌套于组织具体的情境之中。同时，保存的目的就是用以学习与使用，用于创造出新的资源（孙婧和沈志渔，2014）。没有资源获取活动的发生，组织的资源结构将无法得到优化与升级。因此，有效的资源获取既是得到新资源的过程，又是学习运用新资源的过程。

综上所述，大多数学者认为，资源获取就是企业从不同主体获取各种所需的关键性资源并运用它们的过程，是企业这个"资源集合体"出于获利的目的而有意识开展的有计划、有控制的资源管理活动，体现出企业对资源扫描、获得、消化、运用的能力。企业从外部获取资源并将其用于生产和创新活动，以达到提升绩效的目的。

2.3.2 资源获取的方式与内容

组织从不同主体获取资源的目的在于提升绩效、促进创新。因此，有必要研究企业获取资源的具体方式以及明确企业能够获取什么样的资源，即搞清楚企业可以采用哪些方式获取资源、获取什么样的资源。Chesbrough（2003）在研究企业的开放式创新战略时提到，任何企业仅仅依靠自身的资源进行创新已经难以维持竞争优势。因此，借助外部大量的资源以实现创新、创造价值是企业提升绩效与获取竞争优势的重要策略（Chesbrough & Appleyard，2007；Krzeminska & Eckerta，2013）。企业基于开放的经营理念获取外部资源并加以内部整合，其阐述的是企业获取竞争优势的协同逻辑（唐国华和孟丁，2015）。

在资源获取方式上，Staar 和 Macmillan（1990）研究发现，企业既可以通过经济交易获取资源，也可以通过社会交易以更低的成本获取资源，而这种社会交易是基于组织间的良好关系。Bowman 和 Coiler（2006）认为，企业可以在战略联盟中获取所需要的资源。赖晓和丁宁宁（2009）则指出，企业可以通过市场经济交易和社会网络交易两种方式获取外部资源，其中市场经济交易是指通过市场渠道以有偿的方式购买企业所需的资源，社会网络交易是指通过社会网络以低于市场价的方式获得外部资源。Cai 等（2014）在整合以往学者研究的基础上，提出企业可以通过购买、吸引等方式获取企业所需资源，从而帮助企业弥补资源差距，摆脱资源困境。

总之，现有研究主要从市场机制和非市场机制两种交易机制角度来分析企业的资源获取方式（尹苗苗，2013）。市场机制强调以经济交易的方式获取资源，购买或租赁是较为直接的途径。但研究指出，在市场中所能够获取的信息、知识等要素往往缺乏稀缺性（Denrell et al.，2003），容易被复制与模仿，基于关系网络所获取的资源更具价值。中小企业一般面临规模小、业务单一、资金缺乏、合法性不足的困境，因此更倾向于通过组织的关系网络获取资源，因为这种资源获取方式成本不高，双方之间摩擦较少，机会主义行为并不多见（Zhang & Wong，2008）。杨俊等（2009）指出，中小企业合理地利用关系网络可以获取稀缺的创业资源，进而提升企业的组织绩效。创业者良好的个人信誉、社会资本可以帮助企业建立良好的组织间非正式关系（Zott & Huy，2007），获取更有价值的互补资源。

在资源获取的内容上，Wernerfelt（1984）认为，资源主要可以分为有形资源和无形资源。Das 和 Teng（2000）在此基础上进一步指出，外部获取的资源主要包括资产性资源和知识性资源，其中资产性资源是指企业投入的有形资源，主要包括资金、物质、人力资源等，而知识性资源是指企业用来整合和转化有形资

源的相关资源，包括规章制度、经营理念、市场营销等方面的信息和知识（Wik-
lund & Shepherd，2003）。林嵩（2007）则认为，资源可以划分为直接资源和间
接资源，其中直接资源包括资金资源、人才资源等，间接资源包括政策资源、科
技资源和信息资源等。在知识经济时代，不少学者认为，知识才是最为重要的资
源，企业应该努力地从外部合作方那里获取技术信息、市场信息、管理经验等各
方面的知识（朱秀梅等，2011；Giudice et al.，2014）。Friesl（2012）指出，科
技型中小企业急需技术、研发、战略和管理四种类型的知识资源。技术类指科技
投入结果，研发类指产品的投放与试行，战略类指对宏观商机的理解，管理类指
营销、财务等方面的知识。他认为，研发类与管理类的知识带有补充性，而战略
类的知识则起到辅助作用。单标安等（2015）在总结以往研究的基础上指出，企
业的发展可以大致分为三个阶段，分别是动机阶段、初创阶段和成长阶段。不同
阶段所需要的外部知识表现出明显差异。在动机阶段，需要紧紧围绕客户与市场
开展知识资源的管理活动，要对自我能力有清晰的认知；在初创阶段，功能性的、
贴近企业日常经营的知识资源更能匹配该阶段的发展任务，例如财务技术、营销技
巧等；在成长阶段，企业为了实现快速发展，顶层设计类的知识更为紧迫，如战略
设计、商业定位方面的知识。可以看到，尽管学者关于资源获取内容的划分不尽相
同，但主要涉及知识型资源（如技术知识、市场信息、管理经验和政策信息等）、
资产类资源（如资金、订单、专利、设备材料等）及其他相关资源。

2.3.3 资源获取的影响因素

企业开展资源获取活动时，会受到不少因素的影响，因为企业获取资源的方
式是自身战略方向与组织特征高度融合的优化抉择，受到其自身所构建的社会网
络和社会关系的制约。

基于组织内部来看，战略层面的因素尤其是战略导向会影响企业的资源获
取。战略导向反映出组织对环境的感知以及对环境不确定性所做出的战略性反应
（Hitt，2001）。一般而言，战略导向分为市场导向、创业导向、关系导向以及竞
争导向等。蔡莉等（2010）研究发现，市场导向型企业可以有效整合外部市场的
信息与知识等资源，优化组织的创新能力，进而提升企业的市场绩效。耿紫珍等
（2012）指出，战略导向决定了企业对获取竞争优势的看法与选择，对企业资源
的配置方式产生决定性影响。实证发现，创业导向与市场导向都有利于外部市场知
识资源的获取，但就外部技术知识获取而言，创业导向的促进作用显著，而市场导
向并不具备这样的促进作用。曹霞和刘国巍（2015）探索了关系导向对企业资源配
置的作用机制，指出关系导向有利于组织间合作网络的稳定，进而促使资源实现有

效转移。孙永波和丁沂昕（2018）指出，创业导向有利于企业对外部知识资源的获取，外部知识获取作为创业导向与创业机会识别的中介变量，其维度之间的中介效应具有差异，市场知识获取的中介效应要强于技术知识获取。Jiang 等（2018）基于中国企业的研究发现，创业导向可以有效促进企业获取有益的知识资源。

但从现有文献看，就战略导向与资源获取的关系而言，研究多集中于创业导向和市场导向，对关系导向的研究还不够深入。然而在中国情境下，基于差序格局所形成的关系导向是影响资源非市场机制交易的重要因素。在转型新兴市场中，企业家需要投入更多的时间来构建和维护这种基于互惠与信任的社会关系，强化关系导向以获取正式渠道中难以获取的资源与知识，提升企业的创新能力（Peng & Luo，2000；Luo et al.，2012）。郑丹辉等（2014）指出，关系导向能够帮助中小企业获取外部异质性知识、互补性的技术以及市场中的顾客信息。中小企业需要以关系导向为支撑来优化它的资源配置机制（曹霞和刘国巍，2015）。

进一步地，在组织内部因素中，企业本身的资源水平也会影响资源获取，如研究发现，企业自身所具有的知识资源的广度和深度将影响外部知识资源的搜索与获取（Wu et al.，2014），因为没有内部资源的支撑，组织的资源搜索与获取行为将难以有效开展（Lampert & Semadeni，2010），组织的资源存量与储备有利于企业的资源获取（Liu，2013）。其他内部因素包括领导风格（Birasnav et al.，2013）、组织结构（Fang et al.，2010）、内部员工参与（Hansen & Morten，2002）以及企业文化（Andriopoulos & Lewis，2009），这些因素也会对资源获取产生一定影响。

基于外部环境来看，企业间构建的社会网络、社会资本等因素会对企业的资源获取活动产生影响（江旭，2015），网络中的规模大小、关系亲疏、位置远近都会给资源获取带来不一样的结果。资源获取总是在某种情境下通过某种渠道进行，而这往往指向社会网络。企业总是嵌入社会网络，不同强度的网络关系所拥有的社会资源与社会资本差距很大，比如研究发现，网络关系的强弱对知识类资源获取有很重要的影响（Adler & Kwon，2002）。此外，不同类型的社会网络对企业获取不同种类的资源具有较大的影响。社会网络可以划分为政治网络和商业网络，其中政治网络不仅可以帮助企业获取政府控制的土地、银行借贷、津贴和税收减免等重要资源和政策信息（Yiu & Lau，2008），还可以为企业提供那些无法通过正常交易而得到的政治支持或庇护（Peng & Zhou，2005）。而商业网络主要在于为企业提供市场上的关键资源，密切的商业网络关系可以帮助企业获取公开市场上无法获得的重要资源和信息，从而帮助企业实现超额利润。

但需要指出的是，在中国背景下，中小企业社会网络的构建通常取决于企业对"关系"的重视与利用，关系导向是影响组织社会网络形成、演化、发展的重要驱动因素。

2.3.4　资源获取对中小企业的作用与影响

获取资源既可以弥补不足、克服短板，又可以优化体系、促进创新。虽然内生动力依旧是企业发展的重要驱动器，但随着经济一体化形势的不可逆转，全球产业分工越发明确，组织间的合作不断深化，新产品研发周期逐渐缩短，商业模式创新层出不穷，企业开始认识到及时获取外部资源的重要性。这一现象在商业世界中反映为频繁发生在企业间的并购、联盟、合作、外包。应该看到，资源的获取方式不同，其产生的效益通常会有偏差。对于中小企业而言，从外部获取资源能够快速弥补短板，强化资源基础，相比内部积累方式而言是更为可行的策略（Cassiman & Veugelers，2002；Liao & Marsillac，2015），这是因为在开放式创新的大背景下，外部资源获取的成本更低，不确定性更低，及时性更好（Mansfield，1988），更符合中小企业通过增强适应性来获取竞争优势的发展路径（Mishra，2017），符合动态的权变观。现有研究主要集中于探讨资源获取对企业创新与绩效的影响，因为企业获取资源的根本目的在于实现创新，提升绩效。

2.3.4.1　对商业模式创新的影响

较之于需要大量研发投入的技术创新，商业模式创新对于中小企业而言是更为可行与合适的提升组织绩效的实现路径（吴群，2012）。研究指出，商业模式创新就是对企业资源配置活动进行调整的过程，这一调整过程需要以充足的资源作为支撑。Afuah 和 Tucci（2000）指出，企业想要成功实现商业模式创新，就需要解决资源获取的问题，要明确资源运用的对象、使用时机以及资源利用途径。罗珉等（2005）认为，异质性资源和学习能力是促进商业模式创新的重要驱动力。郭毅夫和赵晓康（2009）基于资源基础理论进一步提出了影响商业模式创新的四个驱动因素，其中资源的异质性是驱动商业模式变革的重要原因，他认为，通过创新的方式来获取和整合资源本身就是商业模式创新的一种体现形式。姚伟峰和鲁桐（2011）基于案例研究发现，资源的获取和整合可以促进组织竞争力的形成，能够有效驱动商业模式创新。刘刚等（2017）基于资源基础理论探索了资源获取对商业模式的先动式创新及其创新强度的促进作用。

可见，高效率的开放式商业模式创新依赖于组织从外部得到、吸收、整合新的资源（Guo et al.，2016），企业需要打破边界，以商业模式各要素为属性对资源进行必要的整合（李靖华等，2019），把价值资源的搜寻、获取和运用作为创新的核心过程。但需要指出的是，资源获取并非只存在静态的影响，商业模式创新的实现还需要对所获取的资源进行合理配置（Osterwalder et al.，2010）。

2.3.4.2 对企业绩效的影响

资源基础理论认为，企业绩效的提升离不开企业的资源获取（Pfeffer & Salancik，2003）。目前，学者就资源获取与企业绩效的关系进行了深入的研究。Monteiro 等（2011）基于对英国企业的问卷调查，指出正式和非正式的外部资源获取对企业绩效均有促进作用。马富萍和李燕萍（2011）以资源型企业为研究样本，发现企业信息资源获取、知识资源获取和资金资源获取都对企业技术创新绩效具有显著的正向影响。Cai 等（2014）以学习能力为中介变量研究了资源购买、资源吸引和内部积累三种资源获取方式与企业绩效提升的关系，结果发现这三种资源获取方式都对企业绩效有明显的促进作用。赵立雨（2016）对制造企业的研究同样表明了获取外部知识资源的企业具有较高的创新绩效水平。张永安和张瑜筱丹（2018）对上市公司进行实证研究，发现当期的和上期的外部资源获取都对企业的经济绩效具有显著的促进作用。由此可见，大多数学者都一致认为资源获取可以有效解决企业发展时的资源不足问题，弥补创新过程中的资源消耗，从而帮助企业在竞争中脱颖而出，获得更好的企业绩效。

总之，虽然学者们就资源获取与企业绩效之间的关系进行了探讨，但也存在一些研究空白，例如资源获取对不同类型企业绩效的影响机制如何，仍值得进一步研究。

2.3.5 研究小结

作为中小企业突破创新、提升绩效的一种适应性策略，资源获取对组织获取竞争优势显得格外重要，尤其是在市场更迭迅速、组织边界模糊的背景下，灵活的资源管理策略与快速的反应机制对中小企业而言更为匹配与合适。资源获取实际上是一种中小企业基于"增强适应能力以解决当下困难"的逻辑思路所构建的提升组织绩效的路径，与中小企业自身的基本特性相契合，能有效弥补中小企业的资源短板，促进企业绩效的提升。资源基础观认为，获取那些异质性的、有价值的资源可以帮助企业实现创新并有利于企业维持竞争优势。因此，中小企业基于自身的特性与定位，跨越组织的边界向外部获取资源进而实现创新、获取绩效，应该是一条合理可行的路径。

本书探索关系导向驱动下商业模式创新对中小企业绩效的影响，资源获取是重要的传递机制。关系导向能帮助企业构建良好的关系网络，使之大力扩展社会关系与社会资本（王思荔，2015），对资源获取有重要的影响，因为以人际关系或人脉为核心的关系导向有着差序格局的特性，中小企业可以有效地利用这种特

◆ 关系导向、商业模式创新与中小企业绩效

性来获取外部资源。但当前鲜有研究关注关系导向对资源获取的直接影响。再者，资源作为商业模式创新的基础，确实可以促进商业模式创新，但资源获取与关系导向、商业模式创新之间的关系，研究尚未涉及，还需要进一步探索。基于此，本书试图基于关系导向来分析资源获取对中小企业商业模式创新以及企业绩效的作用机理。

2.4　商业模式创新

2.4.1　商业模式的基本概念及特性

2.4.1.1　商业模式的基本概念

有关商业模式的研究由来已久，迄今为止，学术界已出现了多种商业模式的定义（见表2.1）。Morris 等（2005）、原磊（2007）对已有成果进行了梳理，指出商业模式的概念演化大致经历了四个阶段（见图2.1）：从经济类到运营类，再到战略类直至综合类，呈现出一种从整体论到系统论的层层递进的关系（王水莲和常联伟，2014）。

表 2.1　商业模式的定义

视角	作者	定义
经济视角	Chesbrough 等（2003）	重在描述企业赚钱的方式、方法，知道企业如何在价值链上确定自己的地位
运营视角	雷家骕（2008）	是解决企业怎样运营的设计方案，这套方案主要包含企业为客户创造价值的步骤以及企业获利的方式
	George 和 Bock（2011）	是一种包括资源结构、交易结构和价值结构的组织架构
战略视角	罗珉等（2005）	是一种战略层次上的创新意图，并由此设计出一套整合企业、客户、伙伴、员工、股东的互动结构体系
	魏炜和朱武祥（2009）	是内外部利益相关者的交易结构，系统解释了商业模式的构成要素以及商业模式的存在价值
	陈志（2012）	是企业等市场主体以特定价值为导向所设计的商业活动系统

续表

视角	作者	定义
综合视角	Morris 等（2005）	有关战略、结构、经济等领域的一系列相关决策变量的简洁陈述
	Osterwalder（2005）	是一种概念或构念，但这种构念具备系统性的特征，包括各组成要素之间的关系，可以描述组织经营的商业逻辑以及为消费者创造的特定价值，同时还包括对组织内部结构与网络关系的陈述，组织可以据此获取价值
	Amit 和 Zott（2010，2012，2016）	是一个跨越边界的连接不同主体的由一系列价值活动构成的交易系统，不同的主体共同创造价值并以自己对商业模式的贡献程度而获取相应的价值

资料来源：笔者整理所得。

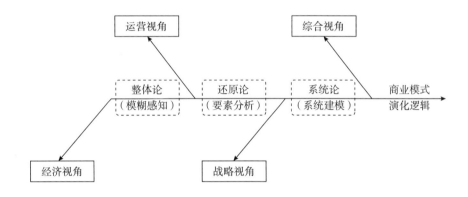

图 2.1 商业模式定义演化逻辑

资料来源：王水莲，常联伟．商业模式概念演进及创新途径研究综述［J］．科技进步与对策，2014，31（7）：7．

经济视角下的商业模式遵循的是价值逻辑，主要从宽泛的概念上揭示商业模式的价值功能，缺乏对商业模式中业务系统、交易治理、资源组织等结构与过程的整体描述，无法窥探商业模式全貌，不具备可操作性。运营视角下的商业模式往往基于组织结构的视角，将商业模式看成一种组织结构设计，着眼于商业模式的架构与关系。战略视角下的商业模式容易与企业的战略执行混淆，但 Zott 和 Amit（2017）指出，商业模式是战略与创新领域的重要研究命题，战略以管理控制、企业文化、人力资源管理来落地（魏炜和朱武祥，2010），而商业模式则更为动态地反映企业的运行机制。综合视角下的商业模式是基于系统论的观点对以往不同定义的整合，是对企业经济模式、运营结构和战略方向的系统性的集合。

成功的商业模式必然是独树一帜、独一无二的，是其他企业难以模仿或无法企及的。

目前对于商业模式的定义主要集中于综合视角，认为商业模式的本质在于价值与活动系统（Osterwalder，2005；Zott & Amit，2007，2011，2017；原磊，2007；Amit & Zott，2010，2012，2016；云乐鑫等，2017），因为商业模式必然涉及企业的收益、成本、利润等价值资源，涉及企业与供应商、合作方的交易活动方式（齐二石和陈果，2016）。首先，从价值的角度出发，创造价值是商业模式所遵循的主要逻辑，价值是商业模式存在、重构、创新的基础与核心，为客户、伙伴创造价值进而实现自身利润是商业模式的归宿（Teece，2010）。因此，多数研究认为商业模式首要关注的是价值的创造与获取。其次，活动系统是商业模式价值实现的保障机制。在 Zott 和 Amit 的一系列研究中，商业模式被理解为焦点企业跨组织边界所设计的交易活动系统，包括交易内容、交易结构、交易治理，三者组成一个开放的交易活动系统，三者相互作用、相互配合，服务于商业模式的价值主题，确保企业通过商业模式创造并获取价值。基于 Zott 和 Amit 的相关研究，借鉴其他学者的建议，本书认为，商业模式是企业与合作伙伴在开放的网络中共同构建的由交易内容、交易结构、交易治理三要素组成的价值活动系统，并以价值创造与价值获取为导向不断运动发展。

2.4.1.2 商业模式的特性

对现有研究进行梳理，本书总结出商业模式的三大特性（见图 2.2）：系统性、动态性、开放性。其中，系统性描述了商业模式存在的物质形式，交易的内容、结构与治理是构成商业模式最为重要的要素；动态性基于时序关系，描述了商业模式的演化路径，本质上是从时间的角度解构商业模式；开放性则强调了商业模式的空间状态，企业从外部获取能量与利益相关者共同构建开放的体系。

第一，商业模式的系统性。商业模式本质上是一个交易系统（Amit & Zott，2010），是建立在许多构成要素以及它们之间的关系之上的（Osterwalder，2005），带有明显的系统性特点。研究认为，商业模式是由不同模块构成的复杂系统。现有研究对商业模式的构成要素大致有以下分类：一是价值主张、价值创造、价值获取（原磊，2007；项国鹏等，2008）；二是交易内容、交易结构、交易治理（Amit & Zott，2016）；三是定位、业务系统、核心资源、盈利模式（魏炜和朱武祥，2010）。商业模式由多种要素或多种模块构成，且各种要素彼此之间相互关联（Casadesus-Masanell & Ricar，2010）。例如，基于价值视角而划分的价值主张、价值创造、价值获取等要素就呈现出以价值主张为起点、以价值创造为核心、以价值获取为归宿的递进相关关系。不仅如此，商业模式的系统性还体现在多种要素相互关联且共同作用下所涌现出的整体性，商业模式设计反映企业整体的思考与决策，是基于整体不同程度的变化得以实现的，呈现出高度的整体涌现性。

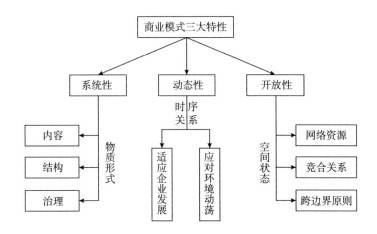

图 2.2　商业模式特性

资料来源：笔者整理所得。

　　第二，商业模式的动态性。企业为适应环境变化与经济波动，必然不断变革商业模式（Martins et al.，2015），商业模式总是处在动态的变化过程中。研究认为，商业模式的动态性表现为其不断演化的过程（云乐鑫等，2017；张璐等，2018）。这主要体现在以下几个方面：首先，企业的发展阶段。基于生命周期理论，企业所处的发展阶段不同，其在资源、能力、组织构架、战略目标上都会呈现出明显差异。初创企业缺乏资本积累，企业必须承载较大的资金压力，因此商业模式设计的核心在于平衡资金的分配策略与技术商业化进度。随着时间的推移，企业熬过生存期，进入成长期，快速的发展与相对激进的策略驱动企业商业模式更注重网络间的合作与平台的搭建运营。其次，环境的变化动荡。外部环境是企业得以生存的客观条件（Miller & Friesen，1982），总的来看，环境总在不断变化，本质特征表现为不确定性，但企业必须持续关注动荡的环境所传递的信号才能生存与发展。因此，商业模式同样随环境的变化而演进，存在明显的在系统设计上的外部路径依赖性（Demil & Lecocq，2010），而这种针对环境变化与动荡的有意识的把控与管理，其最终指向即是能够为企业带来持续竞争优势的商业模式创新。

　　第三，商业模式的开放性。商业模式的构建是企业与利益相关者共同参与的结果（Zott & Amit，2010；Amit & Zott，2016）。从构建逻辑出发，企业需要通过扫描外部环境迅速寻找到可以为客户增值的市场空隙，然后在所处的网络中整合各种资源，尤其是与自身互补的知识（齐二石和陈果，2016），进而探索创新实践，并据此重构最优的价值系统与商业系统，最终改变现有的产业生态。因此，商业模式秉持的是跨边界原则，是企业在不同的产业上与不同的经营主体开展合作，是不断扩展网络结构、深化网络关系并在网络之中吸收驱动能量的过程。从互动关系来看，商业模式设计是基于主体之间的"竞合"关系，而非"零和博弈"关系，强调合作带来的价值增值，因此更能使企业保持竞争优势。合作的基础源于异质性的资源与知识，这种异质性能够有效促进企业与利益相关者共同构建开放的信息、知识、价值交换系统（Allee & Verna，2008），最终形成一个全员参与、全员获利的开放体系。

2.4.2 商业模式创新的基本概念及维度

2.4.2.1 商业模式创新的基本概念

商业模式创新是企业获取竞争优势、适应环境变化的有力武器（苏敬勤和林海芬，2011）。当今企业的商业模式正以前所未有的速度不断更迭，单纯的产品创新正逐渐过渡到商业模式创新，由产品、服务、技术驱动的商业模式逐渐变为由整体性解决方案驱动的商业模式。

Hamel（2000）指出，商业模式创新属于一种战略创新，是企业为了给利益相关者创造出更好的价值而对现存商业模式的改变与重构，能有效打乱对手的战略节奏。Christense（2013）认为，商业模式创新带有极强的"创造性破坏"的作用，企业要针对客户的需求进行深入分析并予以应对，但它区别于传统营销学中的反应性市场导向。Ostenwalder 等（2005）把商业模式创新看成一个概念模式，是从一个特定的商业模式演化到一个精心设计的、备受期望的新商业模式。Xi 等（2013）认为，商业模式创新就是改变或重构企业现存的商业模式，通过这种创新，企业重新定义价值主张，重新设计价值获取的流程，最终重新构建新的价值活动系统。

Alejandro 等（2015）指出，商业模式创新由设计与开发两个要素构成，商业模式设计是对商业模式进行的颠覆性重构，商业模式开发是对商业模式进行的渐进式改良。Cucculelli 和 Bettinelli（2015）则认为，商业模式创新并不是单纯地改变企业在现存网络生态中所依赖的商业逻辑，而是要在新的商业生态中发掘更多的潜在机会，创造更多的经济价值。

Zott 和 Amit（2010）以及 Amit 和 Zott（2016）指出，商业模式创新就是企

业通过重组其现有资源并协同合作伙伴共同来设计新的价值活动系统或者改良既有价值活动系统。Foss 和 Saebi（2017）强调，商业模式是一个复杂系统，创新就是对系统中的核心板块与要素进行创造性的改变，并形成新的价值活动。Cao 等（2018）通过对零售企业的研究认为，商业模式创新就是一种针对既有模式的战略革新，破除企业发展的路径依赖，挖掘创造出新的价值。可见，虽然学术界对商业模式创新的定义还存在差异，但普遍认可商业模式的本质在于价值与活动系统（Amit & Zott，2016；Zott & Amit，2017），商业模式创新也据此进行阐发。

同时，研究还发现，在商业模式的"创新"这个概念上，国外学者使用的词汇有以下区别。有学者从"design"（设计）的角度理解创新（Amit & Zott，2001），认为商业模式创新是通过对商业模式构成要素的更新并嵌入不同的主题设计得以展开与实现；有学者把"adjustment"（调适）看成创新（Sarasvathy，2001），强调商业模式创新带有试错的性质，不可能一蹴而就，而是伴有不断修正、调整的过程；有的学者则更激进，将"reinvent"（重构）看成商业模式创新，指出其本质在于重构现有的商业法则与价值逻辑，带有颠覆的意味；有学者把"evolution"（演进）当作创新（Sharma & Talwar，2007；Demil & Lecocq，2010），指出商业模式创新是一个随环境变化而不断发展演化的过程，带有动态性的特质；还有不少学者则直接使用"innovation"（创新）（Amit & Zott，2012；Spieth & Schneider，2016），指出商业模式创新是通过改变价值的创造与获取方式来实现对现存商业模式的背离与突破，搭建以价值配置为中心的交易架构；少部分学者还用了"develop"（Mitchell & Coles，2003）、"change"（Yip，2004）等词汇，但其含义主要包括在以上列举的各种创新概念之中。

综上，词义的差别本质上是商业模式创新在不同视角、不同层级的多维体现。从创新程度而言，"reinvent"代表颠覆式的创新，带有"探索"的意味，例如互联网的出现，使整个零售行业的商业逻辑从"渠道为王"转向了"用户为王"；"adjustment"代表渐进式的创新，带有"利用"的意味，具备典型的逻辑渐进主义（Logical Incrementalism）的色彩，表现为企业在商业模式创新中往往采取"摸着石头过河"的策略。从时间维度上讲，"design"强调的是时点概念，认为商业模式创新是某一个时刻的系统构建，如深圳发展银行 2005 年将贸易业务全面深化，实现金融供应链的创新；"evolution"则强调时序概念，带有强烈的动态性，认为商业模式创新是企业审视外部环境并不断学习，使商业模式系统、持续性地演进，从而匹配环境的变化与经济周期的波动。京东集团最开始仅仅是一个电子商务公司，商业模式本质上是借用互联网技术贩售各类商品，以较低的价格提供较好的产品。但京东并不满足于此，而是转型成具备强大物流能力的供应链服务平台，通过各项战略投资，构建面向供应商、卖家等的服务平台，为这些企业提供各种增值服务，扩大收入范围。从延展范围来看，"innovation"几乎统筹了以上词项的全部含义，带有托底性质，但学者在具体的研究上往往聚焦于研究所需，各有偏重。

总之，商业模式创新是一个整合的过程（见图2.3）。基于商业模式的系统性、动态性、开放性三个特性以及 Zott 和 Amit 的系列研究，本书认为，商业模式创新首先从设计（design）出发，企业设计一套行之有效的价值活动交易系统，并随着时间的推移和环境变化，以调适（adjustment）或重构（reinvent）的方式对已有价值系统的构成要素进行再次设计（内容、结构、治理），从而实现创新（innovation）。创新最终基于不同的主题设计可能提升了效率（efficiency），也可能衍生出新颖（novelty），也可能效率与新颖两者兼有。由此，商业模式创新

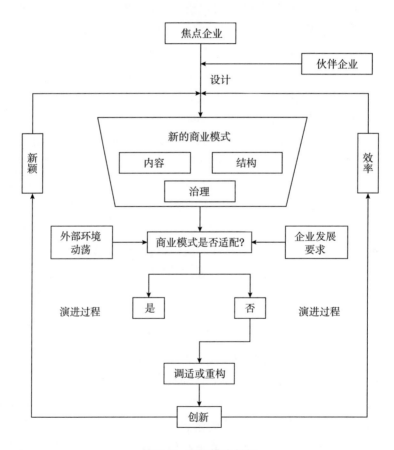

图 2.3 商业模式创新

资料来源：笔者整理所得。

形成了一个很好的闭环。而闭环的运行过程即是商业模式的演进过程（evolution）。当然，这一运行过程并非焦点企业独自可以完成，而是需要在开放的环境中与合作伙伴共同实施。因此，基于 Zott 和 Amit 的系列研究及本书的推论，本书认为商业模式创新是企业以价值的创造与获取为核心逻辑，通过整合资源并协同合作伙伴共同实现的价值交易系统的创新活动，实现对既有商业模式的改良与重构，其本质在于改变价值创造与价值获取的方式。

2.4.2.2 商业模式创新的维度

由于商业模式创新依旧是一个非常前沿与新颖的研究主题，因此有关商业模式创新维度的划分也未能完全统一，学者大多根据自己实际的研究情况与具体的研究对象划分商业模式创新的维度。

Zott 和 Amit（2007）较早地提出了商业模式创新的效率与新颖两个维度，不少学者在后期研究中都一直沿用这两个维度。效率维度致力于优化商业模式交易系统以降低成本，新颖维度致力于对现有商业模式的颠覆与重构以创造价值。Osterwalder 等（2010）将商业模式创新划分为存量型、增量型和全新型。存量型商业模式创新代表一种复制思维，沿袭以往的成功经验，向市场投放与之前的明星产品类似的商品，创新的核心在于资源与渠道；增量型商业模式创新代表一种改良思维，在不改变价值主张与目标市场的前提下向现存商业模式中输入新的元素，以提升组织绩效；全新型商业模式创新代表一种革新思维，是企业对商业模式的颠覆与重构。

陈彦恺（2010）从创造性破坏的视角研究商业模式创新，并将商业模式创新划分为维持型和破坏型两类。维持型重在效率的提升，带有连续性，是在现有商业逻辑下对系统要素的必要优化。破坏型重在系统的再造，有较强的非连续性，是推倒现有商业逻辑后所重新确立的价值创造与获取的活动系统。Habtay（2012）指出，商业模式创新可能是技术驱动，也可能是市场驱动，技术驱动型往往是新技术对商业模式原有逻辑的彻底颠覆，市场驱动型则是在技术环境稳定的情况下企业对价值主张或市场定位的改变。

Zhao 等（2014）基于商业模式构成要素的角度，认为商业模式创新就是构成要素的创新，即价值主张创新、利润模式创新、核心资源创新、关键流程创新。Guo 等（2016）指出，商业模式创新是以新颖为中心的商业模式创新。刘建国（2016）沿袭 Zott 和 Amit 的相关研究，认为商业模式创新可以分为以效率为中心的商业模式创新和以新颖为中心的商业模式创新。以效率为中心旨在节约成本，以新颖为中心旨在发掘新的价值。

Foss 和 Saebi（2017）则依据新颖程度以及系统结构将商业模式创新划分为

进化型、适应型、聚焦型以及复合型四种类型。罗兴武等（2018）基于中国的具体情境在 Zott 和 Amit（2007）的研究基础上，将商业模式创新分为开拓型和完善型两种类型，开拓型是对新颖的深化，是对交易系统的颠覆与重构，完善型是对效率的延伸，是对交易系统的修补与改进。目前，虽然商业模式创新的维度划分还有差异，但比较而言，Zott 和 Amit 的划分更具代表性，被引用的频次也最高。

2.4.3 商业模式创新的影响因素

Foss 和 Saebi（2017）对发表于 2005~2015 年的有关商业模式创新的重要文献进行了梳理与研究，在认真分析 150 篇文献的基础上，对已有研究进行了评价与展望。他们认为，已有研究虽然已经做了一些探索，但还不够深入，有关前因变量、结果变量、中介机制、权变因素等的研究还比较零散，还需要构建一个更为合理的研究框架。为此，他们以复杂性理论为基础，构建了商业模式创新的整合模型。他们认为，商业模式创新是企业实现组织绩效的一种转化机制，企业通过商业模式创新能够保证自身稳定地成长。但商业模式创新往往受到许多因素的影响，包括企业内部的战略因素、能力因素等以及外部的技术因素、需求变化和网络嵌入等。同时，这一路径又会受到权变因素的影响，如环境变化、高管团队、组织文化等因素。因此，Foss 和 Saebi（2017）提出的理论模型为商业模式创新研究指出了一个很好的方向。

从外部来看，影响商业模式创新的因素主要是技术进步、需求变化、网络嵌入。第一，技术进步。技术进步是推动商业模式创新的必要条件（Velu，2015），许多商业模式的创新是由技术革命所促成。大量研究表明，信息技术是商业模式创新的驱动力（Amit & Zott，2007）。在新技术的驱动下，信息的不对称性被大大消除，在移动互联网时代，万物连接，信息反馈与用户参与的成本持续降低，更优质的服务成为主题，业界感慨这是一个"消费者赋权"的时代。

第二，需求变化。满足消费者层出不穷、变化迅速的需求进而获利能够有效促进企业的可持续发展，创造价值是商业模式创新的合法性依据。然而，并不是所有的商业模式创新都得益于技术创新，有些商业模式创新就是挖掘、满足了消费者的深层次需求而得以实现的，技术是商业模式创新的必要非充分条件。

第三，网络嵌入。企业总是嵌入在网络之中，网络本质上为商业模式创新提供了丰富的资源，尤其是知识资源，促成企业在网络中的知识转移、技术对接，促进新产品的研制、新技术的开发、新市场的扩张（Park & Luo，2001），网络是那些难以在内部形成核心能力而必须借助外力的企业进行商业模式创新的主要渠道。网络的本质是企业基于所处网络位置与合作伙伴传递、分享彼此的资源与知识，提高彼此合作的过程效率和协作效率（Peng & Luo，2000），进而设计出新的商业模式。

从内部来看，影响商业模式创新的因素主要包括战略层面的企业家精神及创业导向、企业的资源管理与学习以及企业的动态能力等。第一，企业家精神及创业导向。个体或组织层面的企业家精神是影响商业模式创新的重要因素。企业家是经济增长的关键，能够将各种要素重新组合实现创新。基于这种认识，也有不少学者探讨了作为战略导向的创业导向对商业模式创新的作用机制（Ipek Koço-glua et al.，2015；Asemokha et al.，2019）。

第二，企业的资源管理与学习。资源管理活动决定了企业怎样获取、运用资源。Mina 等（2014）指出，企业如果从客户那里获取信息，能更有效地获取创新成果，因为来自消费者的市场知识最能反映市场需求的变化趋势（Li & Calan-tone，1998），有益于企业变革商业模式。齐二石和陈果（2016）指出，商业模式创新本质上是一种概念创新，需要企业与合作伙伴之间开展知识转移活动，以便促进伙伴对新型商业模式的理解。云乐鑫等（2017）探讨了"网络—学习"机制对商业模式创新的影响，他们通过跨案例研究的方法，探讨了学习对商业模式创新的重要性。企业可以通过所在网络获取资源，进而促进其商业模式的内容创新。

第三，动态能力。孙连才（2013）基于动态能力理论提出了商业模式的指标体系和评估模型，讨论了在复杂的商业生态系统中，企业如何通过构建动态能力实现商业模式创新。庞长伟等（2015）探讨了动态能力对组织变革和价值创造的正向影响，认为动态能力通过提高两者的效率进而促进商业模式创新。也有研究指出，商业模式创新就是企业的一种动态能力，是企业迅速感知、整合与重构内外部资源的能力，能够构筑企业的竞争优势（Teece，1997），商业模式创新可以优化对资源的配置方式与自主适应机制进而提升绩效（Parida et al.，2016；李巍等，2017）。

2.4.4　商业模式创新对中小企业的作用与影响

根据 Zott 和 Amit 的一系列研究，在开放的网络环境中，颠覆以往的价值创造方式，实现商业模式的创新正是中小企业获取竞争优势的重要来源。商业模式创新的核心在于创造价值并获取价值，是企业的资源、知识以及能力等转化为绩效的最有效的保障机制（Zott & Amit，2007；Mishra，2017）。企业通常会创造性地使用新方法、新思维来配置资源与知识，设计出新的交互系统与交易规则，推出新的产品与服务，满足新的需求与市场，完成商业模式的创新。通过商业模式创新，企业可以将内在的原生动力与外在的市场机会转化为组织绩效（吴隽等，2016）。即使企业是模仿其他人的商业模式，也是基于能够迅速捕获市场中的价值机会而对现存商业模式的调整或优化，同样能有效提升经济价值。可见，中小企业通过商业模式创新来提升组织绩效是一条可行路径（黄昊等，2019）。

Hamel（2000）指出，商业模式创新是企业获取竞争优势的重要手段，且对中小企业绩效的提升作用要优于单纯的产品与服务创新。原因在于它有助于企业实现资源的优化配置，通过对整个市场定位、业务系统、盈利模式以及核心能力等内容与要素的革新，商业模式创新能够为企业带来稳定的现金流与高额的利润（魏炜和朱武祥，2010），为企业创造出新的价值，使企业价值创造与价值获取的能力都得到有效提升。

Giesen 等（2007）指出，商业模式创新有助于中小企业发现新市场，发掘新机会，可以巩固企业的竞争优势，提升经济价值。Chesbrough（2010）研究发现，技术创新借助于商业模式创新能更好地实现技术产品商业化，提升中小企业的组织绩效。Huang 等（2012）则基于中国 189 家电子企业的数据，发现商业模式创新可以有效提升企业绩效。

胡保亮（2012）研究发现，商业模式创新可以提升企业的销售收入，但不能直接作用于利润的涨跌。只有当商业模式创新与技术创新两者相交互，共同发挥作用时，企业的收入与利润才会同时增长。

吴群（2012）特别指出，相对于技术创新，商业模式创新才是中小企业提升绩效的有效方式。原因在于无论从经验还是从理论上看，技术创新的研发投入太高，风险难以控制，即使成功，也未必能直接带来利润。中小企业技术创新成功的可能性不高。

郭海和沈睿（2014）则认为，商业模式创新在创业机会与中小企业绩效之间充当中介变量，是创业机会转化为绩效的可行路径。同时，需求的不确定性与环境包容性负向调节机会识别与商业模式创新的关系，而竞争强度则正向调节两者的关系。

Cucculelli 和 Bettinelli（2015）指出，商业模式创新对企业组织绩效的提升尤为重要，并且创新程度与绩效提升幅度成正比。Mishra（2017）强调，商业模式创新本身就是中小企业将资源与商机转化为竞争优势与组织绩效的机制，是促进企业发展的必要路径。

Zott 和 Amit（2017）则指出，在数字经济时代，商业模式创新能够显著提升企业的组织绩效，产品或服务的创新所能创造出的价值非常有限，企业需要以商业模式创新来匹配数字化时代消费者层出不穷的各种需求，为网络生态中的利益相关者创造出更多的价值。总之，大量的研究表明，商业模式创新是中小企业转型升级的重要手段，对企业绩效有着明显的促进作用。

2.4.5 研究小结

研究指出，商业模式创新是中小企业获取竞争优势的重要路径（Amit & Zott，2016；Zott & Amit，2017），能够为企业创造更多的经济价值，使企业价值创造与价值获取的能力都得到有效提升，帮助企业获取卓越的组织绩效，是中小企业基于"提升创新水平，挖掘潜在机会"的逻辑思路所构建的绩效实现路径。然而，现有研究虽然对商业模式创新与中小企业绩效之间的关系进行了探索，但仍存在不少问题有待进一步研究。

第一，多数研究仅仅考虑效率和新颖双维的单独作用，缺少从两者的协同与组合视角来研究商业模式创新的文献，鲜有研究基于组织双元性理论从效率与新颖双维划分商业模式创新的组合类型，并进一步探索不同类型商业模式创新与中小企业绩效之间的关系，即不同类型的商业模式创新与不同类型的中小企业绩效之间的关系还有待进一步研究与验证。

第二，现有研究多把商业模式创新看作连续变量，并未从分类的角度来处理数据样本。从商业模式创新类型的划分来看，选择对样本进行分类，将不同类型的商业模式创新样本数据进行有效的分组能够更好地研究其对企业绩效的影响差异。

第三，缺乏基于中国具体情境对关系导向、商业模式创新、中小企业绩效之间相互关系的深入研究，关系导向对商业模式创新作用机理的理论基础和实证研究尚需进一步探索，关系导向如何促进商业模式创新进而提升中小企业绩效，其中的关系还需要进一步研究。资源观指出，中小企业的商业模式创新需要外部资源的支撑，需要外部伙伴的良好合作，而这些都依赖于企业从战略层面重视自己的组织关系，扩展社会资本，因为在中国本土背景下，利益与资源的分配、交易与合作的路径往往依赖于差序式的关系格局。因此，本书将深入探索不同类型商业模式创新对不同类型中小企业绩效的影响，同时基于中国的文化情境，进一步探索关系导向与不同类型商业模式创新之间的作用机理，并深入研究关系导向通过商业模式创新影响中小企业绩效的实现路径。

2.5 中小企业绩效

中小企业绩效能够较好地反映其组织目标的实现程度（Laskovaia et al.,

2017)，怎样提升中小企业的组织绩效往往是相关研究中最为重要的问题，众多中小企业也一直致力于寻找企业绩效的提升路径。本书首先明确中小企业的概念与划分标准，然后再深入探讨企业绩效的内涵、测量以及相关研究。

2.5.1 中小企业的界定及特点

2.5.1.1 中小企业的界定

有关中小企业的界定，现存标准较多，各国情况也并非完全一致，这可能是由经济发展、社会结构、法律制度、文化传统等各方面的因素造成的。例如，美国就存在两种划分方法。一种是按雇员人数来划分，少于 500 人的企业就是中小企业。另一种则是从定性的角度出发，构建四个标准（独立经营与否、出资方多寡、产品销售范围的大小、与龙头企业的规模对比），凡符合两个或两个以上标准的都界定为中小企业。欧盟则直接将雇员人数少于 250 人的企业定义为中小企业。日本则根据雇用人数和销售额来进行划分，且行业之间仍有细微的差别。总之，各国的界定标准并不相同，不存在一个统一标准，但其划分的基本方式和大体原则却是比较一致的。

在实践中，使用定量的方法来界定中小企业较为常用，虽然定量的方法不够灵活，存在滞后性，但由于其指标明确，易于操作，在执行层面具有优势。因此，各国多采用定量界定法来划分中小企业。我国也采用定量法来划分中小企业。按照 2017 年新修订的《中华人民共和国中小企业促进法》，中小企业被定义为"在中国境内依法成立的，在人员数量或者营业收入上规模较小的企业"。具体划分标准以工业和信息化部 2011 年颁布的《中小企业划型标准规定》为准。该规定共划分出 16 个行业，并基于企业人员、营业收入、资产规模等指标，对中小企业进行了详细的界定。本书将基于该规定来界定中小企业，并对中小企业进行行业分类。

2.5.1.2 中小企业的特点

较之于大规模企业，中小企业在人员、资产以及经营规模等方面均具有显著差异（乔朋华，2015）。由于规模的限制，中小企业自身所拥有的物质资源、人力资源和技术资源有限，外部融资困难，发展中容易受到资产增值能力和速度的约束，相对于大型企业不具备优势（吴群，2012）。由于管理制度和科研技术相对落后，中小企业对自身拥有的资源的利用相对不足。相对于大型企业，中小企业的业务比较集中，对于外界冲击的抵抗能力小，容易受到经济周期和国家政策的影响。具体而言，中小企业还具备如下特征：第一，所有权结构单一，通常表现为一个人或几个人出资，企业的发展依赖于个体企业家或创始人；第二，产权与治权较为统一，出资方常为经营者；第三，资本结构中股权比例较高，资本的市场化水平较低；第四，内部资源较为匮乏，资源的利用率不高，但组织结构简单扁平，信息沟通顺畅，机制体制灵活；第五，合法性不足，缺乏机会，对抗风险与冲击的能力较差，企业面临的非系统性风险较高，同时受经济波动、市场动荡、技术更迭的影响较大；第六，常以市场机制的体现者而非垄断者存在于市场当中，面临激烈的竞争压力；第七，组织结构简单、市场接触紧密、管理灵活度高，是社会重要的创新力量（吴群，2012）。

作为最具活力的市场主体，中小企业虽然在规模上与成熟的大型企业相比仍然较小，但其灵活的决策机制、灵敏的市场反应、强烈的创新动机都使中小企业能够在市场中蓬勃发展，逐渐演化为国民经济增长的重要动能，创造出大量就业岗位以吸收社会的大部分劳动力，在经济转型与市场变革中扮演了重要角色（王剑涛，2012）。但应该看到，小而不强仍然是中小企业的主要特点，中小企业仍然面临资源不足、知识匮乏、创新不足、机会不易把握等问题，生存的压力与失败的风险给中小企业带来了严峻挑战。因此，大量研究指出，对于中小企业而言，可行和现实的策略是与伙伴构建良好的组织关系，通过有效的合作促进资源的共享，以不断调整、重构商业模式进而保障可持续性的发展（Luo et al.，2012；Huatao et al.，2016；Zott & Amit，2017）。中小企业应该从战略层面重视对组织成员"关系"的利用程度，形成企业的关系导向，确保中小企业能够从关系网络中获取所需资源，促进企业的商业模式创新，提升资源的使用效率，进而获取良好的市场绩效。

2.5.2　中小企业绩效的基本概念

有关绩效的研究由来已久，企业绩效是市场主体基于既定目标而实施各种组织行为所导致的结果（Mohrman et al.，1989），简言之，即是企业在市场中的经营成果。大量研究指出，企业的成长与发展关键在于有效提升其组织绩效，绩效是评判企业经营成果的核心指标。目前，学术界对中小企业绩效的界定主要沿用组织绩效的基本内涵，并未对其予以特殊区分。虽然当前对组织绩效的定义仍然没有统一，但大致可以分为两种类型。

第一种是基于行为或结果的视角定义企业绩效，认为企业绩效本质上是企业通过经营活动所能获得的回报，企业绩效是战略管理中最核心的问题，是组织行为的最终结果，能够反映企业的经营成果。但 Campbell 等（1993）指出，绩效在某种意义上等同于行为，对企业绩效的测量等同于对企业目标实现程度的测量。还有学者综合以上的观点指出，企业绩效是组织行为与最终结果的统一体，两者不能截然分开（Brumbrach，1988）。

第二种是基于效率、效能以及适应性来界定企业绩效（Walker et al.，1987）。效率代表企业在生产经营过程中的投入与产出之比，常以盈利能力或投资回报率（ROI）两个指标进行衡量；效能代表企业与目标竞争对手相比在市场中所投放的产品的市场份额占比；适应性是指企业对环境的适应能力以及适应程度，考察企业在不断变化与动荡的市场中，能否采取灵活的策略克服危机，常以新产品的投放或市场占有率衡量。

目前的研究除了从理论上界定企业绩效的内涵，更多的是从可操作化的角度进行探索。一般而言，对于中小企业绩效的研究可以从绩效指标的构造性、盈利性以及对绩效指标的评价方法几个方面展开（Murphy et al.，1996），并在各种指标中构建合理的测量体系以衡量企业绩效（见表2.2）。

表 2.2　中小企业绩效指标研究现状

研究视角	研究内容	主要作者
构造性	单一指标	Zahra（1993）
	多维指标	Lumpkin 和 Dess（1996）；Murphy 等（1996）；Kaplan 和 Norton（2004）
盈利性	财务指标	Baron 和 Markinan（2003）；Lin 和 Wu（2010）
	财务与非财务指标结合	Murphy 等（1996）；张玉利和李乾文（2009）；Niu 等（2013）；Bartz 和 Winkler（2016）
评价方法	客观评价法	Baron 和 Markinan（2003）
	主观评价法	Narver 和 Slate（1990）；George 等（2002）

资料来源：笔者整理所得。

首先，从构造性上讲，存在单一指标与多维指标。一部分学者认为可以用单一指标对企业绩效进行衡量（Zahra，1993），即只从某一个方面来测量绩效，如销售收入、营业净利率等指标，这能有效体现企业追求利润最大化的倾向，同时也易于测量。但在现实经济环境中，企业生存与发展的复杂性与这种单一的评价思维截然不同，单一指标可能会得出错误的结论（张玉利和李乾文，2009）。因此，构建多维指标反而是学者测量绩效时常用的衡量方式，即考虑从多个方面来进行综合测量。Murphy 等（1996）对 52 篇有关企业绩效的文献进行研究后发现，大多数研究都采用了多维指标，单一指标仅占 19%，越来越多的有关企业获利性与成长性的指标逐渐用于企业绩效的测量中。Lumpkin 和 Dess（1996）在研究创业导向与企业绩效的关系时指出，应该从多个方面来测量企业绩效，在传统利润指标的基础上构建更全面的评价体系，这样更有助于评价企业在任一发展阶段中的经营成果，但多维指标的构造应该注意指标之间的内在联系与逻辑关系。总之，多数学者是支持采用多维指标的（Kaplan & Norton，2004），因为这样能有效避免单一指标的片面性（Lumpkin & Dess，1996）。

其次，从盈利性的角度出发，企业绩效的首要问题就是盈利。不少学者仅仅基于财务指标来衡量企业的组织绩效，例如权益净利率、营业收入增长率、投资回报率等（Lin & Wu，2010），因为这些带有盈利性质的财务指标能很好地体现企业追逐利润的本质（Dess & Robinson，1984）。Zhao 等（2013）则只用平均毛利率来衡量企业绩效。但随着研究的深入，有关绩效的研究逐渐从财务视角转向财务与非财务结合的视角（Bartz & Winkler，2016）。Covin 和 Slevin（1991）指出，获利性与成长性是测量企业绩效的重要指标。Murphy 等（1996）认为，组织效率、产量规模以及组织的成长性等非财务指标可以更好地衡量企业绩效。Lumpkin 和 Dess（1996）在研究创业导向与中小企业绩效的关系时使用获利性与成长性两个指标来测量企业绩效。张玉利和李乾文（2009）在总结以往有关创业导向的研究时发现，对企业绩效的衡量往往使用的是成长性指标、获利性指标和市场占有率等，他们在研究中使用销售收入增长率、市场占有率和税前利润增长率三个指标来测量企业绩效。Niu 等（2013）则结合企业销售额以及销售额与竞争对手的对比情况来衡量企业绩效。总之，现阶段大多数研究者重视企业的盈利情况与成长情况，整合短期财务与长期成长的指标来测量企业绩效。

最后，从评价方法来看，一般分为客观评价法和主观评价法。客观评价法一般是通过中小企业的销售额、净利率来进行测量（Baron & Markinan，2003），这些客观指标还可能包括营业净利率、投资回报率、股票收益率等。客观评价法虽然是基于较为准确的数字，能够对企业的绩效做出良好的判断，但在实践中，这些数字对于企业而言往往都是商业机密，除具备披露义务的上市公司外，鲜有企业愿意直接公开，极难获得。同时，采用客观评价指标的绩效难以在不同行业之间进行对比分析（Covin & Slevin，1989）。因此，主观评价法也是学者常用的一种方法。主观评价绩效法是受访者对企业绩效进行的感知评价（George et al.，2002），是受访者通过对销售额、市场份额等指标的主观感受来衡量企业绩效，通常以量表的方式来测量。同时，研究表明，主观评价法与客观评价法具有相同的有效性（Dess & Robinson，1984），许多学者也建议在实证研究中涉及绩效测量时可以采用主观评价法（Narver & Slate，1990；罗彪等，2012）。中小企业一般都不愿公开客观数据，想要直接获取其真实的客观数据极为困难。相反，主观评价法因其灵活的特点，反而更适用于其相关研究。

综上，中小企业绩效代表了企业的竞争实力，是判断企业发展状况的重要指标。中小企业绩效与一般的企业绩效在内涵上并无本质区别，都是企业通过经营活动所能获得的回报，是企业内外部资源、公司战略与环境相互作用匹配的结果，反映出企业的利润高低、经营好坏以及发展快慢。同时根据中小企业的特点以及过往关于中小企业绩效的大量研究，本书认可 Lumpkin 和 Dess（1996）有关企业绩效的研究，同样从短期财务与长期成长两个方面来综合测量中小企业的组织绩效，采用主观评价法对中小企业绩效予以综合考察。

2.5.3　中小企业绩效的影响因素

企业绩效是战略管理研究中重要的结果变量，怎样才能有效提升企业的组织绩效是一个重要的研究课题，探讨企业绩效的影响因素对于理解绩效的实现机制极为关键。研究表明，企业绩效往往是在多种因素的共同作用下实现的。Chrisman 等（1998）在总结以往研究的基础上，提出了企业绩效（VP）= f（E，IS，S，R，OS）的模型。其中，E 代表企业家个体特质（Entrepreneur），IS 代表产业结构（Industry Structure），S 代表公司战略（Strategy），R 代表企业资源（Resources），OS 代表组织流程、结构（Organizational Structure）。当前，研究者主要是基于此模型并结合具体研究从内外两个方面探讨了企业绩效的影响因素，具体包括企业家个体视角、企业资源与资本视角、企业战略导向视角、企业创新视角、环境视角等。

从企业家个体视角看，学者主要探讨了性格特征、个人关系、职业经验、企业家精神、创业激情等因素对企业绩效的影响（张翔和丁栋虹，2016；马翠萍等，2017；Adomako et al.，2018）。马翠萍等（2017）发现，企业家的创业激情对中小企业的组织绩效有正向影响，且社会资本在两者之间起到正向的调节作用。李麟等（2018）研究了企业家信心与中小企业绩效之间的关系，结果表明，过度自信并不利于组织绩效。不仅如此，研究还发现，企业家过去的职业经历起到调节作用。Adomako 等（2018）指出，企业家的即兴行为正向影响中小企业的组织绩效，且两者之间的关系受制度支持与金融资源能力的调节。谢雪燕等（2018）则实证了企业家精神对科技型中小企业绩效的影响，研究发现，企业家精神有利于突破企业的融资瓶颈，促进企业的绩效提升。

从企业资源视角看，国内外学者指出，企业所拥有的资源对于中小企业绩效来讲尤为重要，且在新兴经济体中，这种促进效应更为明显。资源基础理论认为，企业只有拥有足够的稀缺资源才能实现良好的发展，资源匮乏会阻碍企业的健康成长。许小虎和项保华（2005）认为，企业所处的网络对企业的组织绩效有重要影响，其中较弱的网络联结可以拓展资源的获取来源，而较强的网络联结则有利于提高资源获取的效率。Li 和 Zhang（2007）的研究指出，政治网络资源对于中小企业绩效有正向影响，环境竞争以及所有制对它们之间的作用关系起到了调节作用。赵文红等（2016）强调，创业资源的差异使不同企业之间的绩效有着明显区别。Hernandez-Carrion 等（2017）发现，中小企业的社会资本有利于提高其组织绩效。陈怀超等（2019）研究了外部知识获取对企业绩效的作用机制，研究发现，外部知识获取正向影响企业的营销绩效，且依赖于具体的情境，环境宽松性对两者之间的关系起到正向调节作用。同时，营销能力在外部知识获取与企业的营销绩效之间充当了中介变量。

从企业战略导向视角看，企业的战略是实现目标绩效的关键因素（Chrisman et al.，1998）。王重鸣和刘帮成（2005）指出，战略导向有助于技术型企业将技术能力转化为企业绩效，其中创新导向为组织提供可持续性的竞争优势，市场导向则给组织带来即期利润，保证组织在短期内得以生存。Kiss 和 Barr（2015）从信息获取与组织学习的角度对新产品的开发战略与企业绩效之间的关系进行了研究，指出两者之间存在权变因素，环境动态性与企业的信息处理水平对两者之间的关系起到了调节作用。王国红等（2018）采用案例研究法探索了创业导向与企业绩效之间的内在机理，创业导向通过创业拼凑的思维和行动形成"二阶段"绩效转化模型。张秀娥和张坤（2018）基于 171 家新创企业的调查数据，深入探究了创业导向到企业绩效的实现路径与作用机制。研究发现，创业导向通过资源拼凑正向影响企业绩效，而规制对直接效应和间接效应都起到了调节作用。

从企业创新视角看，创新是保持企业可持续发展的重要驱动力。Bottazzi 和 Dosi（2001）基于对 500 家快速成长的新型制药企业的研究发现，技术创新可以使产品保持足够的市场渗透力，拓展市场空间，能够有效促进企业的发展。Zott 和 Amit（2008）指出，商业模式创新能够有效促进企业绩效提升。胡保亮（2012）基于创业板 58 家科技型中小企业的面板数据研究发现，商业模式创新和技术创新都有利于提升企业绩效，但前者只影响营业收入的增长，而后者只影响企业利润的增长，两者之间的交互作用则对整体绩效产生影响。郭海和沈睿（2014）指出，商业模式创新是企业创业机会识别与企业绩效之间重要的中介变量，为企业将市场商机转化为企业绩效提供了实现的路径。不少研究表明，技术创新往往难以直接作用于企业绩效，技术进步需要适配新颖的商业模式才能产生经济价值。根据波士顿咨询公司 2008 年的创新调查报告，不少企业家和研究者都认为，较之于其他类型的创新，商业模式创新可以给企业带来更大的价值。孟迪云等（2016）探索了网络嵌入性、商业模式创新和企业竞争优势之间的关系，其中商业模式创新充当了网络嵌入性与企业竞争优势的中介变量，有利于提升企业的绩效水平。刘正阳等（2019）基于 2014~2017 年的 18 个新能源上市企业的样本数据，实证了商业模式对企业组织绩效的促进作用，同时探索了外部环境和技术能力与商业模式的交互作用。

从环境视角看，不少学者也研究了环境因素对企业绩效的作用机制。蒋旭灿等（2011）研究了环境动态性对企业创新绩效的调节作用。结果表明，市场动态性不仅可以正向调节资源共享频率与创新绩效之间的关系，同时也能够正向调节资源输入与创新绩效之间的关系。技术动态性只正向调节资源输出与创新绩效之间的关系。王海花等（2012）发现，市场动态性有利于企业组织绩效的提升，而技术动态性的影响并不显著。Yen 等（2014）指出，创业环境越友好，企业就越能获得良好的组织绩效。刘宇涵和韦恒（2015）发现，企业的营销绩效直接关系企业的生死存亡，企业需要提升自己的动态能力以促进营销绩效的提高，但两者之间的直接效应受到技术环境和市场环境的调节，技术动态性与市场动态性是其作用机制的条件与边界。海本禄等（2017）的研究表明，知识获取与企业的创新绩效有显著的正相关关系，且技术动态性和市场动态性起到了调节作用。

2.5.4　研究小结

根据上述分析可知，有关中小企业绩效影响因素的研究已经非常丰富，学者们从不同的视角对其进行了探索与整理。从现有研究看，有关中小企业绩效的讨论主要集中于战略、资源、创新等对中小企业绩效的影响，借助 Chrisman 等（1998）的模型可知，在大量的既往研究中，企业绩效（VP）= f（企业家个体，企业战略，企业资源，企业创新，外部环境），绩效是在上述多种因素的共同作用下产生的复杂结果，这为本书的研究提供了巨大的借鉴意义与参考价值。

但从研究现状看，目前对中小企业的绩效影响因素的探讨缺乏结合中小企业基本特性的综合性讨论，中小企业绩效形成机制的解释模型还不够完整，仍存在不少研究空间。尤其是对于中小企业而言，其生存与发展必然受到具体情境的约束与限制，因此将以往成熟的理论运用于中小企业时，应该基于这些具体情境、具体特性做适当的思考与调整，以更好地揭示出中小企业成长与发展的独特性。同时，不同视角下的中小企业绩效的影响因素研究代表了不同理论对此问题的分析与探索，但理论之间的整合与桥接还可以进一步深化，以构建更为合理与完备的解释机制。因此，本书基于中小企业资源匮乏与创新不足的基本特性来探索中小企业绩效的实现路径，研究商业模式创新对绩效的促进作用，研究关系导向如何推进商业模式创新进而提升中小企业绩效，探索其作用机理的"黑箱"。

2.6 环境动态性

2.6.1 环境动态性的基本概念

企业的内部组织因素需要与外部环境因素相匹配，企业才能不断发展与革新。外部环境在战略管理中一直是重要的权变因素，发挥着重要的调节效应（余绍忠，2012），对于企业的创新实践有着重要影响。

当下，随着信息经济、知识经济、网络经济的兴起，中小企业所面临的以技术革新迅速与市场竞争激烈为特征的外部环境越发复杂，无时无刻不处在变化与动荡之中，想要迅速抓住市场机会，并通过商业模式将这种商机进一步转化为组织绩效，企业家必须深入把握环境中的不确定因素（夏清华等，2016）。原因在于这种环境的持续变化让企业的生存与发展面临许多不确定性，模糊了组织各种行为之间的因果关系，并减少了事件判断的有效信息（Sirmon et al.，2007），使依据既有经验进行的战略决策可能会失灵，进而驱动企业实施创新加以应对。因此，中小企业需要以外部环境的动荡与变化为依据来革新战略与决策。

Duncan（1972）率先提出了环境动态性的概念，将其定义为组织决策环境在一定的时间范围内的变化程度。Meyer（1982）则认为，环境动态性是外部环境对组织的不可预测的干扰，会给组织的发展带来障碍，造成组织失控的可能，环境动态性会带来不可预估的风险。通常而言，动荡的外部环境主要源于技术的迅速革新与市场的激烈竞争（Jaworski & Kohli，1993；Wang & Chung，2013；张明珍等，2019），但中小企业很难有效预测技术与市场环境变化的规律与趋势，环境突变的速率以及这种不可控性会加速中小企业的战略适配与组织创新。因此，不少学者指出，环境的突变也有可能为组织带来有利的机会（Lumpkin & Dess，2001）。

Jaworski 和 Kohli（1993）指出，环境动态性就是企业对所面临的技术环境与市场环境的激烈程度以及技术发展、市场信息的难以预测性。环境动态性越强，技术的迭代速度就越快，消费者的需求变化就越大。因此，中小企业时常面临着环境动态性的巨大挑战。在一个竞争激烈的市场中，新技术层出不穷，消费者普遍追求新奇的产品与服务，企业很难有效预测客户对产品与服务的偏好情况。有学者指出，环境动态性所产生的客户需求端起伏波动的程度往往会通过供应链扭曲的传导机制而被放大数倍，形成供需链条上的"长鞭效应"，严重影响中小企业"产—供—销"协调机制的平衡。

王永贵等（2004）也认为，环境动态性是指环境本身的变化以及企业对这种变化的感知，包括技术动态性与市场动态性。其中，技术动态性代表企业对当前外部技术环境某一方面理解的失真与技术发展某一方向预测的失准；市场动态性代表企业顾客的构成情况及其需求变化情况。Hanvanich 等（2005）则重点探讨了外部技术环境动态性的作用，强调环境动态性表现为行业技术本身的变化频率及行业标准的重定情况。当技术环境并非处于稳定状态时，技术往往会呈现出多而模糊的特点，使企业无法有效利用。

蒋旭灿等（2011）指出，环境动态性就是外部环境的变化频率，在资源共享与创新绩效之间起着正向的调节作用。其中，技术动态性源于企业对外部技术环境的感知，具有较强的不可预测性，企业常常处在不可控的技术流变中，因此需要与科研机构合作，提升自己的创新能力；市场动态性是指市场中客户构成与客户需求的不稳定性，且这种不稳定性不太容易观测与识别。因此，当市场动态性较高时，消费者的偏好极不稳定，新的产品或新的服务会逐渐挤压既有产品的市场份额，老客户与新客户会呈现出明显的需求差异（单标安等，2018）。Wang 和Chung（2013）则认为，环境动态性就是外部技术环境与市场环境剧烈变化的频率与程度，对企业的发展有重要影响。张晓昱等（2014）在前人研究的基础上提出了环境动荡的速度和程度，并因此区分了动态环境和静态环境。

总体而言，环境动态性指组织所面对的外部技术、市场等环境所发生的难以预测的高速变化以及对这种变化的感知程度，包括技术动态性与市场动态性。这些环境的变化既向企业提出了挑战，同时也为企业提供了新的价值机会。

2.6.2 环境动态性对中小企业的作用与影响

组织变革总是依托于具体的情境，需要在与外部环境的协调下开展。这种适应性源于组织对外部环境的准确判断所构建的学习机制。当外部环境变化时，企业会据此修正战略，重新拟定有关创新的投入。因此，不同的环境对不同企业的战略与创新都会产生不同的影响。权变理论认为，不同组织在规模、年龄、架构、资源、资本各方面并不相同，所面临的环境也存在较大差异，且对环境的适应能力与改造能力也不相同，所以不同的企业应该根据自己的实际情况主动与环境互动，寻找符合组织自身特征的与环境适配的最优解。

Gatignon 和 Xuereb（1997）基于对市场环境特征的研究指出，当市场处于高水平增长时，竞争者导向在驱使企业进行创新时需要更好地管控成本，即以更低的投入实现创新；当市场需求的不确定性较高时，企业往往采取技术导向和市场导向，促进产品与服务的创新，由此提升企业的市场绩效。Calantone 等（2003）则以权变理论为基础，提出并验证了环境动态性对创新与企业绩效关系的调节作用。焦豪等（2007）从客户需求、产品技术、政策制度、竞争强度四个方面描述外部环境的动态性特征，并实证了由这四者所构成的外部环境在创业导向与组织绩效之间的正向调节作用。

Jiménez 等（2011）对451家西班牙公司的数据进行了分析，发现环境动态性能够正向调节组织学习、创新对企业绩效的影响。他们认为，动荡的环境能够给企业带来压力，能够更快地将新产品推向市场（Olavarieta & Friedmann，2008）。在这个过程中，创新是环境赋予的一项义务，可以提高绩效（Miller & Friesen，1983）。郭海和沈睿（2012）基于185份企业数据对外部环境与商业模式创新的关系进行了研究，实证结果显示，技术的波动与竞争的强度对商业模式创新有显著的正向影响，但不确定性却不利于商业模式创新，而包容性的环境则对商业模式创新有积极的影响。

梁靓（2014）分析实证了环境动态性在伙伴异质性与创新绩效之间的作用。结果表明，在开放式创新的环境中，技术动态性与市场动态性都有利于企业与异质性的合作伙伴开展深入的创新合作，进而提升组织的创新绩效。而李妹和高山行（2014）研究发现，动态性、不确定性是外部环境重要的特点，这种特点使环境对不同程度的创新有不同的作用。他们发现，当外部技术环境不太确定时，环境不利于企业的渐进式创新，但有利于突破式创新。当外部需求环境不确定性增高时，环境对于两类创新都无显著影响。

李随成和武梦超（2016）研究发现，环境动态性对创新的调节作用可能是正向调节，也可能是负向调节。负向调节主要针对供应商整合能力与渐进式创新的关系，而正向调节主要针对供应商整合能力与突破式创新的关系。岳金桂和于叶（2019）的研究也指出，技术动态性与市场动态性在技术创新动态性与技术商业化绩效之间既存在正向调节作用，也存在负向调节作用，特别地，技术动态性在创新资源整合能力与技术商业化绩效之间起到负向调节作用。

Liu 等（2019）研究发现，对新兴市场的跨国公司而言，创新绩效受到知识转移活动和环境动态性的积极影响，市场动态性和技术动态性均能够正向调节知识转移和创新绩效之间的关系。但 Turulja 等（2019）研究发现，这种调节关系并不存在，环境动态性能够促进创新，由此取得更好的经营绩效，但并不能调节两者之间的关系。

2.6.3 研究小结

根据上述分析可知，以技术革新迅速与市场竞争激烈为特征的外部环境是中小企业创新与发展的重要权变因素，环境动态性在其中起到了重要的调节作用。战略与创新是企业生存与发展的重要变量，企业的关系导向战略与商业模式创新在影响绩效时可能会受到技术与市场环境的影响。当企业确立了战略方向以及创新模式，准备开始探索如何发展时，需要考虑外部技术环境与市场环境的动荡程度。不同企业只能依据自身的组织特性探索与动荡的技术环境与市场环境相适配的最优方式，这亦符合权变的思想。因此，动荡的外部环境可能存在正向促进作用，也可能存在负向阻碍作用。现有研究也表明，环境动态性的边界影响机制在不同的研究中存在差异，既有正向调节作用，亦有负向调节作用。因此，有必要在具体的情境中对其利弊作用再进一步验证。虽然既有研究对环境动态性的讨论已经比较丰富，但可以看到，鲜有研究以中小企业为研究对象，讨论环境动态性在商业模式创新及类型与不同类型绩效之间的边界影响机制，其中的调节效应还缺乏分析与实证。基于此，本书将进一步探索环境动态性对中小企业发展的边界影响。

2.7 研究评述

本书的核心命题是探讨关系导向、商业模式创新与中小企业绩效等变量之间的关系，重点是探讨商业模式创新及其类型对中小企业绩效复杂的影响机制以及在中国情境下怎样实现商业模式创新以促进绩效的提升。在梳理了差序格局理论、社会资本理论、资源基础理论以及开放式创新理论等后，本书进一步就这些理论对研究的支撑作用进行了分析与探讨，对关系导向、资源获取、商业模式创新、中小企业绩效、环境动态性等变量进行了深入的讨论，研究了各变量的概念及内涵、维度区分、内容构成、影响因素以及对中小企业成长与发展的重要作用，并发现了现有研究存在的不足之处，以此作为本书的切入点。

第一，现有研究对商业模式创新与中小企业绩效之间复杂的作用关系的解释还不够清晰，鲜有研究从组织双元性理论的视角来探索不同类型商业模式创新对中小企业绩效的差异性作用，其中关系还有待进一步分析、研究与验证。组织双元性理论已经成为管理学中新的研究范式，以往研究多将其用于技术创新、组织学习以及战略联盟等领域，较少用于商业模式创新的研究（Hu & Chen，2016；

Balboni et al.，2019），更鲜有研究基于组织双元性理论对商业模式创新进行必要的类型划分，讨论不同创新类型对不同企业绩效的差异性影响（洪进等，2018），深入探讨商业模式创新与中小企业绩效复杂的作用关系。同时，在商业模式创新的类型实证研究中，多数研究直接将商业模式创新类型视为连续变量，鲜有研究根据划分类型对数据样本进行必要的分组处理，因而导致研究的结论还不够清晰。可见，从理论到实证，商业模式创新与中小企业绩效之间的复杂关系都有待进一步深入探索。再者，组织双元性理论指出，双元的平衡与契合本质上表现为一种组织适应环境变化的动态能力，需要企业通过不间断地调整与平衡的过程来适应外部环境的剧变以实现组织的可持续性发展。加之商业模式创新本就受制于外部环境因素，因此组织双元性视角下的商业模式创新与绩效的关系还需要考虑外部环境的影响，外部动荡的环境对复杂的商业模式创新及类型与企业绩效之间关系的调节作用还有必要深入探索。

第二，不少研究虽已经探索了商业模式创新的前因变量，但基于中国关系社会的具体情境探讨关系导向对商业模式创新作用的研究还比较少见，即鲜有研究涉及关系导向下中小企业商业模式创新实现的内在机理。有关"中魂西制"的相关研究一直是学术界不断探索的重要问题，"关系"作为一个独具中国特色的概念已经成为文化惯性与制度转型背景下社会整体所认可的价值取向与生活规范（翟学伟，2017），成为内化于心的行为准则。由于中小企业面临资源稀缺与合法性不足的问题，其发展必须要解决这两个问题。而关系导向所赋予的功能与作用是驱动中小企业突破资源困境与合法性门槛的重要因素，为企业的开放式商业模式创新构建了稳固的资源基础与有利的合作空间。这是中国本土企业在经营与运行上区别于西方企业的明显特征。但现有文献对关系导向的研究还在探索阶段，关系导向对商业模式创新的作用机理尚不明确，关系导向可否通过资源获取来促进商业模式创新及其各种创新类型的实现还需要进一步探索。同时，有研究认为，"关系"的作用可能被夸大（Guthrie，1998；Millington et al.，2006），这或许是因为未对"关系"的利用层面（个人利用与组织利用）进行有效区分（Su et al.，2003；Su et al.，2009）。因此，作为组织层面的重要战略，关系导向的相关研究需要进一步拓展（Murray & Fu，2016）。

第三，鲜有研究对关系导向与中小企业绩效之间的内在机理、作用机制进行深入探索，其中的"黑箱"有待进一步分析。开放式创新理论认为，商业模式创新是中小企业获取良好绩效有效的转化机制，但研究指出，缺乏资源将导致商业模式创新的实施难以为继。因此，中小企业在开放的背景下需要从外部合作伙伴那里获得异质性资源来支撑其商业模式的创新。差序格局理论与社会资本理论指出，在转型经济体中，组织间基于信任与人情所构建的非正式渠道与非市场交易机制是中小企业获取资源的有效方式，而关系导向作为一种重视与利益相关者协同合作的组织战略导向，可以促进伙伴之间彼此信任的构建，进而促进中小企业从外部获取稀缺资源。因此，关系导向可能通过资源获取而促进商业模式创新，进而提升企业的组织绩效，即资源获取与商业模式创新在关系导向与绩效之间可能存在某种递推式的链式中介机制。事实上，现有研究中，有关多重中介的研究还比较缺乏（Wales et al.，2013；姚梅芳等，2018），因此基于链式中介的研究范式，从商业模式创新的角度来探索关系导向与绩效之间的内在关系可以更完整地揭示其中的作用机理与实现路径，揭开其中的"黑箱"。

总之，对上述相关理论、变量综述与研究不足之处的梳理与总结为本书之后的研究假设、理论模型、问卷量表以及数据实证等提供了全面、扎实的理论基础和重要、清晰的研究方向。

3 分析框架与子研究模型

本章从商业实践的困境与理论研究的缺口出发，基于理论分析从整体视角来分析关系导向、商业模式创新与中小企业绩效的相互关系，进一步构建本书的整体研究框架，并将其分为两部分，划分为两个子研究。

3.1 关系导向、商业模式创新与中小企业绩效的整体关系理解

以互联网及人工智能为代表的新兴技术给市场环境造成了巨大冲击，层出不穷、变化不定的市场需求给中小企业带来了极大的挑战，不少中小企业的商业模式已无法适应这种外部环境的不确定性，企业的生存与发展受到严重威胁，这迫使大多数中小企业不得不思考如何探索出一种更为新颖的商业模式以适配环境的变化确保"活下来"。对于企业所面临的这种困境，Zott 和 Amit（2017）及 Foss 和 Saebi（2017）等学者都直接指出，比起需要大量研发投入且变现能力较弱的技术创新，积极变革组织的商业模式对于中小企业而言是提升组织绩效更为可行的实现路径。因此，在当今动荡的技术环境与市场环境中，中小企业如何实现商业模式的创新，并且通过特定的商业模式创新构筑企业的竞争优势已经成为中小企业发展面临的重要课题。但商业模式创新与组织绩效的关系较为复杂，由以往的研究可知，不同的学者就商业模式创新对组织绩效的作用关系还存在一定的争议，其中尚存在较大的研究空间，可以进一步对商业模式及组织绩效这两个变量做更为细致的分解来探索其中的作用关系（洪进，2018）。

资源观认为，商业模式创新有赖于企业的资源禀赋与资源结构（Zott & Amit，2011；江积海，2015）。商业模式创新作为一种成长要素的整合机制，需要企业拥有足够的资源才能持续性地创造租金（朱明洋等，2017）。但在当今开放合作的背景下，信息技术更迭频繁、发展迅速，中小企业仅仅以内部积累的方式获取资源并非有效的方式，企业需要以开放的心态从外部获取资源进行整合，才能

保证企业的可持续性发展，确保企业商业模式的创新与运行。因此，对于本土中小企业而言，怎样从网络层面甚至商业生态群中获取资源成为了其实施商业模式创新的关键。

　　总结以往文献可知，现有研究多是从社会网络理论视角来探索中小企业获取外部资源的途径，但社会网络理论较为强调结构洞以及弱关系的作用。然而在诚信制度尚不完备的转型经济体中，弱关系网络中充斥着许多虚假信息与无效资源，因此直接与陌生人打交道并非本土企业拓展网络的主要方式（周建国，2010），并不符合商业实践中企业的行为逻辑。事实上，关系型社会是中国特有的情境，"关系"才是企业获取优质资源的基础。差序格局理论指出，在中国情境下，非市场机制的资源配置以及组织之间的信任构建常以"关系"的亲疏远近而定，构建良好的人际关系可以促进外部资源的共享与整合，能够革新知识体系，促进创新（刘文霞和杨杰，2019）。组织把对"关系"的重视程度上升到战略层面就可以形成关系导向，而这种在战略上对管理者"关系"的合理利用不仅能够构建商业模式创新稳健的合作基础，更能够为企业带来丰富的异质性资源，以夯实企业的创新基础。

　　然而，虽然现有研究对商业模式创新的实现机理以及商业模式创新对企业绩效的作用机制已经做了一些讨论，但针对中国的差序格局的具体情境，基于社会资本理论与资源观分析关系导向下商业模式创新实现机理的研究尚不多见，从资源观角度解释商业模式创新实现机理的研究应该结合差序格局这一基本事实，其中尚有较大的研究空间。同时，进一步探索商业模式创新与中小企业绩效的复杂关系的研究，尤其是进一步将商业模式创新划分出更为细致的类型以分析其对不同类型组织绩效的差异化作用的研究还存在需要深化的地方。因此，关系导向、商业模式创新与中小企业绩效之间是否存在某种作用关系也需要进一步探索，商业模式创新可能在关系导向与企业绩效之间起到了中介作用。概言之，学术界尚未对"本土中小企业可否通过其关系导向战略来促进商业模式及其各类型的创新，并通过不同类型的商业模式创新提升不同的组织绩效"这一问题做出明确的回答。

　　从整体上看，关系导向可能通过促进外部资源的整合与获取进而驱动了中小企业的商业模式创新，而中小企业可以找到一种与自身组织情境相适配的商业模式创新来提升对应的组织绩效，这些变量之间可能存在一定的递进关系。因此，本书认为可以沿着这一分析逻辑，基于相关理论基础，深入探索中小企业如何通过关系导向实现合适、特定的商业模式创新，并通过商业模式创新有效提升组织绩效。

3.2 本书整体分析框架

开放式创新理论指出，在激烈的市场竞争中，改变以往的价值创造逻辑，实现商业模式的创新正是中小企业获取竞争优势的重要方式（Amit & Zott，2016）。中小企业为了在动荡的环境中实现生存与发展，需要创造性地使用新方法、新思维来配置资源与知识，并设计出新的交互系统与交易规则，推出新的产品与服务，满足新的需求与市场，完成商业模式的创新，进而创造出更多更新的价值。Mishra（2017）指出，中小企业的竞争优势源于商业模式的完善与变革，实现商业模式创新能够创造经济价值，获取可持续性的竞争优势，可以提升创新水平，挖掘潜在机会。这是因为在数字经济时代，产品或服务的创新所能创造出的价值非常有限，企业需要以商业模式创新来匹配数字化时代消费者层出不穷的各种需求，为网络生态中的利益相关者创造出更多的价值（Zott & Amit，2017）。通过设计一套独特的商业模式，企业可以使创意与技术实现合理的商业化进而向市场传递价值，获取利润（Chesbrough，2010）。

然而，随着研究的深入，不少学者指出，商业模式创新对中小企业绩效的影响机制较为复杂（Liao et al.，2018；洪进等，2018），现实中常常存在两家企业都实现了商业模式创新却并没有获取相同的组织绩效的情况，甚至某些中小企业实施了与自身资源基础并不匹配的商业模式创新反而有损于企业的成长与发展。因此，笼统地讨论商业模式创新对企业绩效的促进作用并不能清晰地揭示出其中深层次的复杂关系，需要深入研究不同的商业模式创新对不同的企业绩效的影响差异，而这就需要对商业模式创新与中小企业绩效都进行更深入的细化研究。

组织双元性理论指出，成功的组织总是具备平衡和协调效率与新颖两种张力的能力，双元性的创新更具灵活性的特征。从 Zott 和 Amit 有关商业模式创新的系列研究中可以看到，中小企业的商业模式创新具备组织双元性的特质，企业可以沿着"效率—新颖"两个具有张力的维度对原有的商业模式进行重新设计，不同企业在进行商业模式创新时既可以沿着效率维度展开，也可以沿着新颖维度展开，还可以同时沿着两个维度共同展开，以效率为中心的商业模式创新和以新颖为中心的商业模式创新都可以促进企业绩效的提升。罗兴武等（2018）也基于 Zott 和 Amit（2007）的研究将商业模式创新划分出完善型维度与拓展型维度，其本质是从制度合法性基础的视角延伸与拓展"效率—新颖"双维的应用。近年来，不少学者对此进行了一定程度的探索（Hu & Chen, 2016；朱明洋等，2017；Liao et al., 2018；Balboni et al., 2019）。

但以往研究虽然尝试着从双元性的角度来探索商业模式创新的复杂类型，却常常止于概念阶段，在具体研究与实证时通常更注重单维度商业模式创新的作用，鲜有研究从平衡观的视角探索双维之间的匹配与协同，更鲜有研究基于组织双元性理论从"效率—新颖"双维对商业模式创新进行分类，深入探讨不同类型的商业模式创新对不同中小企业绩效的作用差异。因此，本书基于组织双元性理论，从效率与新颖双维的组合视角出发，提出了一种新的商业模式创新分类方法，具体将商业模式创新划分为双元协同型、效率主导型和新颖主导型（详见第4章），并在实证分析中按理论上的划分类型对数据样本进行必要的分组归类，构建商业模式创新类型这一多分类变量，以此更加清晰地探索不同的商业模式创新对不同企业绩效的复杂影响机理，更加清楚地解释中小企业商业模式创新的差异对企业绩效的不同作用。

再者，组织双元性理论认为，双元的平衡表现为一种组织对复杂环境的适应，动荡的外部环境对组织双元性的实现有着重要的影响（Benner & Tushman, 2003）。研究指出，当外部技术革新迅速、市场竞争激烈、政策更替频繁时，组织更有可能同时追求"探索与利用抑或新颖与效率"这种既相互依存又相互拉锯的创新方式，通过平衡这种双元性来应对复杂、动荡的外部环境，借此提升绩效。因此，环境的动态性与复杂性可能对组织追求双元创新有着重要影响。同时，权变理论与组织行为理论也指出，组织的创新活动与企业绩效之间常常受到外部动荡环境的影响，因此，环境动态性对具有双元性质的商业模式创新与组织绩效之间的关系可能有着重要的边界影响。现有研究对于环境动态性在其中的调节作用机制还比较模糊，结论存在矛盾的地方，这可能是由于现有研究多是笼统地考虑环境动态性对商业模式创新与企业绩效关系的影响，并未深入分析环境动态性对不同类型商业模式创新与不同的企业绩效之间关系的边界影响，因此有必要对此展开深入分析。

进一步地，社会资本理论指出，对于中小企业而言，要实现双元性的创新离不开组织间网络的支持（Gupta et al., 2000），因为中小企业难以像大型企业那样通过结构双元设计、情景双元设计或领导双元设计来实现双元创新。彭新敏（2009）与 Hoang 和 Rothaermel（2010）研究发现，组织间网络的关系强度有利于实现中小企业的二元性，这是因为组织间的异质性资源存在于网络之中，而外部的异质性资源可以降低效率与新颖双元之间的冲突和资源竞争，是企业突破组织惯性的有效工具，既能够瓦解以前的劣势，颠覆过时的价值主张，又能够引发崭新的构念，设计新颖的商业模式（Chang，2017），企业在关系网络中获取外部资源、不断努力学习的过程就是商业模式创新的过程（Chesbrough，2006）。因此，中小企业要想实现组织双元性就必须夯实其资源基础以确保创新活动的有效开展（江积海，2015），尤其是商业模式创新本身具有双元性的特征，这就更需要中小企业迅速解决资源瓶颈的问题以构建与组织自身特性相匹配的商业模式类型。但对于如何从战略层面解决这一问题，以往研究多集中于创业导向、市场导向、竞争者导向等战略导向，鲜有研究从中国的"关系本位"文化出发，研究关系导向对双元性商业模式创新实现的促进作用，探索本土中小企业实现商业模式创新的路径与方式。

翟学伟（2009，2017）等学者反复强调，对于中国人的预设需要坚持关系取向的立场，关系导向作为一种重要的战略导向对中小企业的创新与绩效非常重要。因此，不少学者指出，在中国差序格局的具体情境下，本土企业家需要投入足够的时间来构建和维护基于"缘"（血缘、地缘、业缘、机缘等）的互惠互利的社会关系，以获取正式渠道中难以获取的资源与知识，提升企业的创新能力（Peng & Luo，2000；Luo et al.，2012；Murray & Fu，2016；Zhou et al.，2020）。组织合理利用企业家的个人"关系"以形成关系导向战略可以减少伙伴间的"关系"级差，加深彼此的合作信任，强化互惠互利的交易动机，促使外部稀缺的资源能够在组织间有序流动，促使企业从外部获取异质性的互补资源，确保商业模式创新的落地。这是因为在文化惯性的驱动下，组织间利益与资源的分配、交易与合作的路径往往会依赖于"关系"的差序性。Mishra（2017）指出，中小企业的竞争优势正是组织基于"从外部获取资源"这种适应性机制以及与伙伴合作所构建的商业模式所共同实现的，而关系导向则是在中国情境下推进这一过程的重要战略驱动因素，这很好地解释了为什么有些本土中小企业即使在资源不足以及知识稀缺的情况下仍然能够实现商业模式创新以获取良好的绩效。因此，中小企业应树立强烈的关系导向以利用、整合关系网络中的各种资源，进而与伙伴共同设计出新颖的商业模式，通过开放式创新模式的设计与组织间关系网络的搭建，协同各方以共同探索开放式的商业模式创新，进而提升企业绩效，实现企业可持续的发展。

当前，基于中国具体情境来探索商业模式创新实现机理的文献并不多见，有关关系导向与商业模式创新以及各种创新类型之间关系的研究还较为缺乏，关系导向是否能促进商业模式创新、怎样促进各种类型的商业模式创新，现有研究并未给出明确答案。再者，商业模式创新作为一种重要的绩效转化机制，在关系导向与企业绩效之间的中介作用也有待分析，关系导向与企业绩效之间的连接路径需要深入探索。通过之前的分析可知，关系导向可能通过促进资源获取进而驱动商业模式创新，因此引入资源获取这一变量可以揭示出关系导向下本土中小企业实现商业模式创新以提升中小企业绩效的复杂的内在机理。因此，本书将以资源获取为中介变量来深入分析在关系导向影响下本土中小企业实现商业模式创新（包括双元协同型、效率主导型和新颖主导型）的内在机理，同时深入探索关系导向驱动下资源获取、商业模式创新促进中小企业组织绩效提升的实现路径，以揭开其中的"黑箱"。

综上所述，本书以差序格局理论、社会资本理论、资源基础理论、开放式创新理论以及组织双元性理论为理论基础，以商业模式创新为切入点，旨在讨论"在中国关系社会这一情境下，中小企业如何实现商业模式创新，并通过不同的商业模式创新在动荡的外部环境中获取不同的组织绩效"这一总问题，整体上较为完整地讨论关系导向通过商业模式创新促进企业绩效提升的内在机制，研究的整体框架如图3.1所示。为了回答以上问题，本书将分为三个子研究分别进行探索。子研究一基于组织双元性理论将商业模式创新划分为三种类型，分别为双元协同型、效率主导型和新颖主导型，探索不同类型商业模式创新与企业绩效的作用关系（详见第4章）。子研究二探索中小企业为实现具备双元性的商业模式创新，在本土文化背景下如何利用关系导向和资源获取促进其变革的完成（详见第5章）。子研究三基于"导向—能力—行为—结果"的理论研究范式，以资源获取与商业模式创新为中介变量，讨论关系导向与中小企业绩效之间的作用机制，揭示其中的"黑箱"（详见第6章）。

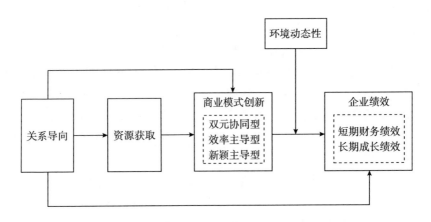

图3.1　整体分析框架

3.3 三个子研究模型

深入探索中国情境下商业模式创新的实现机理以及商业模式创新对企业绩效的作用机制是一个相对复杂的问题，为了更加清晰地揭示其中的内在关系，本书的整体分析框架实际上包含了三部分的关系研究，因此本书分三个子研究来对其加以深入探索。

（1）子研究一探索商业模式创新及类型对中小企业绩效复杂的作用关系，重点探究不同类型商业模式创新对中小企业绩效的影响差异，进一步深化中小企业商业模式创新与企业绩效关系的理论与实证研究；同时，研究环境动态性在这一关系中的边界机制，具体包括研究三种类型商业模式创新对不同企业绩效的影响以及环境动态性的调节作用，如图 3.2 所示。

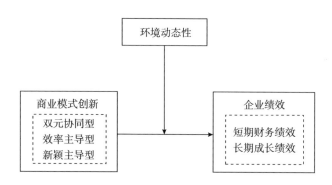

图 3.2 子研究一的研究模型

商业模式本身是以价值创造为导向的，其创新可以为中小企业直接带来利润。但现实中，一些企业通过商业模式创新获得了长足的发展，另一些企业却未必获得相同的绩效，同为商业模式创新，但在促进企业绩效的提升方面却存在明显的区别。这可能是因为没有具体分析商业模式创新的类型而导致的研究悖论，因此不少学者开始尝试从组织双元性的角度来解析这一问题。

从管理哲学的层面来看，任何企业的组织行为都具备双面性，过度依赖于某一种单一的创新路径要么产生核心刚性，要么造成失败陷阱（王凤彬和陈建勋，2012），对商业模式交易系统的优化与变革需要综合考虑不同路径之间是否可能存在平衡契合的节点。朱明洋等（2017）做出了相关尝试，直接提出了双元商业模式演化方式——渐进式演化与激进式演化，并指出两种商业模式演化方式在企业的成长过程中是同时存在、相辅相成的。Liao 等（2018）也探索了商业模式的双元性特征，并认为商业模式创新是由市场驱动型商业模式创新和驱动市场型商业模式创新共同组合而成，这两种维度的组合作用大于单一维度的作用，能够有效地提升组织绩效。Balboni 等（2019）也提出了双元商业模式创新，指出企业在不同的发展阶段对商业模式创新的侧重存在差异，效率与新颖两个维度之间可能存在交互与协同。这些尝试为商业模式创新研究提供了很好的思路，基于组织双元性理论来探索商业模式创新可以更清晰地探索其中复杂的作用机制，可以更好地研究商业模式创新与企业绩效的作用关系（Khanagha et al.，2014）。

但从双元性的视角研究商业模式创新不能止于简单地罗列和呈现各维度的特征，笼统地分析商业模式创新各维度对企业绩效的作用，应该深入探讨维度之间的匹配与组合所形成的具体的商业模式创新类型，以此清晰地揭示出组织双元性视角下商业模式创新对企业绩效复杂的影响机制（Hu & Chen，2016），既探索商业模式创新对企业绩效的促进作用，又有效区分不同类型的商业模式创新对企业绩效的影响差异。从现有研究来看，Zott 和 Amit（2007）最早提出了商业模式创新"效率—新颖"的双元性维度，对于此两个维度能够组成怎样的商业模式创新类型，现有研究并未给出明确答案，基于此，进一步研究商业模式创新类型对中小企业绩效的影响差异尚有较大的研究空间。同时，具有双元性的商业模式创新本身就是中小企业应对环境变化的产物，外部动荡的技术环境与市场环境是驱动其变革与创新的具体情境。研究表明，商业模式创新对企业绩效的作用关系因情境而异，但环境动态性具体怎样调节不同商业模式创新类型与企业绩效之间的关系尚无定论。综上所述，子研究一将基于组织双元性理论来探索在环境动态性的影响下商业模式创新及类型对企业绩效的影响差异。

（2）子研究二重点探索在中国关系型社会的具体情境下，中小企业实现具有双元性商业模式创新及各创新类型的内在机理，分析中小企业如何通过关系导向实现商业模式创新，探索资源获取在关系导向与商业模式创新及类型之间的中介机制，以此促进商业模式创新等相关理论在中国情境下的拓展与应用，如图 3.3 所示。

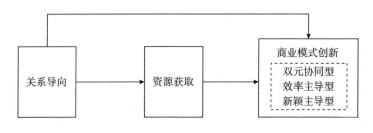

图 3.3　子研究二的研究模型

吴晓波和陈颖（2014）指出，中小企业要实现组织双元性依赖于组织间的关系网络，通过组织间的关系网络可以解决资源瓶颈问题，以调和效率与新颖双元之间的冲突和资源竞争。研究指出，资源是中小企业实现双元性商业模式创新的重要保障，因为商业模式创新依赖于组织从外部获取、吸收新的资源（Guo et al.，2016），企业需要打破边界，以商业模式各要素为载体对资源进行必要的整合（李靖华和林莉，2019），把价值资源的搜寻、获取和运用作为创新的核心过程。作为开放的创新系统，组织必然需要与外部环境进行物质交换，获取资源与能量。当内部因素与外部条件实现较为合理的适配时，就能更好地推动组织变革。因此，企业在生存、创新与发展的过程中，需要得到外部合作方的支持，需要从外部获取资源与知识，尤其对于资源不足的中小企业而言更为必要。

虽然社会网络理论指出，构建良好的社会网络可以帮助组织获取更多的资源，但社会网络理论尤其强调网络中的结构洞（Burt，1992），强调弱关系对获取资源异质性的重要作用。但在中国这样的新兴经济体中，现代诚信制度尚未完全确立，弱关系所建立的信息桥在传递信息时包含了太多不可靠的虚假信息，直接与陌生人打交道并非本土企业拓展网络的主要方式（周建国，2010）。

更重要的是，中国本就是一个关系型的熟人社会，并未构建出契约文化的传统，即使在制度转型的当下，"关系"也依旧发挥着重要作用，因为差序格局的基本情况并未发生根本性的改变。人们依旧以"己"为核心，基于亲缘、地缘、业缘、物缘、神缘、机缘等逐渐拓展、转化彼此的"关系"以获取社会资本（庄贵军，2012）。因此，追求和谐、稳固的社会关系是中国文化的内生性要素，内嵌于社会的价值体系之中。中国社会倡导以和为贵，"和"是社会关系连接、运转的理想状态，"和"之意就在于群体关系的和谐与共融，在"天时、地利、人和"中，"人和"就是实现成功最重要的因素。柳青（2010）直接指出，"人和"所强调的就是基于良好关系形成的资源同盟。本土中小企业的管理者历来重视对自身"关系"的利用以确保组织的生存与发展，进而形成了战略层面的关系导向，以此拓展关系网络，构建信任机制，获取社会资本与外部资源，实现合作共赢。

由此可见，关系导向被视为一种关注整体和谐、注重长远发展的战略导向（Lee & Dawes，2015；Zhou et al.，2020）。当组织间构建起良好、和谐的社会关系时，企业才愿意相互合作，分享彼此的核心技术、信息与知识，促进中小企业从外部获取商业模式创新所需要的关键性资源，并且还可以在长期合作中减少彼此间的机会主义行为（Yen et al.，2017），这又进一步巩固了商业模式创新的合作基础。

因此，关系导向实际上有效契合了商业模式创新的资源观理论基础和开放式创新理论基础，为本土中小企业提供了在开放式创新的环境中解决资源瓶颈问题以促进商业模式创新的战略动力。子研究二将差序格局置于资源基础理论与开放式创新理论中来探索本土中小企业商业模式创新实现的内在机理，可以更有效地揭示出中国情境下中小企业的创新路径，推动"中魂西制"的相关研究。

（3）子研究三基于"导向—能力—行为—结果"的理论研究范式，进一步从整体视角探索关系导向下中小企业提升组织绩效的实现路径，构建了"关系导向—资源获取—商业模式创新—企业绩效"的理论模型，分析关系导向对企业绩效的促进作用，探索资源获取与商业模式创新在两者之间的中介作用以及链式中介作用，以更完整地揭示其中复杂的作用机制，打开"黑箱"，如图3.4所示。

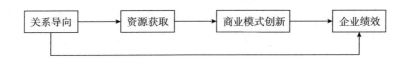

图 3.4　子研究三的研究模型

作为一个重要概念，"关系"（guanxi）已经在西方主流研究中取得了合法性地位（Park & Luo，2001；Lee et al.，2001；Su et al.，2003；Su et al.，2009；Luo et al.，2012），不少研究指出，关系导向对中小企业的生存与发展有着重要影响，能够有效促进企业绩效的提升（Murray & Fu，2016）。从社会资本的角度来看，关系导向可以提升企业在社会网络中的自主权，在社会网络中占据有利位置，能更有效地动员网络中的社会资本。但这种网络自主权以及网络动员能力，本质上是企业努力通过关系导向所构建的适配的差序格局而获得的，即关系导向可以减少网络成员的关系级差，建立企业与伙伴之间较高的情感承诺，有利于营造企业在战略层面重视外部关系的组织氛围，形成独特的伙伴间长期合作、长效互惠的管理哲学，提升组织的适应性，提升中小企业的组织绩效。

同时研究指出，需要重视关系导向提升中小企业绩效的内部作用机制与实现路径（Zhou et al.，2020）。资源基础观认为，在关系网络中获取异质性资源能为企业带来巨大的价值。关系导向的构建有利于资源在组织间的流动与共享，迅速弥补中小企业的资源短板。异质性资源的获取又能够有效推进企业的商业模式创新，从而提升企业绩效（Mina et al.，2014；Chesbrough，2017）。因此，外部资源获取有助于中小企业增强适应能力，解决当下的困难，商业模式创新有助于企业提升创新水平，挖掘潜在机会。实际上，中小企业自身所面临的最大短板就是知识匮乏与创新不足。Mishra（2017）指出，中小企业的竞争优势正是组织基于"从外部获取资源"这种适应性机制以及与伙伴合作所构建的商业模式所共同实现的。而关系导向则是推进这一过程的重要战略驱动因素，规定了企业以构建信任关系、获取异质资源为主线的战略方向，能够赋予中小企业不断创新的核心动力，驱动中小企业的商业模式创新以提升绩效，因此，资源获取与商业模式创新可能在关系导向与企业绩效之间有着递推式的链式中介作用。但现有研究多是分析单一中介的作用，多重中介的实证研究还比较缺乏（Wales et al.，2013；姚梅芳和栾福明，2018）。根据 Chrisman 等（1998）的绩效形成多因素复杂模型和 Acosta 等（2018）的相关研究可知，在真实的商业情境中，中小企业的成长与发展具有复杂性，企业是在众多因素的共同作用下运行并获取绩效的，因此探索变量间可能存在的多重中介效应非常必要（Divito & Bohnsack，2017）。基于此，子研究三进一步从整体视角出发，探索资源获取与商业模式创新在关系导向与中小企业绩效之间的作用机理，并对不同路径的中介效应的大小进行对比，以揭开"黑箱"，以期提出更契合中小企业基本特性的解释机制。

4 商业模式创新及其类型对中小企业绩效的促进作用与差异化影响

本章重点讨论商业模式创新对企业绩效复杂的影响机制，根据组织双元性理论对商业模式创新进行有效的类型划分，进而研究不同类型商业模式创新对不同企业绩效的影响差异，同时分析环境动态性的调节作用，为子研究一。

4.1 商业模式创新类型划分概述

商业模式创新的类型研究依旧是该研究领域的难点。研究者需要根据研究目的来构建可实现的分类体系。有关商业模式创新的分类方法主要包括两种：一种是经验观察，通过对实际案例的研究，归纳总结出已出现的商业模式创新类型；另一种是逻辑演绎，基于预设的理论基础将已确定的商业模式创新的维度或要素进行组合，构成不同的类型。

现有研究对于商业模式创新的分类方法已经逐渐从经验观察法过渡到逻辑演绎法。这是因为前一种划分方法常受制于具体的研究案例，滞后性明显，很难穷尽式地描绘出层出不穷的商业模式，更无法推演商业模式创新可能的路径与方向。再者，这种方法缺乏统一且清晰的分类标准，主观性过强，普适性较差，对实际的指导作用有限。因此，不少研究多采用逻辑演绎法对商业模式创新进行分类（Hodge & Cagle，2004；Weill & Malone，2005；Zott & Amit，2007；原磊，2008；李鸿磊，2018）。这种方法的指导性更强，类型划分的依据更清晰，理论性更强。使用逻辑演绎法进行划分时，需要首先确定理论基础，然后明确类型划分逻辑、商业模式创新的概念以及构成维度或要素，并基于某一理论来进行划分。但需要注意的是，不能简单地穷举商业模式的构成要素，过细的划分会割裂商业模式的系统性特征，且削弱对实践的指导意义。因此，研究者需要合理地确定商业模式创新的维度或要素，以实现对商业模式创新类型的有效划分，而这种划分的结果表现为一种多维或多要素的组合。

　　本章采用逻辑演绎法对商业模式创新予以分类。首先，李鸿磊（2018）在进行商业模式创新类型划分时发现，以往的商业模式创新类型研究多从商业模式的某种表现方式角度进行划分，缺乏统一逻辑。他结合王建国（2016）所提出的"商业生态网络"和"网络价值"等概念指出，应以价值创造为基本逻辑来观察不同商业模式创新的差异，即对商业模式创新进行有效分类的核心是明确商业模式创新是怎样创造价值的。而本章对商业模式创新的探索正是借鉴了 Zott 和 Amit（2007，2010）以价值创造为核心逻辑的相关研究。他们指出，商业模式创新可以以效率为中心，致力于效率提升以创造价值，也可以以新颖为中心，致力于提出新的价值主张来创造价值。因此，本章同样以价值创造为逻辑，以 Zott 和 Amit（2007）所提出的效率与新颖为维度来探索商业模式创新的类型。其次，在实证方面，现有研究对商业模式创新类型的划分，在数据处理上还比较笼统和单一，并未根据理论对数据样本进行有效的分组以构建商业模式创新类型多分类变量，无法准确度量出不同样本企业在商业模式创新上的具体表现类型，使研究的结论不够清晰。

　　基于上述分析，本书以价值创造为逻辑，以效率与新颖为维度，基于组织双元性理论，提出一种新的商业模式创新的分类方法，并在实证研究中按理论上的划分类型对样本数据进行必要分组，构建商业模式创新类型多分类变量，以更好地探索不同类型的商业模式创新对企业绩效的不同影响。

4.2　基于组织双元性理论的商业模式创新类型划分

4.2.1　双元创新的基本概念与实现双元组合的理论分析

4.2.1.1　双元创新的基本概念

　　企业在创新过程中，经常会面临一个"战略两难"问题，即是摆脱现状开展激进式变革，还是基于惯性、经验开展渐进式改良。两者兼顾或许会导致"夹在中间"。但竞争战略组合理论、组织双元性理论等对此给出了答案。战略组合理论及组织双元理论等指出，组织是具备双元性的，可以协调两种看似矛盾的力量，实现悖论的整合（García-Lillo et al.，2016）。

　　过往研究认为，当企业面临如分权与集权、刚性与柔性、低成本与差异化、本土化与全球化、短期利益与远期利益、利用式创新与探索式创新等悖论时，组织应该在两者间进行取舍，不能徘徊不定，因为组织很难同时进行两项截然不同的活动，或者协调两者的成本太高，组织对此缺乏有效的管控方式。

但随着环境的持续动荡与研究的不断发展，不少学者指出，用完全对立的思想处理企业所面临的悖论会使企业丧失对环境的适应能力，削弱企业的竞争优势，企业应该培养双元的组织能力，以协调悖论，顾此但不失彼（Alexandre，2009）。Charles Handy（1995）认为，组织需要懂得如何有效地处理悖论，平衡好悖论中所存在的矛盾，进而寻找到最优解。而作为组织双元性理论的正式提出者，Tushman 等（1996）直接指出，组织的可持续性发展源于对渐进式变革与突变式变革的共时性追求，组织可以在追求利用式创新的同时追求探索式创新。这是因为悖论所产生的矛盾双方是共存的，在面对效率与新颖、合作与竞争、新市场与旧市场等矛盾时，组织不应该选择妥协，而是应将两者有机结合，实现良性的均衡状态。总之，组织双元性的本质在于管理者能够辩证地理解与处理同一系统中所衍生出的两种不同趋向，实现两个不同的目标。

当前，组织双元性理论主要运用于组织学习、动态能力、战略联盟以及技术创新等研究领域，其中在技术创新领域中的研究最为集中（吴晓波等，2015），不少学者就利用式创新与探索式创新之间的二元性进行了深入探讨（Qing et al.，2009）。一般而言，利用式创新是以效率为核心，延伸与优化企业既有能力与技术的创新范式，通过改良产品，强化结构，进而提升渠道的效率，充分满足既有消费者的市场需求（Benner & Tushman，2003；Fischer et al.，2010）。而探索式创新是以创造为核心，不断尝试新奇事物的创新范式，通过设计新的产品，开发新的技术与市场，为客户创造与众不同的体验与价值，进而满足消费者潜在的市场需求，为组织创造新的发展机会（Raisch et al.，2008；Andriopoulos，2009）。在以往的研究中，探索与利用是相互冲突的。探索追求的是破除路径依赖，是即兴式的突变与革新，而利用追求的是延续路径依赖，是程式化的渐变与管控。两种活动会因占用彼此的资源而产生排挤效应，并形成矛盾的张力，导致企业的战略骑墙。

但研究发现，面对技术的快速更迭与市场的高度竞争，组织对利用与探索的偏废会致使企业步入各种发展陷阱之中（彭新敏等，2017）。过度追求利用，会造成企业的"能力刚性"，企业基于已有技术对现存产品不断开发，在实现短期利益的同时会丧失对未来技术与潜在市场的敏感性，进而削弱企业对动荡环境的适应能力，有碍企业的长远发展，进而落入"成功陷阱"（王凤彬和陈建勋，2012）。而当企业过度追求探索时，则并不利于其规模经济与学习效应（Benner & Tushman，2003），会降低企业的运营效率。热衷于探索与变革，会导致企业忽略当下的生存问题，一方面，它会导致组织资源的巨大损耗，大大增加企业的成本；另一方面，探索本身的不确定性较高，存在较大的失败风险，过度探索会导致企业陷入"探索—失败—再探索—再失败"的恶性循环与创新怪圈，进而落入"失败陷阱"（张玉利和李乾文，2006）。因此，实现利用与探索两者间的有机平衡才是兼顾企业生存现状与持续发展的有力保障（García-Lillo et al.，2016；党兴华等，2016），即企业在管理实践中需要运用"阴阳平衡"的管理思维促进创新活动之间的协同发展（王凤彬和陈建勋，2012；李瑶等，2014）。这为本章对商业模式创新类型的划分提供了理论依据。

4.2.1.2 实现双元组合的理论分析

双元的平衡与融合本质上是对"悖论"的认知与思考。早期研究大多认为作为对立矛盾的"双元"是难以在组织内共存的，企业需要在效率与创新、利用与探索、低成本与差异化等要素或维度之间做出必要的选择和取舍（March，1991），而这种双元取舍思想主要源自 Porter（1980）的"夹在中间"困境理论。

Porter（1980）指出，企业的竞争优势源于低成本战略或差异化战略，"一个公司未能沿着其中至少一个方向制定自己的竞争战略，即一个公司被夹在中间"。因此，Porter（1985）始终强调低成本战略与差异化战略处在同一连续体的两端，存在明显的替代关系，不同的战略需要在组织结构、资源配置、流程管控以及创新体制上采取不同的动作，同时采取两种战略会导致战略骑墙，即"夹在中间"，造成战略失败，降低企业利润。

在 Porter 看来，低成本和差异化有着不同的价值逻辑，两者的矛盾与冲突源自对客户诉求与目标市场不同的定位与选择。低成本战略锁定价格敏感人群，提供能够满足顾客基本需求的相对标准化的产品，并不追求在性能或品质上超过消费者预期价值（蓝海林，2000）。差异化战略瞄准价值敏感人群，提供性能突出、能够满足客户独特需求的产品。当企业同时实施两种战略时，会导致产品定位模糊，企业发展路径摇摆。

再者，从内部看，两种战略的实施对组织条件有着不同的要求。就生产方面而言，低成本战略依赖于大型设备的规模化生产，差异化战略允许企业生产少而精的产品。就资源能力而言，低成本战略需要企业掌握成熟的工艺，构建标准的流程，采用低成本的渠道，而采用差异化战略的企业更注重研发能力、创新能力以及分销系统的整合能力。就管控方式而言，低成本战略更适配于集权化、科层制的组织，有严格的成本管控机制，对目标预算的编制与过程管理较为严格，而差异化战略更适配于分权化、扁平化的组织，鼓励创新，有容错弹性。因此，这种双元之间的对立，使低成本与差异化难以兼容。基于这种认识，不少学者就取舍观下的纯战略（pure strategy）对企业绩效的促进作用进行了实证研究，发现实施单一纯战略的企业能够获得较高的行业利润（Dess & Davis，1984；Kim & Lim，1988；项文彪，2003）。

但自"夹在中间"理论提出来以后，不少学者对此表示质疑。Jones 和 Butler（1988）认为，低成本战略和差异化战略并非不可兼容。由于差异化会提高成本，因此低成本与差异化本质上表现为企业在低成本维度和高成本维度之间进行的选择与组合，两者的差别是成本程度的差别，而非战略类型的差别。Hill（1998）指出，差异化与低成本其实可以相互促进和转化。例如，实施差异化战略可以降低成本，因为产品、服务的差异化可以有效建立品牌优势，增加客户黏性，短期看会提升成本，但基于学习经验、范围经济等效应，长期单位成本反而会降低。

更为重要的是，网络生态的构建和互联网经济的兴起已经彻底颠覆商业逻辑，"夹在中间"理论的社会基础及隐含条件都发生了变化，不少学者研究发现，同时采用两种竞争战略的企业可以获得更高的组织绩效（Parnell，1997；朱敬恩和莫长炜，2007；Pertusa-Omega et al.，2009）。例如，大规模定制通过规模化实现低成本，定制服务实现差异化；蓝海战略通过价值曲线的"剔除—减少—增加—创造"，进一步融合了低成本与差异化的双重优势。因此，对"夹在中间"理论的质疑催生出了双元战略组合的系列研究。

研究指出，对立的双元战略是可以组合、平衡、协同的，低成本与差异化可以通过融合或关联等形式共时存在（曾凡琴和霍国庆，2006；芮明杰和李想，2007）。

第一，低成本与差异化双元相互依存，这主要表现为，在新技术兴起的背景下，网络经济促成了两者交融的必要性。技术迭代改变了商业逻辑，网络扭转了消费者信息不对称的劣势，强化了消费者中心化，市场竞争变得尤为激烈，在技术进步与收入增长效应的推动下，企业很难仅靠某一战略立足市场，既需要保持成本优势，又需要尽量满足消费者个性化需求（Sengupta，2002；翁君奕，2005），纯战略逐渐失去了原来的竞争优势，复合型双元战略组合成为了超竞争环境下的必然选择（Thonmas，1996；陈建勋等，2009）。

第二，低成本与差异化双元相互渗透、强化，在动态视角下，两者可以实现协同。首先，差异化可以带来成本优势（Hill，1988），差异化战略可以从价值链中寻找到独特的顾客价值主张，构建品牌优势，增加企业产品的市场份额，提升销量，进一步形成规模效应，降低成本（韵江，2003）。其次，成本优势所带来的利润可以帮助企业在蓝海市场、产品特征上投资，快速响应市场的新需求，由此又强化了企业的差异化定位（Pertusa-Ortega et al.，2009）。

第三，网络经济时代，网络间的交易成本降低，企业之间也不存在严重的信息差，其购买原材料的价格会降低，网络技术的应用还可以缩短生产周期，降低生产成本。因此，各种成本的相对降低反向增加了企业的资源储量。再加上组织间的关系网络逐渐扩散，企业的资源配置能力得到大幅度提升，这就破除了企业实施双元战略的资源约束。

可见，在网络经济时代，企业既具备整合低成本与差异化双元战略的条件，破除"夹在中间"的困境，获取双重优势，又面临亟须整合双元的紧迫性以应对激烈的市场竞争。企业需要不断地从战略视角整合悖论，规避单一战略的风险，并且将这种"悖论整合"的认知与能力推此及彼，从组织双元性视角重新审视企业的双元创新。

4.2.2 商业模式创新类型的划分

本章基于组织双元性理论，借鉴 Zott 和 Amit（2007）提出的效率和新颖双维来进行商业模式创新类型的划分。之所以选择这两个维度，原因在于，首先，Zott 和 Amit（2007）的研究最早提出了商业模式具有双元性，虽然两位学者提出了商业模式创新四维度，但在他们后期的实证研究和理论分析中，基本主要聚焦于效率和新颖两个维度，这符合 Miller（1996）所提出的"效率与创新"这两个价值主题，效率维度追求交易成本的降低，旨在实现低成本，新颖维度聚焦更独特的客户价值，旨在落实差异化，双维可以同时存在、相互组合，不同企业在进行商业模式创新时，既可以沿着效率维度展开，也可以沿着新颖维度展开，还可以同时沿着两个维度共同展开，双维的组合构成商业模式创新的类型。

其次，两位学者所提出的商业模式创新维度得到了学术界的普遍认可，并且这一维度的划分是基于价值创造的逻辑，符合本章对商业模式创新的基本定义。以效率为中心的商业模式创新是致力于优化交易系统以降低成本的商业模式创新，以新颖为中心的商业模式创新是用更新颖的方法改变商业模式。2008 年，他们又在 *Strategic Management Journal* 杂志上撰文，聚焦全部类型的企业，在 300家欧美企业中选择 170 家上市公司为数据样本，再一次对以效率为中心和以新颖为中心的商业模式创新的有效性进行了检验。在后续的研究中，他们更加深入地阐释了以效率为中心的商业模式创新和以新颖为中心的商业模式创新（Amit &Zott，2010，2012；Zott & Amit，2017）。

总之，Zott 和 Amit 的研究对象从电子商务企业拓展到创业企业，最终拓展至所有行业，研究对象具备良好的普适性，并非个别企业或个别行业。实际上，效率和新颖划分的有效性最初是以中小企业为研究对象来进行验证的，这也比较贴近于本书的研究对象。而且，这种划分方法很早就通过了严谨的测量和大样本实证分析的检验，具备大样本的实证基础，更具可靠性，而这恰恰也是其他划分方法所欠缺的一点。因此，本章认可效率与新颖的维度划分。

然而，虽然多数研究认可效率与新颖双维的划分，但在研究中往往将两者割裂开来，没有进一步探究双维之间的组合所构成的不同类型的商业模式创新，没有进一步探索双元之间的匹配在商业模式创新中的作用机制。近年来一些学者对此进行了探索（Hu & Chen, 2016；Liao et al., 2018），但也仅止于概念上的提及，对双元商业模式创新的划分还较为泛化和模糊，或者直接套用已有双元创新的划分类型，并未进一步延伸至"效率—新颖"双维所构成的组合类型，无法有效标识出受访企业在效率与新颖之间的匹配程度，使研究的结论不够清晰，分类还不够精确，且彼此之间的平衡观也存在冲突的地方，因此造成不同研究之间难以有效进行对比分析，结论之间也有不小差异。

本章借鉴组织双元性理论中平衡双元的基本观点，突破"夹在中间"的理论困境，基于商业模式"效率—新颖"双维，划分出一种新的商业模式创新类型。效率与新颖是企业开展商业模式创新的不同维度，组织在对原有商业模式进行重新设计时，可以沿着"效率—新颖"的思路延伸与拓展，两种主题可以共同存在于组织的商业模式创新之中（Zott & Amit, 2007；Amit & Zott, 2010, 2012；Zott & Amit, 2017）。组织双元性理论指出，仅专注于某一维度的创新会导致企业落入"成功陷阱"或"失败陷阱"，"兼顾"而非"偏见"才能确保当下生存，促进长远发展。因此，企业在进行商业模式创新时，可能会呈现出兼顾双元但有所侧重的创新类型，也可能出现兼顾双元且两者实现有机平衡的创新类型，在各维度之间实现一定程度上的同行并轨、总览兼顾的战略安排与资源配置（Turner et al., 2013），确保企业通过商业模式创新能够提升财务绩效与成长绩效。事实上，在商业世界中，并不存在绝对单维度的商业模式创新，企业总是在不断寻求双维之间不同程度的匹配与协同。

本章以新颖维为横轴，以效率维为纵轴，建立二维坐标系，提出新的划分类型，构建商业模式创新类型矩阵（见图4.1），不同维度组成的商业模式创新组合类型可以体现在商业模式创新类型矩阵中。这样划分的优势在于：第一，维度的选择依据明晰，逻辑自洽，具有一致性，保持了对价值创造的依循；第二，维度之间边界清晰，避免了重叠，主题涵盖合理，类型划分有效；第三，维度选取合适，类型划分清晰简洁，有利于指导实践。

需要指出的是，对于"效率—新颖"双元的平衡存在比例之间的差异，既存在兼顾双元但一主一辅的"双元相佐"均衡类型，也存在兼顾双元且彼此较为相等的"双元相和"均衡类型。这实际上与中国传统的"阴阳共济"思想相通。周生辉和周轩（2018）基于中国特有的阴阳平衡观，用扎根理论的方法深入分析了德胜、海底捞和胖东来三家企业。研究发现，管理上的"阴阳平衡"通常可以匹配为"相和"（有机平衡）与"相佐"（兼顾主次）等状态。当企业实现双元动态平衡（相和，相佐）时，组织的绩效将得到更好的提升。

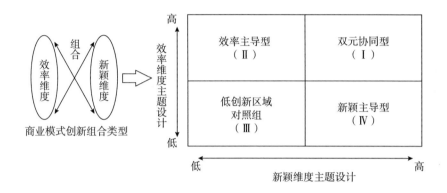

图 4.1　商业模式创新类型矩阵

在区域Ⅱ中，企业的商业模式创新类型属于效率维分值较高而新颖维分值较低的类型，表现为一种双元视角下效率主导的逻辑，是一种效率主导型商业模式创新。在区域Ⅳ中，企业的商业模式创新类型属于新颖维分值较高而效率维分值较低的类型，表现为一种双元视角下新颖主导的逻辑，是一种新颖主导型商业模式创新。这两种类型的商业模式创新是一种主辅结合的双元相佐型。

值得注意的是，无论是效率主导型还是新颖主导型都区别于单维度的"以效率为中心"型或"以新颖为中心"型。前者是不同维度之间的匹配，反映出企业在双元之间注意力分配相对高低而构建的组合类型，而后者仅仅反映企业在某一单维度上的部署与安排，割裂了两者间的联系。

在区域Ⅰ和区域Ⅲ中，企业的商业模式创新都表现为效率维与新颖维分值较为均等，但区域Ⅲ是两者皆低，是一种低水平的均衡，而区域Ⅰ是两者皆高，是两者的高水平均衡。王凤彬和陈建勋（2012）指出，低水平均衡表现为一种机械均衡，只有高水平的均衡才是有机平衡。机械均衡通常体现为两者之间的差值，仅表现出矛盾双方向不同方向的牵扯，仅形成两者间的张力，属于创新无效区域或低创新区域，常以对照组的形式存在。只有高水平的均衡才能更好地体现商业模式创新在"效率—新颖"双维之间的有机平衡，这种有机平衡表现出一种双元视角下效率与新颖联合、交互、协同的逻辑，是一种双元协同型商业模式创新。

需要说明的是，由于低效的创新对照组难以为企业带来竞争优势，因此没必要具体划入商业模式创新的类型之中，只需要在研究中以对照组的形式加入整体的实证分析中作为参照即可。

因此，本章基于"效率—新型"双维将商业模式创新划分为效率主导型、新颖主导型和双元协同型三种创新类型，同时存在低创新区域这一对照组，在测量时同时基于这种逻辑对样本进行有效分组与归类，并以双低创新类型为对照组进行深入研究。

其中，效率主导型商业模式创新是指企业侧重于对原有商业模式附加以效率为中心的设计元素，同时辅之以新颖为中心的主题设计。通常而言，效率主导型侧重于对现有商业模式的交易结构与规则进行改良与优化，使交易的成本与复杂性降低，减少信息的不对称性，优化交易参与方的流程、知识，提升伙伴与客户的满意程度，最终提升效率而获取竞争优势。效率主导型商业模式创新侧重于在既定的商业逻辑与目标市场下对商业模式进行改进，这种改进是在价值主张不变的情况下，企业对价值活动系统的优化。

新颖主导型商业模式创新是指企业侧重于对原有商业模式附加以新颖为中心的设计元素，同时辅之以效率为中心的主题设计。通常而言，新颖主导型侧重于对现有商业模式的交易系统与规则的再造与重构，倾向于革新现有商业模式的交易结构与交易规则，树立全新的价值主张，并构建可以实现新的价值主张的交易活动系统，引入新的伙伴，推出新的产品或服务，创造新的交易方式，建立伙伴激励的新机制，拓展新的市场，创造出新的价值，最终获取竞争优势。

双元协同型商业模式创新则是指企业对原有商业模式同时高水平地开展效率与新颖两种主题设计，增强效率与新颖的协同作用，抑制两者的不利影响，进而使企业的商业模式在效率与新颖两方面实现较高水平的创新。效率与新颖在相互促进与转化中提升商业模式创新的水平。

4.3　研究假设及模型

4.3.1　商业模式创新对中小企业绩效的促进作用

商业模式创新的核心在于创造价值并获取价值，是以价值为导向对交易活动及架构进行改变的创新实践，可以将企业的资源、知识以及能力等转化为组织绩效（王雪冬和董大海，2013；Amit & Zott，2016）。Hamel（2000）指出，商业模式创新是中小企业获取竞争优势的重要手段，且对中小企业绩效的提升作用优于单纯的产品与服务创新。这是因为它有助于企业实现资源的优化配置，通过对整个市场定位、业务系统、盈利模式以及核心能力等内容与要素的革新，商业模式创新能够为企业带来稳定的现金流与高额的利润，为企业创造出新的价值，使企业价值创造与价值获取的能力都得到有效提升（魏炜和朱武祥，2010）。因此，商业模式创新是提升中小企业绩效的关键路径（George & Bock，2011）。商业模式创新的程度越高，中小企业所能实现的绩效越好（Cucculelli & Bettinelli，2015）。原因在于，商业模式创新既可能降低企业的交易成本，提升企业的交易效率，进而促进企业实现短期盈利，也可能构建出崭新的交易方式，关注市场中的潜在需求，促进企业的成长与发展。研究指出，在开放的环境下，中小企业的竞争优势主要来源于商业模式创新（Zott & Amit，2017）。以往的理论观点是在假定企业的商业模式不变的前提下，组织可以通过形成关键资源与核心能力或定位于产业链中的有利位置来构建竞争优势。但商业模式与价值创造方式一旦改变，原有的关键资源可能被逐渐解构，核心能力或许会瞬间失效，新的产业链直接抵消原有产业链的位置优势。

例如，在传统的"代理—分销"行业中，渠道呈现出"总代理—区域代理—分销—零售"的层级体系，产品在总代理与柜台之间的流通为客户与厂家创造价值。因此，门店的位置、柜台的数量是关键资源，而代理权级别越高，在产业链上就越具有优势，而这些正是企业获取利润的主要因素。然而，在新的网络环境下，电子商务通过构建集网站、仓储、物流、销售、客户于一体的商业模式，改变了竞争优势的来源。门店与柜台的价值降低，仓储与物流的重要性提高，代理权优势也因营销的扁平化而被逐渐抹平。因此，在当今时代，商业模式创新是中小企业获取竞争优势的重要来源。无论是何种类型的商业模式创新，都有可能促进企业绩效的提升（Zott & Amit，2008）。基于此，提出以下假设：

H1：商业模式创新对中小企业绩效有正向影响。

H1a：商业模式创新对中小企业短期财务绩效有正向影响。

H1b：商业模式创新对中小企业长期成长绩效有正向影响。

4.3.2　不同类型商业模式创新对中小企业绩效的影响差异

4.3.2.1　双元协同型商业模式创新对中小企业绩效的影响差异

双元协同型商业模式创新是指企业对原有商业模式同时高水平地开展效率与新颖两种主题设计，是一种双元联合、协同的高水平有机平衡模式。现有研究对于"悖论"的处理多采信有机平衡论而非权衡取舍观（王凤彬和陈建勋，2012；García-Lillo et al.，2016），效率与新颖两种设计主题可以相互促进，商业模式创新可以在效率与新颖之间实现协同。

首先，双元协同型商业模式创新强调的是效率与新颖两者的高水平共时存在，这种有机平衡可以有效规避因对两者的偏废而造成的对企业绩效的不利影响。当商业模式创新只追求单维度的效率提升时，可能会形成中小企业的"核心刚性"，企业虽然可以降低成本，实现短期利润，但在路径依赖性的影响下，企业会丧失对潜在市场需求的积极探索，削弱对新的价值主张的判断能力，有碍中小企业的长远发展，进而落入"成功陷阱"（Atuahene-Gima，2005）；而当商业模式创新只强调单维度的新颖设计时，企业会承担较大的试错风险，导致资源的耗费与效率的减损，且过新的交易系统会增加伙伴之间的理解难度，创新的结果难以变现，最终陷入"创新两难"的困境。总之，单一地强调效率，企业会在长期竞争中失去优势，单一地强调新颖，企业难以获取当期利润。当两者都实现较高水平的平衡时，就能有效避免两者的不利影响，发挥两者对各类型企业绩效的促进作用（Balboni et al.，2019）。

其次，双元协同型商业模式创新可以发挥效率与新颖两者的相互促进作用。效率的持续提高可以有效促进以新颖为中心的商业模式创新。对现有商业模式交易系统的利用与延伸可以不断提升企业对商业模式系统本身的认知水平，这反映了企业对商业模式交易结构与内容的深层理解，为企业积累丰富的知识与资源，进而可以触发企业对新颖模式的构念。而基于新颖维度对商业模式交易系统进行重构与探索也能促进效率的提升（Zott & Amit，2011）。企业在探索新颖的商业模式的过程中，会发现新的创业机会，提出新的价值主张，并引入新的伙伴与创意。当企业因此吸收新的知识并形成新的能力时，可以为交易系统的优化与改良提供更好的思路，防止组织的交易结构、内容等完全过时。同时，当企业基于对潜在市场需求的深刻把握而对商业模式进行重构后，会逐渐提升产品的市场份额，在长期竞争中保持优势，从而提升自身在网络中的议价能力和对手的转换成本，从而稳固了现有的交易关系（洪进等，2018）。因此，双元协同型商业模式创新可以提升效率与新颖两者之间的促进作用，提高企业的商业模式创新能力，有利于中小企业各类型绩效的提升。

最后，由于双元协同商业模式创新既实现了效率与新颖的平衡，能够规避两者的不利影响，同时又可以使两者相互促进，更大程度地发挥两者对绩效的提升效果，因此，双元协同型商业模式创新对企业绩效的促进作用要优于效率主导型和新颖主导型，更优于双低对照组。基于此，提出以下假设：

H1a-1：双元协同型商业模式创新对中小企业短期财务绩效有正向影响，且效果要优于效率主导型和新颖主导型。

H1b-1：双元协同型商业模式创新对中小企业长期成长绩效有正向影响，且效果要优于效率主导型和新颖主导型。

4.3.2.2 效率主导型与新颖主导型商业模式创新对中小企业绩效的影响差异

效率主导型商业模式创新是指企业在兼顾双元的情况下更侧重于对原有商业模式按效率维的主题设计加以变革，是效率与新颖的一种主辅搭配。因此，效率主导型商业模式创新侧重于优化交易系统，提升效率，降低成本，进而推动中小企业绩效的提升（Zott & Amit，2017）。其基本思路是对现有商业模式的交易结构与规则进行改良与优化，使交易的成本与复杂性降低，以效率的改进来创造价值。

效用与成本是影响价值的关键因素，低成本战略是企业重要的竞争战略。但波特所提出的低成本战略在价值定位上仅仅聚焦于企业的内部价值链，并未拓展至企业所处的价值网络体系之中。效率主导型商业模式创新则是基于开放的视角从整个商业生态上来改进交易成本问题。通过改进双方的合作程序，简化沟通方式，可以减少企业之间的交易错误与摩擦，增进彼此的信任，减少机会主义的风险，降低交易成本，提升伙伴的满意度，在良好的合作中更好地满足客户需求。一方面，从短期看，效率主导型商业模式创新通过优化交易系统与活动进而将网络中相互联系的市场主体的交易行为转化成一种企业机制，提升合作方的效率，降低整个商业网络的交易成本，实现短期利润的提升。另一方面，从长期看，交易系统的改进还可以弥补企业在产品与服务上的不足。由于库存、信息、营销等成本的降低，企业可以根据市场环境与消费者的偏好加大对现有明星产品与服务的投入（He & Wong，2004），提升产品与服务的质量，拓宽现有的市场渠道，促进企业的长久发展，提升成长绩效（罗兴武等，2018）。可见，效率主导型商业模式创新通过提高效用效率、降低成本费用为中小企业创造出全新的价值，使中小企业的组织绩效得到有效提升。

新颖主导型商业模式创新是指企业在兼顾双元的情况下更侧重于对原有商业模式按新颖维的主题设计加以变革，是新颖与效率的一种主辅搭配。新颖主导型商业模式创新是对现有商业模式的颠覆与重构（Zott & Amit，2007），其基本思路是重构、革新现有商业模式的交易结构与交易规则，树立全新的价值主张，并构建可以实现新的价值主张的交易活动系统，创造出新的价值。

当下，技术已然突破组织边界，改变了活动场域，网络节点相互依赖，企业间构建起了前所未有的连接状态，缩减了中间环节，商业生态呈现出去中心化的趋势，传统的以供给为导向的价值链条逐渐转变为以需求为导向的价值网络（罗珉和李亮宇，2015）。因此，当新的价值逻辑主导市场时，企业可以通过新的价值主张来契合市场需求，并重组企业内部各种要素，设计出崭新的交易系统，改变现有的交易内容，根据新的价值主张引进新的技术与创意（Subramaniam & Youndt，2005），推出新的产品与服务，满足潜在需求，拓宽收入来源。同时，可以革新交易结构，引入新的合作伙伴，建立开放、扁平、高效的价值网络（Osiyevskyy & Dewald，2015），创立以顾客需求为中心的交易体系，驱动价值创造最大化。进一步地，还可以改变交易治理的规则，建立基于竞合思维的"收入—成本"共享共担机制，确权明责，使利润的分配高效合理，发挥激励功能。

因此，新颖主导型商业模式创新能够帮助企业迅速识别和利用新的商机，有利于企业挖掘潜在市场，发现客户的隐性需求，进而有针对性地为客户提供差异化的产品与服务（Narver et al.，2004），提高企业在新市场中的市场份额，推进企业的先发优势（罗兴武等，2018）。但新颖主导型商业模式创新的战略性实验色彩较重，会对交易的惯性造成强烈的冲击（Zott & Amit，2008，2017），企业可能需要花费必要的精力与时间来重新培养用户的使用习惯，提升企业成本，这会拉长创新活动中探索与试错的过程，对企业的短期利润未必产生直接影响。因此，新颖主导型商业模式创新更可能促进企业的长期成长，而对短期利润的影响并不显著。

同时，效率主导型商业模式创新通过成本的降低能够直接提升企业的利润，对于短期绩效的促进作用更为直接。相较而言，新颖主导型由于其对以往惯性的冲击，可能并不会直接正向作用于短期绩效。因此，效率主导型对短期财务绩效的促进作用应该优于新颖主导型。相反，效率主导型对长期成长绩效的作用是通过降低成本、提升短期绩效逐渐实现的，存在传导机制，而新颖主导型通过新的价值主张更有利于促进企业的长期成长，帮助企业获取远期的利润。因此，新颖主导型对企业长期成长绩效的促进作用要优于效率主导型。基于此，提出以下假设：

H1a-2：效率主导型商业模式创新对中小企业短期财务绩效有正向影响，且效果优于新颖主导型。

H1b-2：效率主导型商业模式创新对中小企业长期成长绩效有正向影响，但效果弱于新颖主导型。

H1b-3：新颖主导型商业模式创新对中小企业长期成长绩效有正向影响，且效果优于效率主导型。

4.3.3 环境动态性的调节作用

组织双元性理论指出，动荡的外部环境对双元创新的实现有着重要影响，有助于组织实现双元之间的平衡与契合。因此，具备双元性的商业模式创新在促进企业获取竞争优势时可能会受到外部环境的边界影响。再者，权变理论指出，动荡的外部环境本就是企业实现创新的重要边界条件。当下，中小企业正面临以技术革新迅速与市场竞争激烈为特征的动荡的外部环境，其变革与创新需要与这种动荡的环境相匹配，需要考虑技术与市场的动荡程度对企业双元创新的影响（Wang & Chung，2013；张明珍等，2019）。因此，当外部环境发生剧烈变化时，固有的商业模式已经难以适应市场的需求与技术的发展，需要平衡双元以对其进行必要的变革与重构。Lejla 和 Nijaz（2018）指出，中小企业的商业模式需要与外部动荡的环境实现合理的适配才能有效提升企业的组织绩效。

在市场因素复杂多变、客户需求不断波动的环境中，企业需要改变商业模式才能满足消费者层出不穷的需求（Jimenez & Sanz，2011），因为商业模式创新的最终目的就在于挖掘新的市场机会以创造价值。动荡的环境给企业带来压力，使企业致力于商业模式的创新以更快地将新产品推向市场（Olavarieta & Friedmann，2008），更好地匹配顾客需求，增强顾客忠诚度，提升市场占有率，从而提高企业的利润。同时，在动态环境中，技术更迭频繁，崭新的技术随时可以颠覆中小企业商业模式的技术基础。这会促使中小企业进一步改变商业模式，以适应变换了的技术环境。因此，在动荡的环境中，创新是环境赋予中小企业的一项义务，可以有效地提高企业绩效。环境动态性可以培养出企业的危机意识，促使企业迅速抓住市场与技术变化的机会，将商业模式创新作为适应环境变化的重要手段（阎婧等，2016），并运用商业模式创新整合和配置资源，抓住机遇，打破现有的市场状态，实现超额利润（Lumpkin & Dess，2001）。罗珉等（2005）指出，在动荡的环境中，商业模式创新能够给企业带来更多的熊彼特租金，从而对企业绩效产生积极的影响。相反，当环境较为平稳时，市场需求和技术变革趋于稳定，现有的运营系统能够满足消费者的需求，为企业带来稳定的盈利，这会削弱商业模式创新的动力，降低商业模式创新对企业绩效的推动作用。因此，就总体而言，商业模式创新与环境动态性的交互会促进中小企业短期利润与长期绩效的提升。不同程度的环境动态性会影响商业模式创新对企业绩效的促进作用，环境动态性可能对商业模式创新与中小企业绩效之间的关系产生积极的权变影响。

但需要指出的是，由于商业模式创新还存在复杂的类型，因此，环境动态性对不同类型商业模式创新与企业绩效之间的调节作用可能还存在一些差异。当外部环境的动态性较高时，市场的需求变化不定，消费者的偏好难以预测，原有的产品市场逐渐萎缩，新的产品或新的服务会逐渐挤压既有产品的市场份额，老客户与新客户会呈现出明显的需求差异（单标安等，2018）。同时，新旧技术之间更替频繁，全新的技术能够轻易瓦解其他技术所形成的优势，组织如果仅专注于已有的知识和技术，会随时面临被淘汰的风险。在这样的环境中，组织所能依赖的惯性与经验所具有的价值将被削弱，企业需要不断尝试变革与创新来加以应对。这些不可预知的环境变化给中小企业带来了威胁与挑战，中小企业必须跳出既有市场去探索潜在的客户需求，利用新技术完成更新颖的商业模式创新。这是因为，在这样的外部环境中，企业仅仅靠延续固有的交易系统实施效率主导型商业模式创新将难以适应这种不确定性，需要尝试更具有拓展性与开放性的商业模式创新类型来应对可能存在的危机，即在动荡的环境中，企业往往会强化双元协同型和新颖主导型商业模式创新来应对环境的动态性，以此提升企业的组织绩效。动荡的外部环境给予了中小企业开展更高水平商业模式创新的压力与动力。实际上，探索双元协同型商业模式创新与新颖主导型商业模式创新的难度要大于效率主导型，面临着更高的失败风险与试错成本，但在不确定的环境中，激烈的市场竞争会逼迫企业提出新的价值主张去追求更可观、更丰厚的经济利润。相反，当环境动态性较低时，市场运行趋于平稳，技术发展轨迹清晰，易于预测的外部环境给予了中小企业循序渐进的空间，因此，延续并优化既有的交易系统，降低交易成本就可以有效提升企业的组织绩效。在这样的环境中，企业通常会强化效率主导型商业模式创新以促进绩效的提升。基于此，提出以下假设：

H2：环境动态性正向调节商业模式创新与中小企业绩效之间的关系。

H2a：环境动态性正向调节商业模式创新与中小企业短期财务绩效之间的关系。

H2a-1：环境动态性正向调节双元协同型商业模式创新与中小企业短期财务绩效之间的关系。

H2a-2：环境动态性负向调节效率主导型商业模式创新与中小企业短期财务绩效之间的关系。

H2b：环境动态性正向调节商业模式创新与中小企业长期成长绩效之间的关系。

H2b-1：环境动态性正向调节双元协同型商业模式创新与中小企业长期成长绩效之间的关系。

H2b-2：环境动态性负向调节效率主导型商业模式创新与中小企业长期成长绩效之间的关系。

H2b-3：环境动态性正向调节新颖主导型商业模式创新与中小企业长期成长

绩效之间的关系。

4.3.4 研究模型

通过对上述变量关系的分析与研究假设的推演，本书基于组织双元性理论深入探讨了商业模式创新对中小企业绩效的促进作用以及不同商业模式创新类型对中小企业绩效的差异化影响，同时分析了环境动态性的调节作用，并据此构建研究模型，如图4.2所示。

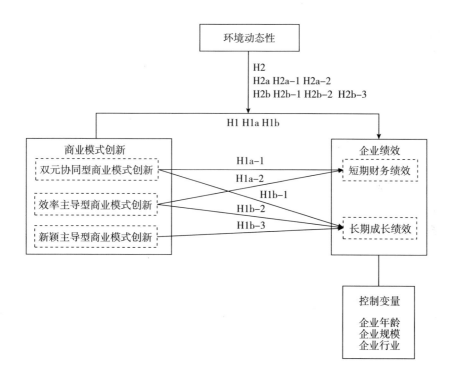

图 4.2 研究模型

4.4 研究设计

4.4.1 问卷设计

问卷调查法是社会科学领域中常见的一种调查方法，主要适用于定量分析，其优点在于可以量化信息、节约时间、降低成本，且通过直接收集匿名的被调查者的真实想法，能及时获取一手资料，确保信息数据的可靠性。本章拟获取的数据缺乏相关的二手资料，不易从公开数据中获取，因此更适宜采用问卷调查法获取数据。本章紧紧围绕研究主题和框架，合理设置问卷内容与结构，及时收集一手数据对研究进行实证分析。

4.4.1.1 问卷设计原则

问卷设计的基本原则在于研究者基于研究目的，紧紧围绕研究主题，用受访者易于理解的语言，通过简明扼要、直观清晰的题项针对目标群体进行提问，以收集可靠的数据（马庆国，2002；李怀祖，2004；风笑天，2007）。一般而言，首先，量表的整体设计要与研究目的紧密相关，题项是对研究内容的有效分解；其次，尽量避免晦涩艰深的专业术语，要考虑目标对象和受访人员的实际情况，用通俗易懂的方式提问；再次，要确保题项含义清晰，避免内容模糊或一题多义；最后，设计题项应保持中立，避免诱导性。

基于此，本章通过相关文献回顾，采用国内外成熟的、具备信效度的量表，并且在专家的指正下对其进行必要的调整与修改，尽量使其在表达方式与修辞习惯上符合中国人的思维逻辑，克服可能因语言、文化等产生的理解障碍。同时，为保证问卷效果，对实在不可避免而必须使用的专业术语，问卷中都进行了通俗易懂的注解，甚至进行简要举例分析，提升问卷的质量。

4.4.1.2 问卷设计步骤

本章问卷设计主要包括以下几个步骤：

第一，文献回顾形成问卷初稿。本章对有关商业模式创新、中小企业绩效的国内外经典文献进行了梳理、回顾、分析，充分借鉴国内外权威专家的理论构思，筛选出其中引用率较高、信效度较好的量表与题项，结合本国的语言习惯、发展情况及本章的研究目的，对量表进行了必要的调整、修正与完善，形成初始问卷。

第二，征求专家意见。初稿完成后，笔者首先与研究团队的导师和 4 名博士生进行了深入探讨，讨论量表设计的合理性及题项与研究的吻合程度等。其次在团队导师的引荐下，笔者又向校内战略领域与创新领域的 2 名相关专家请教，针对问卷的科学性等问题进行了探讨。由此，集合两方面的意见与建议，对问卷进行了相应的调整与完善。

第三，对企业高管进行访谈。本章的访谈法主要是对定量研究的辅助与补充，主要目的在于通过与企业高管的交流，初步判定研究的合理性与问卷的实用性，并基于反馈意见对问卷进行修订与完善，提升问卷的质量，依据半结构访谈中的反馈意见，对问卷进行进一步优化。根据访谈结果与反馈信息，本章首先对问卷中冗长的提问进行了精简，其次对含义模糊或访谈者难以理解的表述方式进行了修正，让提问变得更为精确。例如，在中小企业绩效题项中，将"我们公司的平均销售额远高于竞争对手"修改为"与主要竞争对手相比，我们公司的销售额更高"。

4.4.1.3　问卷结构

就整体而言，问卷量表包括三个部分。第一部分是卷首语，大致介绍了本问卷的调查目的与内容，说明问卷的填写方式，阐释问卷调查的匿名性和保密性。第二部分包括企业的年限、行业、人数、营业收入、资产规模、性质、被调查者在企业任职情况等基本信息。第三部分是各变量的具体量表，主要考察调查对象对商业模式创新、中小企业绩效等具体测量题项的真实想法。问卷采用7分制的李克特量表，其中1代表非常不同意，4代表一般同意（中立态度），7代表非常同意，其他以此类推。

4.4.2　**变量测量**

4.4.2.1　商业模式创新的测量

商业模式创新是本章研究的解释变量。本章按 Zott 和 Amit（2007）所提出的效率与新颖双维作为划分不同创新类型的依据，因此在具体测量上主要参考这两位学者的相关研究，同时兼顾其他学者的研究成果，对量表进行必要调整。Zott 和 Amit（2007）开发了以效率为中心的商业模式创新和以新颖为中心的商业模式创新的测量量表，以后不少学者往往基于此进行调整。胡保亮（2012）对 Zott 和 Amit（2007）的量表题项进行了适当取舍，用以测量上市中小企业的商业模式创新情况。程愚（2012）采用演绎法和归纳法在 Zott 和 Amit（2007）的量表基础上构建了商业模式的量表，其信度与效度都较为理想。吕鸿江等（2012）基于复杂适应系统理论（CAS），借鉴 Zott 和 Amit 的系列研究，从整体层次上构建了包括交易主体多样性、交易关系多重性和交易规则灵活性三个维度和14个测量题项的商业模式结构复杂性测量模型。结果显示，该测量模型信效度良好，三个维度显著相关。云乐鑫（2014）基于 Zott 和 Amit 的系列研究针对国内企业的商业模式创新开发了商业模式内容创新量表。罗兴武等（2018）在总结以往研究的基础上基于中国转轨经济的具体情境，开发了商业模式创新的测量量表，较好地弥补了现有量表缺乏"中国情境化"的不足。本章主要借鉴 Zott 和 Amit（2007）开发的经典量表，同时参考罗兴武等（2018）的研究，用以测量商业模式创新，其中效率维度有8个题项（EB1~EB8），新颖维度有9个题项（NB1~

NB9)，具体题项如表4.1所示。

　　需要说明的是，本章以此双维为基础，将按商业模式创新类型对样本进行分组并构建一个多分类变量从而进行方差分析与假设检验，具体做法见本章假设检验部分。

表 4.1　商业模式创新的测量

变量	题号	题项	来源
商业模式创新效率维	EB1	我们积极地降低与合作伙伴的沟通成本	Zott 和 Amit（2007）；罗兴武等（2018）
	EB1	我们积极地降低信息的不对称性，促使交易透明	
	EB3	我们积极地简化与合作伙伴的合作流程	
	EB4	我们积极地监测合作伙伴的满意度，以改进服务	
	EB5	我们经常巩固和扩大现有市场的营销渠道	
	EB6	我们积极地改良现有的产品或服务	
	EB7	我们积极地采取措施降低产品或服务的价格	
	EB8	如何降低产品或服务的成本是我们关注的问题	
商业模式创新新颖维	NB1	我们时常引入全新的合作伙伴	
	NB2	我们时常用新颖的方式来激励合作伙伴	
	NB3	我们以打破常规的方式开辟出市场	
	NB4	我们积极地拓展区别于竞争者的新渠道	
	NB5	我们寻找到创意以开发新的资源和能力	
	NB6	我们为顾客提供了全新的产品、信息或服务	
	NB7	我们为顾客创造的产品或服务具有独特新颖的价值	
	NB8	与同行相比，我们的盈利模式具有创新性	
	NB9	如何提升产品或服务的差异化是我们关注的问题	

4.4.2.2　中小企业绩效的测量

　　中小企业绩效是本章研究的被解释变量。对于中小企业绩效的测量通常有两种方法：客观评价法和主观评价法。但由于本书是以中小企业为研究对象，市场中鲜有公开数据，中小企业本身也并不愿意透露准确的数据信息，因此采用主观评价法更为合适，即通过中小企业的高层管理团队成员对中小企业绩效进行感知评价（George et al.，2002），且这种方法与客观测量法具有相同的有效性（Dess & Robinson，1984），许多学者也建议实证研究中在涉及绩效测量时可以采用主观评价法（Narver & Slate，1990；罗彪等，2012）。一般而言，企业绩效通常包括短期盈利性的财务指标和长期成长性指标。Lumpkin 和 Dess（1996）使用销售成长、获利情况、市场份额等指标来测量中小企业绩效，表征了盈利性与成长性两个维度。Simsek 和 Heavey（2011）则通过公司相对于主要竞争对手的销售额的增长与市场份额的增长来衡量中小企业绩效的实现情况。Frank 和 Kessler（2012）采用创新型产品或服务的增长情况以及市场份额衡量中小企业绩效，其中新产品的投放很好地代表了企业对环境的适应性以及企业自身的成长性。Niu 等（2013）则认为，采用企业所实现的目标销售额以及基于此与竞争对手所做出的比较可以较好地衡量中小企业绩效。参考以上学者的研究，结合本章的研究主题，本章用 4 个题项（SFP1~SFP4）来测量中小企业短期财务绩效，用 4 个题项（LGP1~LGP4）测量中小企业长期成长绩效，分别表征盈利性与成长性，较好地体现绩效的效率、效能与适应性特征。具体题项如表 4.2 所示。

表 4.2　中小企业绩效的测量

变量	题号	题项	来源
短期财务绩效	SFP1	与主要竞争对手相比，我们公司的销售额更高	Lumpkin 和 Dess（1996）；Simsek 和 Heavey（2011）；Frank 和 Kessler（2012）；Niu 等（2013）
	SFP2	与主要竞争对手相比，我们公司的净利润更高	
	SFP3	与主要竞争对手相比，我们公司的投资回报率更高	
	SFP4	与主要竞争对手相比，我们公司的营运成本更低	
长期成长绩效	LGP1	与主要竞争对手相比，我们公司的市场份额增长速度很快	
	LGP2	与主要竞争对手相比，我们公司的员工数量增长很快	
	LGP3	与主要竞争对手相比，我们公司的新产品或新服务的开发速度很快	
	LGP4	与主要竞争对手相比，我们公司的整体声誉更好	

4.4.2.3　环境动态性的测量

环境动态性是本章中的调节变量。研究认为，环境动态性就是企业所面临的技术环境与市场环境变化的激烈程度以及技术发展、市场信息的难以预测性。环境动态性越强，技术的迭代速度就越快，消费者的需求变化就越强烈（Jaworski & Kohli，1993）。学者通常从技术环境与市场环境两方面来测量环境动态性。在具体测量上，Jaworski 和 Kohli（1993）在对市场导向的研究中用 3 个题项测量了技术动态性，用 3 个题项测量了市场动态性。Kirca 等（2015）及 Wang 和 Chung（2013）在进行市场导向的相关研究中，也从技术与市场两方面对环境动态性进行了测量。Germain 等（2008）则从客户需求变化造成产品销售量难以预测的程度角度来测量环境的动态性。Paladino（2008）开发了 6 个题项，主要从客户需求变化、对新产品的需求以及价格敏感等几方面来测量市场动态性。基于此，本章借鉴 Jaworski 和 Kohli（1993）、Kirca 等（2005）及 Wang 和 Chung（2013）的量表，从技术与市场两方面用 6 个题项（ET1~ET6）测量环境动态性，具体题项如表 4.3 所示。

表 4.3　环境动态性的测量

变量	题号	题项	来源
环境动态性	ET1	企业所在行业的技术变化很快	Jaworski 和 Kohli（1993）；Kirca 等（2005）；Wang 和 Chung（2013）
	ET2	企业难以预测未来的主导技术	
	ET3	技术的变化为整个行业提供新的机会	
	ET4	在企业的业务领域内，消费者对产品的偏好会随着时间的推移剧烈变化	
	ET5	消费者总是在寻找新的产品或服务	
	ET6	相对于老顾客，新顾客对我们的产品往往有不同的需求	

4.4.2.4　控制变量的测量

中小企业的生存与发展往往受到企业规模（Yang et al.，2017）、企业年限（张秀娥和张坤，2018）以及企业所属行业的影响与干扰。因此，本章将企业规模、企业年限以及企业所属行业作为控制变量。其中，企业规模以企业的销售额来测量，企业年限以企业的成立时间来测量。对于中小企业的所属行业，本章严格按工业和信息化部所划分的 16 个行业进行调查，但过多的分类不利于统计分析。因此，按已有学者的做法，本章选取样本数据中排名前 5 的行业，分别是工业（25.3%）、软件和信息技术服务业（19.9%）、建筑业（8.7%）、零售业（7.6%）以及信息传输业（7.1%），剩余少数行业的数据归为其他行业。同时，由于行业属于分类变量，因此需要进行哑变量的处理，具体做法是以"其他行业"为基准值，赋值为 0，以此构造了工业、软件和信息技术服务业、建筑业、零售业以及信息传输业 5 个哑变量。

4.4.3　数据处理方法

科学的数据研究方法可以保证实证结果合理有效。本章在实证研究中主要采用多种统计分析法进行分析，包括描述性统计分析、信度检验、探索性因子分析、验证性因子分析、方差分析和回归分析。

第一，描述性统计分析。描述性统计分析主要是对样本企业的特征和构成情况进行描述，包括企业的年龄、行业、规模、性质等，同时对研究变量的最大值、最小值、均值等进行整体描述和分析。

第二，信度检验。量表信度越高，说明问卷的测试结果的内部一致性越好。本章采用 Cronbach's α 系数与 CITC（Corrected Item Total Correlation，修正后的项与总体相关性）作为判断信度的依据。一般而言，Cronbach's α 以 0.7 为最低阈值，CITC 以 0.5 为最低阈值（李怀祖，2004）。

第三，探索性因子分析。探索性因子分析是基于降维的思想，从纷繁复杂的变量中提取几个核心变量以表征多元因子的本质结构。一般而言，各题项因子载荷系数大于 0.5 时才能将同一变量的题项合并为一个因子。不过，做探索性因子分析的前提是对样本数据进行 KMO 测度与 Bartlett 球形检验。如果 KMO 值大于 0.7，表示适宜做探索性因子分析，本章将此设定为最低阈值。而对于 Bartlett 球形检验，只有其概率值小于显著水平（$\alpha = 0.05$）时，才可以做探索性因子分析。

第四，验证性因子分析。在正式的实证研究中，采用验证性因子分析测量样本数据的结构效度，包括聚合效度和区分效度。首先，考察模型的拟合程度，其主要指标包括绝对指标和相对指标（温忠麟，2004）。其中，绝对指标包括 x^2/df、RMSEA 和 GFI，相对指标包括 TLI、NFI、IFI 和 CFI。根据相关学者的建议（温忠麟，2004；侯杰泰等，2004；吴明隆，2010），本章采用以上指标检测模型的拟合度，其中测量模型拟合度检验标准除了 x^2/df 的取值在 1~5，其余指标均须大于 0.9。其次，具体考察聚合效度和区分效度。聚合效度以 AVE 与 CR 进行检验。AVE>0.5 可接受，CR>0.7 可接受。区分效度检验对比各变量相关系数与 AVE 的平方根的大小。若 AVE 的平方根大于横向纵向的相关系数，则有较好的区分效度。

第五，方差分析。方差分析主要是通过验证多个总体的均值是否相等来判断变量之间的因果关系。在本章研究中，为了有效对比作为分类变量的商业模式创新类型与不同绩效之间的差异，采用单因素多元方差分析进行检验。通常先考察正态性分布检验与方差齐性检验，然后具体观察多重比较结果。

第六，回归分析。回归分析可以解释变量之间的因果关系，被广泛运用于各学科统计分析中。一般而言，如何判定回归模型的显著性主要依赖于考察 t 检验和 F 检验的相关结果，其中 p 值小于 0.05，即视为回归系数显著，而 F 检验主要涉及 F 值与调整后的 R^2 值。

4.5　实证研究

4.5.1　问卷统计与样本描述

4.5.1.1　问卷发放与回收

本书严格按工业和信息化部 2011 年颁布的《中小企业划型标准规定》，历时 3 个多月对我国四川、重庆、云南、浙江、上海、北京、广东等地的中小企业的高层管理人员或核心团队成员进行问卷调查。每发放一份问卷，我们会对本章的各变量做出详细的解释，让受访者更好地理解本章的研究内容与研究目的。对于现场发放的问卷，我们会邀请受访对象进行深入交谈，会举出一些实际案例让受访对象更加清晰地了解研究的内容、问卷的基本情况。从交流的情况来看，受访对象需要研究者就商业模式创新做一些简单的理论阐释与举例分析。这符合我们的预期与准备，也为我们的问卷说明提供了很好的参考方向。对于非现场发放的问卷，我们会在征求受访对象同意的情况下，附上我们对问卷量表的详细解释，这有利于提高问卷的质量。

基于此，本章主要通过以下五种途径发放回收纸质版或电子版两种类型问卷。第一，借助行业商会向中小企业高管发放回收问卷；第二，通过四川大学商学院 EDP 中心和校友会，对总裁班和高级管理培训班的学员现场发放回收问卷；第三，依托导师的课题或项目，现场走访企业进行问卷发放回收；第四，委托在企业任职的朋友和同学（仅针对已在企业任职中高层的人群）发放回收问卷；第五，借助政府渠道（四川省经信委、四川省发展改革委、成都市国资委等）发放回收一定数量的问卷。通过以上 5 个渠道，共发放 492 份问卷，回收 405 份，总回收率为 82.31%。然后，根据对问卷作答情况进行评估，删除不完整或不规范的问卷，最终得到有效问卷 367 份，有效回收率为 74.59%。问卷发放回收具体情况如表 4.4 所示。

表 4.4　问卷发放与回收情况

问卷发放渠道	发放数量（份）	回收数量（份）	回收率（%）	有效数量（份）	有效回收率（%）
行业商会	103	85	82.52	84	81.55
EDP 中心、校友会现场发放	80	71	88.75	64	80.00

问卷发放渠道	发放数量（份）	回收数量（份）	回收率（%）	有效数量（份）	有效回收率（%）
企业现场发放	67	54	80.59	53	79.10
委托朋友、同学发放	166	131	78.91	105	63.25
委托政府机构发放	76	64	84.21	61	80.26
合计	492	405	82.31	367	74.59

由于本章采用多种渠道收集数据，因此对各渠道收回的数据的一致性进行分析。结果表明，各变量的 Z 统计量绝对值皆小于 1.960，即数据来源差异性不显著；同时，数据肯德尔系数显著性低于 0.05，系数值为 0.81，说明所有数据的一致性较好，可以合并数据进行分析。

4.5.1.2　样本描述性统计分析

本章从企业年龄、所属行业、员工人数、企业销售额、企业资产总额、企业性质、填表人员任职情况几个方面对样本企业的基本情况进行描述。

第一，企业年龄。中小企业成立经营的时间长短对中小企业的生存和发展有重要影响。本章对受访企业的成立年限进行调查以了解企业年龄情况，具体时间分布情况如表 4.5 所示。从结果来看，3 年以下的中小企业占比很小，3~10 年的占比为 40% 左右，11~15 年的占比为 30% 左右，部分说明了中小企业的生存时间在延长，侧面佐证了国家对中小企业的重视与扶持。

表 4.5　企业年龄分布情况

企业年龄	频数（家）	百分比（%）	累计百分比（%）
3 年以下	8	2.2	2.2
3~5 年	49	13.4	15.5
6~10 年	98	26.7	42.2
11~15 年	113	30.8	73.0
16 年及以上	99	27.0	100.0
合计	367	100.0	100.0

注：由于百分比计算存在四舍五入，因此累计百分比数值可能与加总数值存在些许出入，但不影响整体研究。余同。

第二，所属行业。本章以《中小企业划型标准规定》中的行业划分为基准进行调查，具体情况如表 4.6 所示。从调查结果来看，工业与软件和信息技术服务业占比最高，分别占 25.3%、19.9%，住宿、物业管理、仓储、邮政等占比最低，都不超过 1.5%，零售、交通运输与信息运输占比也相对较高，都在 7% 上下，建筑业接近 9%，可见制造业、服务业以及与技术相关的行业占比最高，基本符合中国中小企业行业分布情况。

表 4.6　企业行业分布情况

企业行业	频数（家）	百分比（%）	累计百分比（%）
农林牧渔业	11	3.0	3.0
工业	93	25.3	28.3
建筑业	32	8.7	37.0
批发业	15	4.1	41.1
零售业	28	7.6	48.7
交通运输业	24	6.5	55.2
仓储业	5	1.4	56.6
邮政业	4	1.1	57.7
住宿业	2	0.5	58.2
餐饮	15	4.0	62.2
信息传输	26	7.1	69.3
软件和信息技术服务业	73	19.9	89.2
房地产开发经营	9	2.5	91.7
物业管理	4	1.1	92.8
租赁和商业服务	9	2.5	95.3
其他行业	17	4.7	100.0
合计	367	100.0	100.0

第三，员工人数。员工人数是衡量中小企业的标准之一，根据调查结果（见表 4.7），中小企业的员工人数分布相对集中，主要集中在 300 人以下，占总体的 73.8%，其中，200 人以下占总体的 35.7%，200~300 人（不包括 300 人）占总体的 38.1%，1000 人以上仅占 6.2%，这符合中小企业规模不大的基本特征。

表 4.7 企业员工人数分布情况

企业人数	频数（家）	百分比（%）	累计百分比（%）
1~199 人	131	35.7	35.7
200~299 人	140	38.1	73.8
300~999 人	73	19.9	93.7
1000~1999 人	17	4.6	98.4
2000 人及以上	6	1.6	100.0
合计	367	100.0	100.0

第四，企业销售额。销售额是衡量中小企业的重要指标，对企业的存续、发展、创新有重要影响。本章对受访对象的销售额进行了调查，具体结果如表 4.8 所示。从调查结果来看，接近 70% 的企业营收在 30000 万元以下，其中 10000 万元以下的企业占总体的 31.1%，10000 万~20000 万元占总体的 24.8%，此两项累计超过总体的 50%。

表 4.8 企业销售额分布情况

企业销售额	频数（家）	百分比（%）	累计百分比（%）
5000 万元以下	78	21.3	21.3
5000 万~10000 万元	36	9.8	31.1
10000 万~20000 万元	91	24.8	55.9
20000 万~30000 万元	49	13.4	69.2
30000 万~40000 万元	50	13.6	82.8
40000 万~80000 万元	32	8.7	91.6
80000 万~200000 万元	21	5.7	97.3
200000 万元以上	10	2.7	100.0
合计	367	100.0	100.0

第五，企业资产总额。本章对企业的资产总额进行了调查，具体情况如表 4.9 所示。从结果来看，资产规模在 10000 万元以下的企业占 25.3%，10000 万~80000 万的占 35.1%，占比最高。整体而言，各资产规模段占比相对平均。

表 4.9 企业资产总额分布情况

企业资产总额	频数（家）	百分比（%）	累计百分比（%）
10000 万元以下	93	25.3	25.3
10000 万~80000 万元	129	35.1	60.5
80000 万~120000 万元	86	23.4	83.9
120000 万元以上	59	16.1	100.0
合计	367	100.0	100.0

第六，企业性质。本章对企业的性质进行了调查，具体情况如表 4.10 所示。从结果来看，民营企业占比 69.2%，接近 70%，符合我国民营企业占多数的基本情况，同时也符合中小企业中民营企业占多数的基本事实。国有企业和外商投资企业在本次调查中所占比例刚好持平，均为 15.3%。

表 4.10 企业性质分布情况

企业性质	频数（家）	百分比（%）	累计百分比（%）
国有企业	56	15.3	15.3
外商投资企业	56	15.3	30.5
民营企业	254	69.2	99.7
其他	1	0.3	100.0
合计	367	100.0	100.0

第七，填表人员任职情况。本章受访对象主要是中小企业的中高层，从调查结果来看（见表 4.11），部门总经理级别占比最高，占 76.6%，总经理/副总经理级别占比 17.7%，董事长/副董事长级别占比不高，这基本兼顾了数据的可获得性和研究的有效性。

表 4.11 填表人员任职情况

职位	频数（人）	百分比（%）	累计百分比（%）
董事长/副董事长	21	5.7	5.7
总经理/副总经理	65	17.7	23.4
部门总经理	281	76.6	100.0

职位	频数（人）	百分比（%）	累计百分比（%）
其他核心员工	0	0.0	0.0
合计	367	100.0	100.0

4.5.1.3 数据正态性检验

侯杰泰等（2004）指出，样本数据呈正态分布是统计分析的前提条件。本章用偏度系数和峰度系数检验数据正态分布情况。一般而言，所测变量的每一题项的偏度绝对值小于3，峰度绝对值小于10，就可以认为数据基本呈正态分布。基于此，本章对样本数据进行检验，对样本数据偏度和峰度进行分析，如表4.12所示，所有测量题项的偏度绝对值均远小于3，峰度的绝对值均远小于10，因此可以认为样本数据符合正态分布，适合进一步分析。

表4.12 样本数据正态分布检验

	偏度	标准误	峰度	标准误
EB1	−0.617	0.127	0.780	0.254
EB2	−0.929	0.127	0.930	0.254
EB3	−0.813	0.127	0.503	0.254
EB4	−1.136	0.127	1.490	0.254
EB5	−1.065	0.127	1.430	0.254
EB6	−1.001	0.127	1.421	0.254
EB7	−1.059	0.127	1.425	0.254
EB8	−1.059	0.127	1.425	0.254
NB1	−0.778	0.127	0.752	0.254
NB2	−0.688	0.127	0.372	0.254
NB3	−0.701	0.127	0.466	0.254
NB4	−0.670	0.127	0.507	0.254
NB5	−0.923	0.127	1.133	0.254
NB6	−0.858	0.127	0.650	0.254
NB7	−0.899	0.127	1.003	0.254
NB8	−0.663	0.127	0.678	0.254

续表

	偏度	标准误	峰度	标准误
NB9	−0.701	0.127	0.687	0.0254
SFP1	−0.884	0.127	0.777	0.254
SFP2	−0.508	0.127	0.103	0.254
SFP3	−0.771	0.127	0.894	0.254
SFP4	−0.498	0.127	−0.107	0.254
LGP1	−0.744	0.127	0.942	0.254
LGP2	−0.581	0.127	0.506	0.254
LGP3	−0.700	0.127	0.647	0.254
LGP4	−0.834	0.127	1.026	0.254
ET1	−0.608	0.127	−0.015	0.254
ET2	−0.295	0.127	−0.377	0.254
ET3	−0.474	0.127	0.289	0.254
ET4	−0.669	0.127	0.478	0.254
ET5	−0.818	0.127	0.937	0.254
ET6	−0.884	0.127	2.031	0.254

4.5.2 信度与效度检验

4.5.2.1 信度分析

第一，商业模式创新的信度检验结果。商业模式创新的测量分为效率和新颖双维。信度检验结果如表 4.13 所示，效率维量表的 Cronbach's α 系数为 0.813，大于 0.7，删除题项后的 Cronbach's α 值均小于 0.813，删除任一题项并没有显著提高量表的 Cronbach's α 系数，各题项 CITC 值除 EB4 外均大于 0.5，说明商业模式创新效率维量表各题项之间的内部一致性较好，信度较高，同时删除 EB4 题项。新颖维量表的 Cronbach's α 系数为 0.821，大于 0.7，删除题项后的 Cronbach's α 值均小于 0.821，删除任一题项并没有显著提高量表的 Cronbach's α 系数，各题项 CITC 值均大于 0.5，说明商业模式创新新颖维量表各题项之间的内部一致性较好，信度较高。

表 4.13　商业模式创新的信度检验结果（N＝367）

变量	题号	题项	CITC	删除该题项后的 Cronbach's α 值	Cronbach's α
商业模式创新效率维	EB1	我们积极地降低与合作伙伴的沟通成本	0.570	0.800	0.813
	EB2	我们积极地降低信息的不对称性，促使交易透明	0.568	0.784	
	EB3	我们积极地简化与合作伙伴的合作流程	0.550	0.787	
	EB4	我们积极地监测合作伙伴的满意度，以改进服务	0.490	0.807	
	EB5	我们经常巩固和扩大现有市场的营销渠道	0.546	0.788	
	EB6	我们积极地改良现有的产品或服务	0.599	0.778	
	EB7	我们积极地采取措施降低产品或服务的价格	0.526	0.791	
	EB8	如何降低产品或服务的成本是我们关注的问题	0.564	0.798	
商业模式创新新颖维	NB1	我们时常引入全新的合作伙伴	0.603	0.765	0.821
	NB2	我们时常用新颖的方式来激励合作伙伴	0.607	0.759	
	NB3	我们以打破常规的方式开辟出市场	0.502	0.807	
	NB4	我们积极地拓展区别于竞争者的新渠道	0.570	0.769	
	NB5	我们寻找到创意以开发新的资源和能力	0.522	0.792	
	NB6	我们为顾客提供了全新的产品、信息或服务	0.584	0.754	
	NB7	我们为顾客创造的产品或服务具有独特新颖的价值	0.516	0.795	
	NB8	与同行相比，我们的盈利模式具有创新性	0.578	0.765	
	NB9	如何提升产品或服务的差异化是我们关注的问题	0.509	0.782	

　　第二，中小企业绩效的信度检验结果。中小企业绩效分为短期财务绩效和长期成长绩效两个测量维度，信度检验结果如表 4.14 所示。在短期财务绩效量表中，Cronbach's α 系数为 0.745，大于 0.7，删除题项后，Cronbach's α 值均大于 0.745，各题项 CITC 值均大于 0.5，说明短期财务绩效量表各题项之间的内部一致性较好，信度较高。在长期成长绩效量表中，Cronbach's α 系数为 0.731，大于 0.7，删除题项后的 Cronbach's α 值均小于 0.731，删除任一题项并没有显著提高量表的 Cronbach's α 系数，但 LGP2 的 CITC 值小于 0.5，将题项 LGP2 删除。

表 4.14　中小企业绩效的信度检验结果（N = 367）

变量	题号	题项	CITC	删除该题项后的 Cronbach's α 值	Cronbach's α
短期财务绩效	SFP1	与主要竞争对手相比，我们公司的销售额更高	0.514	0.715	0.745
	SFP2	与主要竞争对手相比，我们公司的净利润更高	0.609	0.708	
	SFP3	与主要竞争对手相比，我们公司的投资回报率更高	0.543	0.728	
	SFP4	与主要竞争对手相比，我们公司的营运成本更低	0.578	0.694	
长期成长绩效	LGP1	与主要竞争对手相比，我们公司的市场份额增长速度更快	0.591	0.712	0.731
	LGP2	与主要竞争对手相比，我们公司的员工数量增长更快	0.487	0.729	
	LGP3	与主要竞争对手相比，我们公司的新产品或新服务的开发速度更快	0.567	0.706	
	LGP4	与主要竞争对手相比，我们公司的整体声誉更好	0.572	0.723	

第三，环境动态性信度检验结果。环境动态性信度检验的结果如表 4.15 所示，Cronbach's α 系数为 0.769，大于 0.7，删除题项后的 Cronbach's α 值均小于 0.769，删除任一题项并没有显著提高量表的 Cronbach's α 系数，各题项 CITC 值均大于 0.5，说明环境动态性各题项之间的内部一致性较好，信度较高。

表 4.15　环境动态性的信度检验结果（N = 367）

变量	题号	题项	CITC	删除该题项后的 Cronbach's α 值	Cronbach's α
环境动态性	ET1	企业所在行业的技术变化很快	0.503	0.683	0.769
	ET2	企业难以预测未来的主导技术	0.517	0.718	
	ET3	技术的变化为整个行业提供新的机会	0.523	0.727	
	ET4	在企业的业务领域内，消费者对产品的偏好会随着时间的推移剧烈变化	0.565	0.716	
	ET5	消费者总是在寻找新的产品或服务	0.588	0.724	
	ET6	相对于老顾客，新顾客对我们的产品往往有不同的需求	0.594	0.731	

4.5.2.2 效度分析

本章在对大样本数据进行效度分析时，拟从内容效度、建构效度、聚合效度以及区分效度四方面予以考察。

首先，在内容效度方面，本章所采用的量表充分借鉴了以往国内外的成熟量表，并且经过相关访谈等几个步骤对量表予以必要修正，形成最终的正式问卷，确保了量表的准确与完整。因此，本章量表的内容效度较好。

其次，本章对所有题项进行了因子分析，结果如表 4.16 所示，所有题项的 KMO 值都高于 0.7，Bartlett 球形检验显著性概率为 0.000，且各量表皆提取了相应的公因子，累计方差贡献率最低为 54.93%，最高为 63.50%，都超过了 50%。可见，所提取公因子的解释力度较强，初步判定本章量表具有较好的效度。

表 4.16 因子分析结果

变量维度	KMO	Bartlett 球形检验	累计方差贡献率（%）
商业模式创新效率维 商业模式创新新颖维	0.812	0.000	54.93
短期财务绩效 长期成长绩效	0.791	0.000	63.50
环境动态性	0.753	0.000	58.03

再次，本章运用 AMOS 软件对大样本数据进行验证性因子分析以考察其效度，具体通过两个指标考察：一是模型的拟合程度，二是潜变量的路径系数。结果如表 4.17 所示。从拟合结果看，模型的拟合指标皆在可接受范围内。χ^2/df 值都小于 3，RMSEA 都小于 0.08，TLI、NFI、IFI、CFI、RFI 均大于 0.9，由此可以推断模型拟合效果比较理想，达到其模型拟合优良的指标。同时，各路径系数均在 $p<0.001$ 水平上显著，各题项因子载荷均大于 0.5，AVE 均大于 0.5（平均方差抽取量），CR（组合信度）均大于 0.7。基于以上分析，可判定本研究具有较好的建构效度和聚合效度。

最后，通过检验变量 AVE 值的平方根是否大于其自身与其他变量之间的相关系数来检验其区分效度，若前者大于后者，则判定其具备良好的区分效度，结果如表 4.18 所示。从结果可见，对角线上的数字代表 AVE 的平方根，包括 0.738、0.750、0.732、0.715、0.872，各变量 AVE 的平方根均大于其对角线下的相关系数，因此可以判定本研究具备良好的区分效度。同时，各变量之间的相关系数均显著，表明各变量之间存在相关关系，接下来可以通过回归分析做进一步检验。

表 4.17 验证性因子分析结果

变量	维度	题项	Estimate	AVE	CR	拟合指标
商业模式创新	商业模式创新效率维	EB1	0.711	0.545	0.799	$\chi^2/\mathrm{df}=1.610$，RMSEA $=0.041$，TLI $=0.975$，NFI $=0.949$，IFI $=0.920$，CFI $=0.900$，RFI $=0.937$
		EB2	0.735			
		EB3	0.620			
		EB5	0.679			
		EB6	0.597			
		EB7	0.653			
		EB8	0.564			
	商业模式创新新颖维	NB1	0.696	0.563	0.813	
		NB2	0.682			
		NB3	0.631			
		NB4	0.700			
		NB5	0.703			
		NB6	0.714			
		NB7	0.589			
		NB8	0.722			
		NB9	0.637			
中小企业绩效	短期财务绩效	SFP1	0.765	0.536	0.808	$\chi^2/\mathrm{df}=0.961$，RMSEA $=0.067$，TLI $=0.901$，NFI $=0.996$，IFI $=0.925$，CFI $=0.912$，RFI $=0.952$
		SFP2	0.753			
		SFP3	0.775			
		SFP4	0.571			
	长期成长绩效	LGP1	0.751	0.512	0.796	
		LGP2	0.696			
		LGP3	0.776			
		LGP4	0.664			
环境动态性		ES1	0.808	0.761	0.940	$\chi^2/\mathrm{df}=2.456$，RMSEA $=0.049$，TLI $=0.926$，NFI $=0.984$，ITI $=0.917$，CFI $=0.956$，RFI $=0.956$
		ES2	0.996			
		ES3	0.963			
		ES4	0.777			
		ES5	0.824			
		ES6	0.846			

表 4.18 变量的相关性分析

	商业模式创新效率维	商业模式创新新颖维	短期财务绩效	长期成长绩效	环境动态性
商业模式创新效率维	0.738				
商业模式创新新颖维	0.617**	0.750			
短期财务绩效	0.586**	0.699**	0.732		
长期成长绩效	0.631**	0.652**	0.587**	0.715	
环境动态性	0.383**	0.477**	0.338**	0.434**	0.872

注: ** 代表 $p < 0.01$。

4.5.3　共同方法偏差检验

为减少共同方法偏差，本章进行程序控制和统计控制。就程序控制而言，本章在问卷设计和测量时已采取相应措施，例如匿名填写问卷、减少受试者动机猜忌、增加测量题项的精准性、减少模糊性等，因此从源头上就对共同方法偏差进行了必要的控制。

就统计控制而言，本章按照 Podsakoff 等（2003）的建议，采用 Harman's 单因素检验法对共同方法偏差进行检验，即对本章所有测量题项进行探索性因子分析。根据所获取的未旋转因子分析结果，本研究共提取了 5 个特征值大于 1 的因子，累计解释总方差 54.92%，5 个因子中特征值最大的因子的方差解释率为 31.56%，未超 50% 的临界值，说明不存在某个解释大部分方差的因子。因此，本研究不存在严重的共同方法偏差问题。

4.5.4　假设检验

4.5.4.1　商业模式创新类型的实证数据分组

本章基于组织双元性理论从效率与新颖双维将商业模式创新分为效率主导型、新颖主导型和双元协同型。由图 4.1 可知，双维组合下，可以分为四个区域，分别为一高一低的效率主导型和新颖主导型，以及双高的双元协同型、双低的低创新区域对照组。因此，需要将作为连续变量的商业模式创新构建成一个多分类变量——商业模式创新类型。

基于此，本章首先计算出整体样本中效率维的均值，然后以均值为界，将低于均值的样本设为 1，代表在整体样本中效率维上得分较低的组别，共 133 组，将高于均值的样本设为 2，代表在整体样本中效率维上得分较高的组别，共 234

组。按同样的方法计算新颖维的均值，将低于均值的样本设为 1，代表在整体样本中新颖维上得分较低的组别，共 142 组，将高于均值的样本设为 2，代表在整体样本中新颖维上得分较高的组别，共 225 组。

其次，以此为基础，对数据样本再次进行组合分类。其中，将数据样本中在效率维和新颖维均属于"1"组别的样本归类为低创新区域对照组，赋值为"0"，即将"1-1"设为"0"；同理，将数据样本中在效率维属于"2"组别但在新颖维属于"1"组别的样本归类为效率主导型商业模式创新，设为"1"，即将"2-1"设为"1"；将数据样本中在效率维属于"1"组别但在新颖维属于"2"组别的样本归类为新颖主导型商业模式创新，设为"2"，即将"1-2"设为"2"；将数据样本中在效率维属于"2"组别且在新颖维也属于"2"组别的样本归类为双元协同型商业模式创新，设为"3"，即将"2-2"设为"3"。

由此，将商业模式创新样本分为四组，构建出一个赋值由"0"至"3"的多分类变量，代表商业模式创新类型，其中"0"为低创新区域对照组，"1"为效率主导型商业模式创新，"2"为新颖主导型商业模式创新，"3"为双元协同型商业模式创新。对本章的商业模式创新类型进行描述性统计分析可知（见表 4.19），本章对商业模式创新类型的划分合理有效。其中，双元协同型商业模式创新样本较多，为 184 个样本，占样本总量的一半以上，这侧面反映出大多数中小企业在进行商业模式创新时会在效率与新颖之间实现一种较好的有机平衡，侧面反映出在创新实践中组织双元性理论的延展与运用；效率主导型商业模式创新有 50 个样本，新颖主导型商业模式创新有 41 个样本，这表明不少中小企业在兼顾双元时会突出某一维度主导的创新逻辑；双低对照组代表低创新区域，有 92 个样本，表明样本中不少中小企业在商业模式创新上较之其他组显得较为保守，将对照组纳入研究可以有效对比其他三类商业模式创新与绩效之间关系的差异。

表 4.19　商业模式创新类型统计（N=367）

商业模式创新类型	数量（个）	百分比（%）
"1-1"="0"=低创新区域对照组	92	25.06
"2-1"="1"=效率主导型	50	13.62
"1-2"="2"=新颖主导型	41	11.17
"2-2"="3"=双元协同型	184	50.13
总计	367	100.00

注："1-1"中，第一个"1"代表效率维，第二个"1"代表新颖维，其余皆按此逻辑理解；本书余同。

4.5.4.2　商业模式创新类型与中小企业绩效之间的单因素多元方差分析

本章基于组织双元性理论以及相关的数据处理方法构建出商业模式创新类型这个分类变量，包括"0""1""2""3"四个组别，分别对应各自的分组类型。为了有效探索不同类型商业模式创新对不同绩效的影响，本章先采用单因素多元方差分析法进行研究。采用单因素多元方差分析法需要满足一些基本条件。首先，从设计上看，本章只有商业模式创新类型这一个多分类自变量，且存在短期财务绩效与长期成长绩效两个因变量（因变量须为连续变量），同时观察对象相互独立，因此，适合采用单因素多元方差分析。其次，对本章数据正态性分布检验得知，本章中除短期财务绩效中双低对照组 p 值小于 0.05 以外，其他各组均大于 0.05，符合正态分布。由于多元方差分析对偏离正态分布具有一定的抗性，因此可以认为本章各组数据基本符合正态分布，可以直接分析。再次，Box's M 检验显示，方差的协方差矩阵相等（$p = 0.004$）。最后，在误差方差等同性的 Levene 检验（Levene's Test of Equality of Error Variances）中，p 值均大于 0.05，因此方差相等的假设成立。

基于以上分析，本书认为可以进行单因素多元方差分析。首先是本章的描述性统计分析结果（见表 4.20）。由表 4.20 中可知短期财务绩效和长期成长绩效在不同商业模式创新类型上的均值、标准差和样本数。其中，双元协同型商业模式创新的均值在两种类型绩效上都高于其他创新类型，且在长期成长绩效上的均值最高。

表 4.20　单因素多元方差分析描述性统计量（N = 367）

	商业模式创新类型	均值	标准偏差	样本
短期财务绩效	0	4.42	0.95	92
	1	4.86	0.85	50
	2	4.46	0.90	41
	3	5.15	0.78	184
	总计	4.85	0.91	367
长期成长绩效	0	4.74	0.85	92
	1	5.00	0.85	50
	2	4.70	0.94	41
	3	5.45	0.67	184
	总计	5.13	0.85	367

其次，检验多元方差分析结果（见表 4.21）。本章中，商业模式创新类型的 $F=12.082$，$p<0.001$，Wilks' Lambda $=0.376$，partial$\eta^2=0.096$，所以各类型商业模式创新在中小企业绩效上的差异具有统计学意义。

表 4.21　多变量检验[a]（N=367）

	效应	值	F	假设 df	误差 df	Sig.	η^2
截距	Pillai' Trace	0.971	6085.909[b]	2	362	0.000	0.971
	Wilks' Lambda	0.029	6085.909[b]	2	362	0.000	0.971
	Hotelling' Trace	33.624	6085.909[b]	2	362	0.000	0.971
	Roy' Largest Root	33.624	6085.909[b]	2	362	0.000	0.971
商业模式创新类型	Pillai' Trace	0.184	12.234	6	726	0.000	0.092
	Wilks' Lambda	0.817	12.802[b]	6	724	0.000	0.096
	Hotelling' Trace	0.222	13.37	6	722	0.000	0.100
	Roy' Largest Root	0.217	26.203[c]	3	363	0.000	0.178

注：a，设计：截距+商业模式创新；b，精确统计量；c，该统计量是 F 的上限，它产生了一个关于显著性级别的下限。

再次，单因素方差分析显示，不同类型商业模式创新在中小企业短期财务绩效（$F=17.985$，$p<0.001$；$\eta^2=0.129$）和长期成长绩效（$F=22.535$，$p<0.001$；$\eta^2=0.157$）之间均存在差异（见表 4.22），采用 Bonferroni 法进行校正的 α 水平为 0.025。因此，只要任意一个一元方差分析具有统计意义，就可以进行多重比较。

表 4.22　主体间效应的检验（N=367）

源	因变量	III型平方和	df	均方	F	Sig.	η^2
校正模型	短期财务绩效	39.434[a]	3	13.145	17.985	0.000	0.129
	长期成长绩效	41.583[b]	3	13.861	22.535	0.000	0.157
截距	短期财务绩效	5883.929	1	5883.929	8050.751	0.000	0.957
	长期成长绩效	6528.958	1	6528.958	10614.811	0.000	0.967
商业模式创新类型	短期财务绩效	39.434	3	13.145	17.985	0.000	0.129
	长期成长绩效	41.583	3	13.861	22.535	0.000	0.157

续表

源	因变量	Ⅲ型平方和	df	均方	F	Sig.	η^2
误差	短期财务绩效	265.3	363	0.731			
	长期成长绩效	223.274	363	0.615			
总计	短期财务绩效	8944.444	367				
	长期成长绩效	9929.556	367				
校正的总计	短期财务绩效	304.734	366				
	长期成长绩效	264.857	366				

注：a，$R^2 = 0.129$（调整 $R^2 = 0.122$）；b，$R^2 = 0.157$（调整 $R^2 = 0.150$）。

最后，根据 Tukey post-hoc 检验分析不同类型商业模式创新的多重比较结果可知（见表4.23），就短期财务绩效而言，效率主导型商业模式创新与双元协同型商业模式创新对短期财务绩效的影响与双低对照组相比有明显差异（p 分别小于 0.05 与 0.001），而新颖主导型商业模式创新对短期财务绩效的影响与双低对照组相比没有明显差异。进一步分析，双元协同型与效率主导型在短期财务绩效上的作用不存在差异（均值差 = 0.290，$p > 0.05$），而双元协同型与新颖主导型在短期财务绩效上的作用存在差异（均值差 = 0.686，$p < 0.001$），效率主导型与新颖主导型在短期财务绩效上的作用存在差异（均值差 = 0.396，$p < 0.05$）。基于表4.20 可知，不同类型商业模式创新在短期财务绩效的均值上有明显差异，其中双元协同型的均值（5.15）与效率主导型的均值（4.86）明显高于其他两者。因此，双元协同型和效率主导型商业模式创新对短期财务绩效的作用要明显优于双低对照组与新颖主导型，而双元协同型和效率主导型两者在短期财务绩效上的差异并不显著。

而就长期成长绩效而言，双元协同型商业模式创新对绩效的作用显著区别于双低对照组、效率主导型与新颖主导型商业模式创新（p 分别小于 0.001、0.01、0.001）。进一步分析，效率主导型、新颖主导型与双低对照组在对长期成长绩效的作用上并无显著区别。基于表4.20 可知，不同类型商业模式创新在长期成长绩效的均值上有明显差异，其中双元协同型的均值（5.45）明显高于其他三者。因此，双元协同型商业模式创新对长期成长绩效的作用要明显优于其他三者，效率主导型与新颖主导型之间并无显著差异。

表 4.23　商业模式创新类型多重比较（N＝367）

因变量		（I）商业模式创新类型	（J）商业模式创新类型	均值差值（I-J）	标准误差	Sig.	95% 置信区间	
							下限	上限
短期财务绩效	TukeyHSD	0	1	-0.436*	0.1502	0.020	-0.8238	-0.0484
			2	-0.039	0.16053	0.995	-0.4538	0.3748
			3	-0.726*	0.10916	0.000	-1.0082	-0.4447
		1	0	0.436*	0.1502	0.020	0.0484	0.8238
			2	0.396*	0.18012	0.025	0.0683	0.8615
			3	-0.290	0.13634	0.146	-0.6423	0.0615
		2	0	0.039	0.16053	0.995	-0.3748	0.4538
			1	-0.396*	0.18012	0.025	-0.8615	-0.0683
			3	-0.686*	0.14764	0.000	-1.068	-0.3059
		3	0	0.726*	0.10916	0.000	0.4447	1.0082
			1	0.290	0.13634	0.146	-0.0615	0.6423
			2	0.686*	0.14764	0.000	0.3059	1.068
长期成长绩效	TukeyHSD	0	1	-0.257	0.13779	0.244	-0.6129	0.0984
			2	0.035	0.14727	0.995	-0.3447	0.4155
			3	-0.713*	0.10014	0.000	-0.9722	-0.4553
		1	0	0.257	0.13779	0.244	-0.0984	0.6129
			2	0.292	0.16524	0.289	-0.1338	0.7192
			3	-0.456*	0.12508	0.002	-0.7793	-0.1337
		2	0	-0.035	0.14727	0.995	-0.4155	0.3447
			1	-0.292	0.16524	0.289	-0.7192	0.1338
			3	-0.749*	0.13544	0.000	-1.0988	-0.3996
		3	0	0.713*	0.10014	0.000	0.4553	0.9722
			1	0.456*	0.12508	0.002	0.1337	0.7793
			2	0.749*	0.13544	0.000	0.3996	1.0988

注：*代表 p<0.05。

4.5.4.3　商业模式创新及类型与中小企业绩效的回归分析

通过单因素多元方差分析，本章已经大概得出不同类型商业模式创新与中小企业不同绩效之间的差异。为了进一步验证研究假设，本章拟将商业模式创新以及商业模式创新类型与中小企业绩效做回归分析。但由于商业模式创新类型是分类变量，因此，本章以双低对照组为基准值，赋值为 0，构造效率主导型商业模式创新、新颖主导型商业模式创新、双元协同型商业模式创新三个虚拟变量，同时把企业年龄、规模、所属行业（以"其他行业"为基准值，赋值为 0，以此构造工业、软件和信息技术服务业、建筑业、零售业以及信息传输业 5 个哑变量）统一放入回归模型进行检测，结果如表 4.24 所示。从结果看，模型 1 到模型 8，VIF（方差膨胀因子指数）均小于 10，可以认为变量之间并不存在多重共线性问题。由模型 2、模型 4、模型 7 可知，商业模式创新对中小企业绩效整体有正向影响（$\beta = 0.506$，$p < 0.001$），且对短期财务绩效（$\beta = 0.261$，$p < 0.001$）与长期成长绩效（$\beta = 0.349$，$p < 0.001$）都有正向影响，假设 H1、H1a、H1b 成立。

由模型 5 可知，不同类型的商业模式创新对短期财务绩效有不同的影响，其中双元协同型商业模式创新（$\beta = 0.407$，$p < 0.001$）与效率主导型商业模式创新（$\beta = 0.154$，$p < 0.05$）对中小企业短期财务绩效有正向影响，而新颖主导型商业模式创新（$\beta = 0.018$，$p > 0.05$）对短期财务绩效没有显著影响，这与本章推论一致。

由模型 8 可知，不同类型的商业模式创新对长期成长绩效有不同的影响，其中双元协同型商业模式创新（$\beta = 0.429$，$p < 0.001$）对中小企业长期成长绩效有正向影响，而效率主导型（$\beta = 0.094$，$p > 0.05$）和新颖主导型（$\beta = -0.010$，$p > 0.05$）则对长期成长绩效没有正向影响。

结合单因素方差分析的结果可知，双元协同型商业模式创新有利于短期财务绩效的提升，效果优于新颖主导型和双低对照组，但与效率主导型相比并无差异，因此假设 H1a-1 部分成立。而双元协同型对长期成长绩效的促进作用显著，且优于其他类型，假设 H1b-1 成立。效率主导型商业模式创新有利于短期财务绩效的提升，且优于新颖主导型，假设 H1a-2 成立。但效率主导型和新颖主导型都没有显著正向影响长期成长绩效，因此假设 H1b-2、H1b-3 不成立。

可见，双元协同型商业模式创新对两种企业绩效都有明显的促进作用，且效果基本优于其他类型，而效率主导型则对短期财务绩效作用明显，并优于新颖主导型与双低对照组，但对长期成长绩效没有显著影响，而新颖主导型则对企业绩效没有显著影响。

表 4.24　商业模式创新及类型对中小企业绩效的回归分析（N=367）

变量名称	中小企业绩效		短期财务绩效			长期成长绩效		
	模型 1	模型 2	模型 3	模型 4	模型 5	模型 6	模型 7	模型 8
企业年龄	0.027	0.020	0.022	−0.017	0.007	0.038	−0.014	0.024
企业规模	0.048	0.074	−0.072	−0.096	−0.081	−0.050	−0.082	−0.064
工业	−0.043	−0.063	−0.066	−0.040	−0.014	−0.013	0.023	0.046

续表

变量名称	中小企业绩效		短期财务绩效			长期成长绩效		
	模型 1	模型 2	模型 3	模型 4	模型 5	模型 6	模型 7	模型 8
建筑业	-0.025	-0.039	-0.009	0.025	0.034	-0.080	-0.034	-0.022
零售业	-0.046	0.022	-0.028	0.001	0.008	0.041	0.079	0.091
信息传输业	-0.079	-0.018	0.004	0.023	0.043	0.001	0.027	0.044
软件和信息技术服务业	-0.075	-0.008	-0.053	-0.028	-0.016	-0.066	-0.033	-0.026
商业模式创新	0.506***		0.261***			0.349***		
商业模式创新类型（对照组=0）								
效率主导型			0.154*			0.094		
新颖主导型			0.018			-0.010		
双元协同型			0.407***			0.429***		
模型统计量								
R^2	0.073	0.495	0.010	0.115	0.139	0.015	0.129	0.173
Adj-R^2	0.056	0.481	0.009	0.102	0.115	0.004	0.110	0.150
F	0.957	7.913***	0.483	3.521***	5.743***	0.786	6.645***	7.471***
VIF 最大值	1.351	1.353	1.351	1.362	1.373	1.351	1.362	1.343

注：*代表 $p < 0.05$，***代表 $p < 0.001$。

4.5.4.4 环境动态性的调节作用检验

为了对调节效应展开分析，对各变量进行中心化处理以降低多重共线性问题。首先，检验环境动态性在商业模式创新与企业绩效之间的调节效应，构造自变量（商业模式创新）与调节变量（环境动态性）的乘积项，然后将商业模式创新、环境动态性和两者乘积项作为自变量，分别将中小企业绩效、短期财务绩效和长期成长绩效作为因变量，并且引入控制变量进行回归分析，结果如表 4.25 所示。

模型 9 表明商业模式创新（$\beta = 0.485$，$p < 0.001$）和环境动态性（$\beta = 0.182$，$p < 0.001$）对中小企业绩效有显著的正向影响，模型 10 表明商业模式创新和环境动态性的乘积项（$\beta_{乘积项} = 0.121$，$p < 0.01$）对中小企业绩效有显著的正向影响，因此环境动态性对商业模式创新与中小企业绩效之间关系的正向调节作用显著，假设 H2 成立。

模型 11 表明商业模式创新（$\beta = 0.255$，$p < 0.001$）和环境动态性（$\beta = 0.108$，$p < 0.05$）对短期财务绩效有显著的正向影响，但模型 12 表明商业模式创

新和环境动态性的乘积项（β乘积项 = 0.017，p>0.05）对短期财务绩效没有显著的正向影响，因此环境动态性对商业模式创新与短期财务绩效之间关系的正向调节作用不显著，假设 H2a 不成立。

模型 13 表明商业模式创新（β = 0.326，p<0.001）和环境动态性（β = 0.122，p<0.001）对长期成长绩效有显著的正向影响，模型 14 表明商业模式创新和环境动态性的乘积项（β乘积项 = 0.119，p<0.01）对长期成长绩效有显著的正向影响，因此环境动态性对商业模式创新与长期成长绩效之间关系的正向调节作用显著，假设 H2b 成立。

表 4.25　环境动态性在商业模式创新和绩效之间的调节作用检验（N=367）

变量名称	中小企业绩效			短期财务绩效			长期成长绩效		
	模型 1	模型 9	模型 10	模型 3	模型 11	模型 12	模型 6	模型 13	模型 14
企业年龄	0.027	−0.008	−0.008	0.022	0.013	0.013	0.038	−0.028	−0.028
企业规模	0.048	0.135**	0.135**	−0.072	0.108*	0.109*	−0.050	0.136**	0.137**
工业	−0.043	−0.014	−0.013	−0.066	−0.003	−0.003	−0.013	−0.021	−0.021
建筑业	−0.025	0.013	−0.014	−0.009	−0.021	0.021	−0.080	−0.003	−0.004
零售业	−0.046	−0.074	0.073	−0.028	0.081	0.080	−0.041	−0.053	−0.052
信息传输业	−0.079	−0.042	−0.043	0.004	0.081	0.082	0.001	−0.005	−0.004
软件和信息技术服务业	−0.075	−0.063	−0.064	−0.053	−0.043	0.044	−0.066	0.071	0.072
商业模式创新		0.485***	0.492***		0.255***	0.460***		0.326***	0.419***
环境动态性		0.182***	0.181***		0.108*	0.108*		0.122**	0.203***
乘积项		0.121**			0.017			0.119**	
模型统计量									
R^2	0.073	0.353	0.391	0.010	0.299	0.300	0.015	0.353	0.386
Adj-R^2	0.056	0.348	0.376	0.009	0.284	0.283	0.004	0.339	0.361
F	0.957	19.372***	26.410***	0.483	19.605	17.623	0.786	25.054***	31.526***
VIF 最大值	1.351	1.398	1.398	1.351	1.396	1.436	1.351	1.396	1.398

注：*代表 p<0.05，**代表 p<0.01，***代表 p<0.001。

其次，检验环境动态性在商业模式创新各类型与企业绩效之间的调节效应。由于自变量是分类变量，手动构建自变量与调节变量的乘积项较为麻烦，因此，本章直接采用 Hayes（2015）开发的 Process Model 1 进行验证分析，在控制企业年龄、规模、所属行业的基础上，将因变量、调节变量放入相应位置，将商业模式创新类型这一多分类变量直接放入，勾选自变量属于分类变量的选项，分析结果如表 4.26 所示。模型 15 表明环境动态性仅在效率主导型商业模式创新与短期财务绩效之间有显著的负向调节作用（$\beta_{\text{乘积项}} = -0.500$，$p < 0.01$），假设 H2a-2 成立，H2a-1 不成立。模型 16 表明，环境动态性仅在双元协同型商业模式创新与长期成长绩效之间有显著的正向调节作用（$\beta_{\text{乘积项}} = 0.573$，$p < 0.01$），因此假设 H2b-1 成立，假设 H2b-2 和 H2b-3 不成立。

表 4.26　环境动态性在商业模式创新类型和企业绩效之间的调节作用检验（N=367）

变量名称	短期财务绩效 模型 15	长期成长绩效 模型 16
企业年龄	0.150	−0.148
企业规模	0.361*	0.045*
工业	−0.413	−0.059
建筑业	0.093	0.070
零售业	0.285*	0.198
信息传输业	0.250	−0.023
软件和信息技术服务业	0.112	0.217
商业模式创新类型（对照组=0）		
效率主导型	0.150*	0.071
新颖主导型	0.013	−0.023
双元协同型	0.482***	0.451***
环境动态性	0.560**	0.617***
效率主导型乘积项	−0.500**	0.042
新颖主导型乘积项	−0.034	0.015
双元协同型乘积项	−0.021	0.573**
模型统计量		
R^2	0.641	0.628
Adj-R^2	0.411	0.394
F	17.565***	16.375***

注：*代表 $p < 0.05$，**代表 $p < 0.01$，***代表 $p < 0.001$。

4.5.5　稳健性检验

为进一步验证实证结果的稳健性，本章采用替换变量的方法验证指标、数据的稳健性。本章参照赵红丹和周君（2017）的研究成果，在不改变模型的基础上，将因变量企业绩效按中位数划分为大、小两个水平的虚拟变量，采用逻辑回归再次验证，结果显示，除系数大小发生变化外，其显著性及方向都没有发生改变，表明结果的稳健性。在以往关于双元性的研究中，一般将相关变量视作连续变量，对于效率与新颖兼有的双元协同型商业模式创新采用效率维和新颖维数据相乘或相加的方法进行衡量，强调两者的总体水平。本章采用该方法，将商业模式创新视为连续变量，不再分组，进行回归分析，结果显示，研究的大部分假设的实证结果与原实证结果基本一致，主要假设除了系数不一致，其他皆一致。因此，可以认为本章的实证结果有较好的稳健性。

4.6　研究结果

经过对大样本数据的验证分析，子研究一所提出的全部假设验证结果如表 4.27 所示。

表 4.27　本章研究假设汇总

假设检验结果	结果
H1：商业模式创新对中小企业绩效有正向影响	成立
H1a：商业模式创新对中小企业短期财务绩效有正向影响	成立
H1a-1：双元协同型商业模式创新对中小企业短期财务绩效有正向影响，且效果要优于效率主导型和新颖主导型	部分成立
H1a-2：效率主导型商业模式创新对中小企业短期财务绩效有正向影响，且效果优于新颖主导型	成立
H1b：商业模式创新对中小企业长期成长绩效有正向影响	成立
H1b-1：双元协同型商业模式创新对中小企业长期成长绩效有正向影响，且效果要优于效率主导型和新颖主导型	成立
H1b-2：效率主导型商业模式创新对中小企业长期成长绩效有正向影响，但效果弱于新颖主导型	不成立
H1b-3：新颖主导型商业模式创新对中小企业长期成长绩效有正向影响，且效果优于效率主导型	不成立

续表

假设检验结果	结果
H2：环境动态性正向调节商业模式创新与中小企业绩效之间的关系	成立
H2a：环境动态性正向调节商业模式创新与中小企业短期财务绩效之间的关系	不成立
H2a-1：环境动态性正向调节双元协同型商业模式创新与中小企业短期财务绩效之间的关系	不成立
H2a-2：环境动态性负向调节效率主导型商业模式创新与中小企业短期财务绩效之间的关系	成立
H2b：环境动态性正向调节商业模式创新与中小企业长期成长绩效之间的关系	成立
H2b-1：环境动态性正向调节双元协同型商业模式创新与中小企业长期成长绩效之间的关系	成立
H2b-2：环境动态性负向调节效率主导型商业模式创新与中小企业长期成长绩效之间的关系	不成立
H2b-3：环境动态性正向调节新颖主导型商业模式创新与中小企业长期成长绩效之间的关系	不成立

子研究一通过对商业模式创新类型变量的构造，以单因素多元方差分析与回归分析对假设进行了探索与检验，验证结果与理论预期基本相符，变量与变量间的关系得到了有效的验证。

首先，研究结果表明，本章基于组织双元性理论从效率与新颖双维划分商业模式创新组合类型是合理且可行的，在整体数据样本中，超过50%的中小企业实施了双元协同型商业模式创新，效率主导型和新颖主导型则合计约占样本总量的25%，可见总体样本中有超75%的中小企业实施了一定程度的商业模式创新，侧面印证了商业模式创新对于中小企业发展的重要性。

其次，通过单因素多元方差分析可知，不同类型的商业模式创新对于中小企业绩效的影响是有明显差异的。双元协同型商业模式创新在提升短期财务绩效与长期成长绩效上明显优于其他类型的商业模式创新，尤其优于新颖主导型与双低对照组。因此，相比那些商业模式创新不太好的中小企业或更关注新颖维度创新的中小企业，实施双元协同型商业模式创新的中小企业在各种绩效的提升上有显著优势。而效率主导型商业模式创新在对中小企业的短期财务绩效的提升上要明显区别于双低对照组与新颖主导型，可见，更侧重于效率主导型商业模式创新的中小企业可以促进其短期财务绩效的提升，而在长期成长绩效上则促进作用并不显著。

最后，通过回归分析可知，商业模式创新有利于中小企业绩效的提升，既能够促进其获利性的绩效（短期），也能促进其成长性的绩效（长期）。同时，商业模式创新类型对绩效的提升也有明显差异，其中双元协同型商业模式创新对各种绩效都有显著的正向影响，效率主导型则有利于短期财务绩效，而新颖主导型对绩效都没有显著的影响。这与单因素多元方差分析的结果保持一致。环境动态性对商业模式创新与中小企业绩效之间的关系具有显著的调节作用，但对不同类型的商业模式创新与中小企业绩效之间的关系的调节作用不同，其中，环境动态性负向调节效率主导型商业模式创新与短期财务绩效的关系，正向调节双元协同型商业模式创新与长期成长绩效之间的关系。

5 关系导向下中小企业实现
商业模式创新的内在机理

在子研究一中，本书基于组织双元性理论深入探讨了商业模式创新对中小企业绩效的促进作用以及效率主导型、新颖主导型与双元协同型商业模式创新对中小企业短期财务绩效与长期成长绩效的差异化影响。本章将聚焦于中小企业在中国关系文化的情境下如何实现双元性的商业模式创新，并进一步深入分析资源获取的中介作用，分析与研究其中的作用机理，为子研究二。

5.1 研究假设及模型

5.1.1 关系导向对商业模式创新的影响

研究指出，企业实现组织双元性的路径主要有四种：业务单元的组织结构分离、组织情境的四维设计（Gibson & Birkinshaw，2004）、高管团队的悖论式领导（Smith & Tushman，2005）以及组织间的网络利用（Rothaermel & Alexandxe，2009）。但对于中小企业而言，前三种路径的实现需要大量的资源做支撑，需要较长的周期做培育，需要高端的人才做引领，对于中小企业而言并不适配（陈颖，2014）。因此，Rothaermel 和 Alexandxe（2009）指出，企业社会关系网络的规模与强度是促进中小企业实现组织双元性的重要驱动因素，这是因为组织间网络可以有效解决中小企业实现双元创新的资源约束与机会主义风险问题。因此，从社会资本的角度来看，社会关系网络的深度利用是中小企业实现双元性商业模式创新的重要条件。

差序格局理论指出，追求和谐的社会关系是中国文化的内生性要素，内嵌于社会的价值体系之中，由市场经济培育的观念体系并不能完全逆转社会整体就"关系情理化"所形成的共识，人际关系依然会在资源共享、知识传播、信任构建、机会主义防范等方面发挥积极作用（Zhang et al.，2010；Murray & Fu，

2016）。因此，关系导向作为一种重视外部关系的组织战略，能够最大限度地拓展、优化、利用组织间的关系网络，指导并规范伙伴间的交易行为，可以增进伙伴间的信任，减少机会主义的倾向，促进伙伴在开放的环境下共同发现商机，挖掘价值，促进商业模式的创新。Yen 和 Fan（2014）指出，在受儒家文化影响的转型经济体中，"关系"是企业构建商业模式时需要考虑的重要因素，关系网络的构建与优化可以促进中小企业的商业模式创新。

具体而言，关系导向有助于组织间相互信任，因为人际关系中的"人情"与"面子"可以成为交往中的胶合剂与润滑剂，减少开放式商业模式创新中的摩擦与冲突，降低机会主义与道德风险发生的概率，实现创新的持续与稳定。商业模式创新的风险特征容易导致合作伙伴间机会主义的滋生，各种类型的商业模式创新都具有较高的难度，存在失败的可能性。双元协同型商业模式创新的难度在于需要组织能够有效平衡效率与新颖之间可能存在的冲突，统筹好两种创新类型在资源部署上的同行并轨，而不能陷入双元之间的掣肘与牵制，这需要高超的组织管理艺术以及组织间极大的信任与支持，因为没有伙伴的信任，这种高难度创新的合作基础将变得极不稳固，随时可能因为契约交易的有限性而导致双方陷入博弈的"囚徒困境"，进而使合作破裂。而效率主导型商业模式创新旨在降低交易系统中的信息不对称性，需要交易双方实现真诚且有益的沟通以促进交流。因此，关系导向所产生的信任可以促使双方不再设防，拉近彼此的距离，有利于将市场主体的交易行为转化成一种企业机制，降低交易成本，确保效率主导型商业模式创新的有序与稳固。新颖主导型商业模式创新是一种倾向于探索的创新模式，带有极强的不确定性，可能导致失败。因此，关系导向所产生的信任感可以增进伙伴间的协同性，推进企业间建立共同愿景，提升企业之间相互理解的能力与思想共振水平（Xu，2016）。研究指出，新颖型商业模式创新与其他形式创新的区别主要在于其从构念到转换的过程（Zott & Amit，2010），而这一过程中的难点在于网络间的伙伴对这种新想法的理解与认知，并且防范他人的模仿与抄袭（Sniukas，2015）。因此，组织间需要构建良好的关系来增进彼此的认知，形成相近或相似的"语码系统"，促进商业模式创新的协同效应，提升伙伴对新颖型商业模式创新的理解力。

同时，即使在各种商业模式创新中产生了机会主义行为，人情的介入也会产生一种"非等价"交易，可以通过"欠人情"这种机制消解交易损失方所产生的对抗情绪，为下次合作创新留下空间，即所谓"买卖不成仁义在"。这种机制促进了社会整体的非对称性交往，兑现"人情"的承诺使合作变得稳定与可预期，进而减少了机会主义行为发生的可能性或其对合作创新的危害性。因此，关系导向型企业通过"关系"这一情感与功能同时嵌入的复用纽带确保了伙伴间频发的互惠义务（边燕杰和张磊，2013），促使开放式的商业模式创新得以持续开展，本质上提升了伙伴对商业模式创新的宽容度。

由此可见，关系导向能够有效抑制商业模式创新中的机会主义行为的发生，提升伙伴对风险损失的宽容度，同时还可以促进商业模式创新中的协同效应，增强伙伴对新构念的理解力，继而促进商业模式的创新。基于此，提出以下假设：

H3：关系导向对商业模式创新有正向影响。

H3a：关系导向对双元协同型商业模式创新有正向影响。

H3b：关系导向对效率主导型商业模式创新有正向影响。

H3c：关系导向对新颖主导型商业模式创新有正向影响。

5.1.2　关系导向对资源获取的影响

由 Peng（2003）所提出的制度转轨理论可知，转型经济体中，以"人情"为核心的关系治理机制依旧是主导市场主体有序交易的重要原则。儒家文化涵养下的中国社会依旧遵循"礼达分定""礼尚往来"的价值规范，追求"以和为贵"，实现群体关系的和谐与共融。因此，中小企业应该在组织间构建良好的社会关系，树立关系导向战略，强化对关系网络的重视与利用以构建组织合法性的基础。企业需要以关系导向为支撑来优化非市场机制的资源配置方式以获取更为稀缺的异质性资源，确保企业的生存与发展（曹霞和刘国巍，2015）。

社会资本理论指出，组织间关系不仅是一种战略资源，更是一种帮助企业掌握和获取资源的能力（Gu et al.，2008）。关系导向型企业通过构建良好的社会关系网络以增强获取外部优质资源的能力，并且能够在资源交换和资源组合之间产生衔接效益（Shu et al.，2012）。由于中小企业普遍存在组织合法性不足的问题，因此企业的资源获取依赖于与外部伙伴所构建的稳定关系，组织间基于信任而构建的非正式渠道是实现信息、知识、资本等资源共享的重要方式（Ju et al.，2019）。这是因为在中国特有的文化惯性下，人与人之间的关系格局会呈现差序性，并以此"定亲疏，决嫌疑，别同异，明内外"（庄贵军，2012），进而决定利益与资源的分配、交易与合作的路径，越是处于关系网络的内层，组织间的关系越稳定，组织间的信任越牢固，彼此之间资源交换的意愿越强，方式越简易与顺畅，对外获取资源的难度也越低。

通常而言，中小企业的发展无不受资源稀缺的束缚，大型企业凭借资金优势可以在企业内部逐渐形成独占性较高的资源，但中小企业则不具备这样的条件。如果组织通过内部积累形成核心资源之后再与市场机会相匹配就很可能错失稍纵即逝的商业机遇，因为这种方式的及时性差、不确定性高、所耗成本多、更新速率慢（Wynarczyk，2013），并不适用于中小企业。因此，在关系导向的驱动下，企业基于信任与人情从外部获取稀缺资源更符合中小企业的自身条件，是企业基于自身组织特性的一种适应性策略。可见，关系导向促成组织间共同搭建基于信任、承诺的互惠平台，建立"关系"驱动下的资源配置机制。中小企业需要特别重视组织间社会关系的构建与维护以获取外部资源（Huatao et al.，2016）。

再者，关系导向的强化可以扩大企业所在关系网络的边界和范围（Luo et al.，2012），使资源获取深度和广度得以增加，从而获取更多在正式渠道中难以获取的资源和知识。"关系"呈现动态性，可以转化，可以拓展，关系行为的本质就在于"关系"的储备与扩散。庄贵军（2012）指出，寻找到合适的"关系路径"是中国人将有限关系无限拓展的捷径，通过家人、熟人的间接关系可以迅速构建高水平的关系网络。这种"关系认同"的心智模式构成了"关系行为"的决策基础，特别是在转型社会中，现代诚信制度尚未完全确立，继而弱关系所建立的信息桥在传递信息时包含了太多不可靠的虚假信息，难以成为市场主体拓展网络的主要方式（周建国，2010），强关系依旧是主导关系网络构建活动的基本前提。因此，关系导向型企业可以在动态的关系管理与网络建设中不断拓宽组织关系的辐射范围，进一步增加"人脉"的异质性与多样化，并且确保资源的有效、真实和可靠，从而获取更多、更有益的外部资源。基于此，提出以下假设：

H4：关系导向对资源获取有正向影响。

5.1.3 资源获取对商业模式创新的影响

组织双元性对于中小企业而言之所以较难实现，主要是因为资源的束缚，有效整合外部异质性资源会推动中小企业对悖论的整合。商业模式创新依赖于组织的资源基础，商业模式创新就是企业把资源投入转化为产出的创新过程（Amit & Zott，2016），资源的匮乏会造成企业商业模式创新动力的耗散与衰竭。因此，对于弱而劣势的中小企业而言，外部资源的获取是夯实资源基础、优化资源结构、促进双元性商业模式创新的重要手段（吴群，2012）。企业通过向外获取新的资源，巩固开放创新的基础，并将其运用到新的实践中，为企业的持续创新提供动力。任何创新都需要克服资源束缚，因此高效率的开放式商业模式创新依赖于组织从外部得到、吸收、整合新的资源（Guo et al.，2016），企业应当把价值资源的搜寻、获取和运用作为创新过程的核心。

双元协同型商业模式创新的关键在于获取足够的资源以支撑对现有交易系统的利用及变革，合理地将资源配置于两种创新路径之中，以实现效率与新颖双元互促。因此，当组织从整个商业生态圈中获取到各种经验、技术、信息与知识时，组织可以基于对资源的合理筛选同时从两方面调整原来的交易内容、结构与治理，突破以往的价值惯性。研究指出，实现双元性创新最好的方法就是跳出既有的组织边界向其他市场主体学习，并从外部获取资源来克服价值惯性（Christensen，2013；胡保亮等，2018）。企业需要打破封闭的场景，创造开放的环境，跨越组织边界、产业边界搜寻与获取外部资源，由此设计出在效率与新颖双维之间实现高水平均衡的极具拓展性与前瞻性的交互方式，建立与之适应的维护机制，使利益相关者相互配合，实现双元协同型商业模式创新，共创新的价值。

再者，企业可能从产业内的合作伙伴如供应商、客户以及竞争对手那里获取相应资源或知识，这种互补的增量资源可以改善企业现有资源结构，深化企业对自身不足的洞察力，促进企业对现有商业模式中可能存在的问题进行摸底与排查，找到交易系统当中可能存在的漏洞，纠正交易界面的差错，进而提升合作的效率以利于优化与延伸现有的交易系统。研究指出，市场主体之间相互理解的程度是提升交易效率的关键（Borgatti & Cross，2003），过于差异化的"语言"只会增加搜寻成本（Mar et al.，2016）与沟通成本（Tunisini，2012），不利于合作。因此，增量型的外部资源有利于加深彼此的理解程度，建立长期的交易关系（Schreiner et al.，2009），增加彼此的重复交易，减少重订契约的交易成本，进而在合作中逐渐形成通畅的路径与适配的文化，提升效率，促进效率主导型商业模式创新。

同时，企业也可以通过资源获取掌握跨产业、跨区域的具有强烈异质性的新想法、新技术、新经验，并将之吸收、整合、运用，甚至创造出新的知识，提高创新的新颖程度（Hu，2014），从而破除商业惯例与组织惯性，促进新颖主导型商业模式创新的实现（Teece，2010；Zhao et al.，2014）。外部资源可能作为一种全新的资源颠覆企业内部落后的创新模式，从而使企业更具创新性和开放性。异质性资源一旦被企业吸收、整合、应用，就能为企业管理者探索天马行空却又有迹可循的想法奠定可实现的基础，帮助企业克服价值惯性与组织刚性，促进组织发现新问题、研究新现象、利用新机会，创造新的价值增长点，有利于企业构造出新的交易系统，促进商业模式创新。因此，外部的新资源赋予了企业商业模式创新的土壤。

由此可见，在开放式的环境中，高效率的商业模式创新需要依赖于组织从外部获得各种具有异质性的、有价值的资源（Guo et al.，2016），这些资源能够帮助资源匮乏的中小企业打破组织边界，革新资源体系，促进商业模式创新。基于此，提出以下假设：

H5：资源获取对商业模式创新有正向影响。

H5a：资源获取对双元协同型商业模式创新有正向影响。

H5b：资源获取对效率主导型商业模式创新有正向影响。

H5c：资源获取对新颖主导型商业模式创新有正向影响。

5.1.4 资源获取在关系导向与商业模式创新及类型之间的中介作用

中介变量通常用于揭示自变量作用于因变量的"黑箱"。换言之，中介变量在自变量与因变量之间起到中介路径的作用，可以解释自变量与因变量之间的作用关系。前文中已经分析了关系导向对商业模式创新与资源获取的促进作用，讨论了资源获取对商业模式创新的正向影响，因此，资源获取可能在关系导向与商业模式创新之间存在中介作用，需要进一步分析。

双元性商业模式创新需要整合大量资源，需要稳定的资源基础与合作空间。但对于中小企业而言，合法性不足与资源匮乏正是其面临的主要困境。因此，对于中小企业而言，想要实现商业模式创新首先就要解决资源问题，突破双元协同的资源困境。差序格局理论指出，中国社会常常依循"关系"以分配资源，关系导向能够有效促进本土中小企业获取更多的外部资源。在开放式合作创新的大背景下，企业之间相互连接，关系嵌入不断深化，任何组织都不是独立的个体，或多或少受其他组织的影响（张华等，2019）。这种普遍存在的关系网络为企业之间的资源转移提供了渠道，使中小企业可以较为容易地从外部获取新的资源以支持企业的商业模式创新实践。同时，关系导向可以帮助企业在关系网络中基于共同的语言、符号或价值体系与伙伴进行合作交流，增强彼此之间的信任和协作，树立良好的信誉和声望，从而破除中小企业合法性缺失的问题。制度转轨理论认为，合法性是一种能够帮助企业获取其他资源的关键性资源，外部利益相关者更愿意将优质的资源提供给更符合社会规范和期望的组织。中小企业由于存在"小企业缺陷"的问题，通常通过构建和谐、良好的社会关系以提升合法性，从而促进企业资源的获取。

因此，在差序格局主导的社会网络体系中，关系导向能够有效促进资源获取。当中小企业在关系导向的驱动下不断获得大量的异质性新知识与新信息时，为了实现资源的有效利用，企业会通过商业模式创新以整合这些异质性的资源。当企业获取异质性资源后，一方面可以优化已有资源结构，弥补交易系统当中可能存在的漏洞，有效延伸与拓展现有商业模式交易系统的作用与功能，实现效率主导型商业模式创新，继而减少交易环节中的信息不对称性，排除交易系统中的阻碍，使交易成本得到有效控制，扩大现有产品的市场份额和营销渠道；另一方面，外部资源也可以帮助企业提出新的价值主张，解决企业的"核心刚性"。企业会逐渐革新自身的资源体系，发散组织的思维构念，破除组织惯性，颠覆既有的价值逻辑，将网络中获取的创意与灵感更好地实现商业化（刘娟和彭正银，2014），更有效地发现潜在市场的客户价值，构建新颖的商业模式（Chang，2017）。而当企业有效地平衡好资源在不同创新路径上的分配，实现各维度间总览兼顾的战略安排与资源配置时（Turner et al.，2013），就能够很好地实现双元之间的"相和"状态（周生辉和周轩，2018），实现双元协同型商业模式创新。

由此可见，资源获取已然成为了关系导向与商业模式创新之间的桥梁，即关系导向能够促进中小企业的资源获取，进而帮助企业快速积累发展过程中所需的关键性资源，企业利用这些资源可以迅速实现商业模式的创新以促进长远的发展。资源获取作为一种转化机制，使关系导向与商业模式创新之间的逻辑关系变得稳定且牢固（Ju et al.，2019）。基于此，提出以下假设：

H6：资源获取在关系导向与商业模式创新之间起到中介作用。

H6a：资源获取在关系导向与双元协同型商业模式创新之间起到中介作用。

H6b：资源获取在关系导向与效率主导型商业模式创新之间起到中介作用。

H6c：资源获取在关系导向与新颖主导型商业模式创新之间起到中介作用。

5.1.5 研究模型

本章从中小企业实现组织双元性的机理出发，基于差序格局理论、社会资本理论、资源基础理论以及开放式创新理论，通过对上述变量关系的分析与研究假设的推演，探讨了中国情境下中小企业双元性商业模式创新的实现机理并据此构建研究模型，如图 5.1 所示。

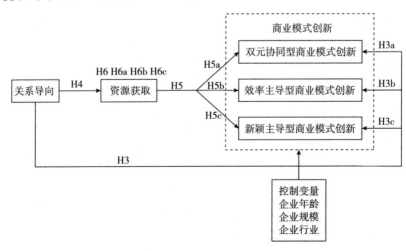

图 5.1 研究模型

5.2 研究设计

通过对关系导向、资源获取、商业模式创新相关研究的梳理，本章分析了以往研究的不足，并立足于相关理论基础，提出了研究假设，构建了研究框架。本节将进一步对研究中的问卷设计、变量测量与数据处理进行分析，确保正式问卷调研的可靠性和有效性。

5.2.1 问卷设计

在上一章中，本书已经就问卷设计的原则、步骤做了详细的介绍，本章按同样的方式对问卷进行设计、编制，兹不赘述。需要说明的是，本章根据专家访谈的意见对关系导向测量题项的表达方式进行了必要的调整，以使其符合研究规范与本书的整体论述风格。本章的问卷量表主要包括三部分：第一部分是卷首语，大致介绍研究的调查目的与内容，说明问卷的填写方式，阐释问卷调查的匿名性和保密性；第二部分包括企业的年限、行业、人数、营业收入、资产规模、性质、被调查者在企业任职情况等基本信息；第三部分是各变量的具体量表，主要考察调查对象对关系导向、资源获取、商业模式创新、中小企业绩效、环境动态性等具体测量题项的真实想法。问卷采用 7 分制的李克特量表，其中 1 代表非常不同意，4 代表一般同意（中立态度），7 代表非常同意，其他以此类推。

5.2.2 变量测量

5.2.2.1 关系导向的测量

关系导向的测量一直以来存在争议，这主要是由于学者对"关系"的定义存在视角上的差异。在管理学领域中，坚持制度论的学者认为"关系"是社会发展的阶段性产物，是制度在不断构建与完善过程中的一种功能性的补充，随着制度的完备会逐渐丧失其具有的功能。因此，制度学派主要从"关系"的作用与功能视角来进行测量，如 Xin 和 Pearce（1996）通过"送礼有助于关系建立""关系可以防御竞争对手的威胁"等题项来进行测量。但随着社会网络理论的兴起，另外一些学者则主要从"关系"的结构视角来进行测量，通常将"关系"分类为商业关系与政府关系（Peng & Luo，2003），并以此作为研究测量的基础。

然而，无论是从制度的角度还是从社会网络的角度来解构"关系"，对"关系"的理解往往仅止于现象层面，是"立于世界看中国"，而非"立于中国看中国"，研究并未涉及文化、心理、价值观念等更深层次的因素，多采用普遍主义的立场，直接用西方理论套用中国经验。基于此，不少学者从商业伦理（business ethics）方面着手，深入探索关系导向的测量，在前人的基础上开发了基于文化视角的关系导向测量量表。Su 等（2003）用 9 个题项来测量关系导向，强调内部圈子的重要性，从互惠、信任与合作等方面进行了研究。庄贵军等（2007）通过朋友义气、互惠性的关系网以及关系的功能三个方面共 21 个题项测量了关系导向，他们的测量题项具有较突出的特点，如测量关系网用到"一个篱笆三个桩，一个好汉三个帮""生意场上朋友要相互照应"等题项，测量朋友义气用到"朋友义气是增进有用关系的一种重要方式""商业往来中要给朋友面子"等题项。Su 等（2009）进一步通过互惠、和谐、义务等方面共 6 个题项测量了关系导向。Zhou 等（2020）在借鉴 Su 等（2009）测量量表的基础上也对关系导向进行了测量，信度和效度俱佳。因此，本章借鉴 Su 等（2003）、Su 等（2009）以及 Zhou 等（2020）的测量量表，用 9 个题项对关系导向进行测量，同时按照专家提出的意见，对部分测量题项在表述上进行了调整，以保证论述风格的统一，具体题项如表 5.1 所示。

表 5.1　关系导向的测量

变量	题号	题项	来源
关系导向	RO1	我们致力于构建良好的关系网络	Su 等（2003）；Su 等（2009）；Zhou 等（2020）
	RO2	我们积极地维持与他人的关系，以备不时之需	
	RO3	我们与伙伴的关系紧密且稳固	
	RO4	我们相信进入内部"圈子"能够得到实惠	
	RO5	在商业往来中，我们倡导"知恩图报"的价值观念	
	RO6	在商业往来中，我们认可彼此间的"礼尚往来"	
	RO7	在商业往来中，我们相信我们的合作伙伴	
	RO8	在商业往来中，我们常与伙伴合作解决问题	
	RO9	我们相信发展适当的社会关系有利于企业的良好运作	

5.2.2.2　资源获取的测量

本章以资源获取为中介变量。资源获取是资源稀缺、知识匮乏的中小企业实现创新、获取绩效的有效途径。有关资源获取的测量，不同的学者基于不同的研究情况与研究目的所使用的量表有所不同。Wiklund 和 Shepherd（2003）指出，企业能够从外部获取技术知识、市场信息、管理经验和政策信息等知识型资源。

也有学者指出，企业还能够通过多种渠道获取资金、订单、专利、设备材料等所需的资产型资源（Wilson & Appiah-Kubi，2002）。朱秀梅等（2010）探讨分析了资源获取的渠道、充分性和低成本性，并以此为依据对资源获取进行了测量。进一步地，朱秀梅和李明芳（2011）根据资源的特征，将资源划分为知识资源和资产资源两类，并由此开发了资源获取的量表。Niu 等（2013）通过研究企业资源与市场进入优势之间的关系，强调从技术资源、营销资源以及市场情报三方面来考察资源获取。王益锋等（2016）基于信息、知识和资金三个角度测量了资源获取，信效度都非常显著。基于此，本章主要借鉴了以往研究，根据资源获取类型与方式以及匹配性采用 8 个题项（RA1~RA8）对资源获取进行测量，具体题项如表 5.2 所示。

表 5.2　资源获取的测量

变量	题号	题项	来源
资源获取	RA1	我们公司可以获取所需要的各种重要资源	Wiklund 和 Shepherd（2003）；Niu 等（2013）；朱秀梅等（2010）；朱秀梅和李明芳（2011）
	RA2	我们公司可以从外部获取各种知识型资源（技术知识、市场信息、管理经验和政策信息等）	
	RA3	我们公司可以从外部获取各种资产型资源（资金、订单、人力、专利等）	
	RA4	我们公司可以多渠道地获取这些重要资源	
	RA5	我们公司可以通过特有的途径获取这些重要资源	
	RA6	我们公司可以及时地获取这些重要资源	
	RA7	我们公司可以低成本地获取这些重要资源	
	RA8	我们公司所获取的资源与企业的发展需求相匹配	

5.2.2.3　商业模式创新的测量与中小企业绩效的测量

在 4.4.2.1 小节中，本书已经探讨了商业模式创新的测量，本章对其的测量与第 4 章保持一致，兹不赘述。

5.2.2.4　控制变量的测量

本章仍以企业规模、企业年限、企业所属行业为控制变量，具体做法与第 4 章有关控制变量的测量方法一样。需要指出的是，在本章的数据样本中，排名前五的行业包括工业、软件和信息技术服务业、建筑业、信息传输业和零售业。行业哑变量的设置与第 4 章相同，不再赘述。

5.2.3　数据处理方法

本章在实证研究中采用了多种统计分析法进行分析，包括描述性统计分析、信度检验、探索性因子分析、验证性因子分析、方差分析、回归分析、中介效应检验的逐步法和 Bootstrap 分析，其中，描述性统计分析、信度检验、探索性因子分析、验证性因子分析、方差分析和回归分析已经在前一章有所介绍，此处专门介绍中介效应检验的逐步法和 Bootstrap 分析法。

在对中介效应的检验方法中，之前常用的是 Baron 和 Kenny（1986）提出的逐步法（Causal Steps Approach）。这种方法首先检查自变量与因变量之间的关系。如果自变量对因变量呈显著关系，则进一步检验自变量与中介变量、中介变量与因变量之间的关系。如果仍存在显著关系，则进一步让自变量与中介变量共同对因变量进行回归。如果此时得到的自变量的系数不再显著，则判定为完全中介，反之，则认为是部分中介。

然而，随着检验方法的不断更新与发展，越来越多的研究者指出，Bootstrap 中介检验方法是更加有效的方法，是对逐步法的有益补充，可以弥补逐步法的不足之处（温忠麟和叶宝娟，2014）。由于本章不仅涉及简单的中介模型，还涉及复杂的中介模型，用逐步法检验会有局限性，因此，本章还将采用 Bootstrap 方法对中介效应进行检验（Preacher & Hayes，2004；Hayes，2015）。这种方法是在总体样本中进行重复抽样（5000 次）来开展分析，其指标值包括系数、标准误和 Bootstrap（95% 置信区间）的 C.I 值，如果置信区间的最大值与最小值之间不包括 0，则说明被验证的效应显著。

5.3　实证研究

5.3.1　问卷统计与样本描述

5.3.1.1　问卷发放与回收

本章严格按工业和信息化部 2011 年颁布的《中小企业划型标准规定》，历时 5 个多月对我国四川、重庆、贵州、云南、山西、湖南、浙江、广东等地的中小企业的高层管理人员或核心团队成员进行了问卷调查。问卷发放细节与填写要求与第 4 章相同，不再赘述。本章问卷发放途径与第 4 章基本相同，仅多出"企业家论坛现场发放"途径。因此，本章通过 6 个渠道，共发放 598 份问卷，回收

469 份，回收率为 78.42%。然后，根据问卷作答情况进行评估，删除不完整或不规范的问卷，最终得到有效问卷 423 份，有效回收率为 70.74%。问卷发放与回收的具体情况如表 5.3 所示。

表 5.3　问卷发放与回收情况

问卷发放渠道	发放数量（份）	回收数量（份）	回收率（%）	有效数量（份）	有效回收率（%）
行业商会	149	110	73.82	96	64.43
EDP 中心、校友会现场发放	93	68	73.11	62	66.67
企业现场发放	75	75	100	67	89.33
企业家论坛现场发放	55	40	72.72	38	69.09
委托朋友、同学发放	145	103	71.03	94	64.83
委托政府机构发放	81	73	90.12	66	81.48
合计	598	469	78.42	423	70.74

由于本章采用多种渠道收集数据，因此对各渠道回收数据的一致性进行分析，结果表明，各变量的 Z 统计量绝对值皆小于 1.96，即数据来源差异性不显著。同时，数据肯德尔系数显著性低于 0.05，系数值为 0.77，说明所有数据的一致性较好，可以合并数据进行分析。

5.3.1.2　描述性统计分析

本章从企业年龄、所属行业、员工人数、企业销售额、企业资产总额、企业性质和填表人员任职情况这几个方面对样本企业的基本情况进行描述。

第一，企业年龄。中小企业成立经营的时间长短对中小企业的生存和发展都有重要影响。本章对受访企业的成立年限进行调查以了解企业年龄情况，具体时间分布情况如表 5.4 所示。从结果来看，处在 3 年以下的中小企业占比很少，3~10 年的占比为 41% 左右，11~15 年占比 30% 左右，部分说明了中小企业的生存时间在延长，侧面证明了国家对中小企业的重视与扶持。

表 5.4　企业年龄分布情况

企业年龄	频数（家）	百分比（%）	累计百分比（%）
3 年以下	4	0.9	0.9
3~5 年	38	9.0	9.9
6~10 年	135	31.9	41.8

企业年龄	频数（家）	百分比（%）	累计百分比（%）
11~15 年	128	30.3	72.1
16 年及以上	118	27.9	100.0
合计	423	100.0	100.0

第二，所属行业。本章以《中小企业划型标准规定》中的行业划分为基准进行调查，具体情况如表 5.5 所示。从调查结果来看，工业与软件和信息技术服务业占比较高，分别占 25.8%、20.1%，住宿、物业管理、仓储、邮政和房地产开发经营占比较低，都不超过 2%，建筑、零售和餐饮占比相对较高，其中建筑业约占 10%，可见制造业、服务业以及与技术相关的行业占比较高，基本符合我国中小企业的行业分布情况。

表 5.5　企业行业分布情况

行业	频数（家）	百分比（%）	累计百分比（%）
农林牧渔业	13	3.1	3.1
工业	109	25.8	28.8
建筑业	43	10.2	39.0
批发业	13	3.1	42.1
零售业	23	5.4	47.5
交通运输业	20	4.7	52.2
仓储业	5	1.2	53.4
邮政业	1	0.2	53.7
住宿业	5	1.2	54.8
餐饮业	27	6.4	61.2
信息传输业	29	6.9	68.1
软件和信息技术服务业	85	20.1	88.2
房地产开发经营	5	1.2	89.4
物业管理	7	1.7	91.0
租赁和商业服务业	11	2.6	93.6
其他行业	27	6.4	100.0
合计	423	100.0	100.0

第三，员工人数。员工人数是衡量中小企业的标准之一，根据调查结果（见表5.6），中小企业的员工人数分布相对集中，约有一半企业集中在300人以下，其中，200人以下占总体的26.7%，200~300人（不包括300人）占总体的24.1%，2000人及以上仅占8.7%，这符合中小企业规模不大的基本特征。

表5.6 企业员工人数分布情况

企业人数	频数（家）	百分比（%）	累计百分比（%）
1~199人	113	26.7	26.7
200~299人	102	24.1	50.8
300~999人	129	30.5	81.3
1000~1999人	42	9.9	91.3
2000人及以上	37	8.7	100.0
合计	423	100.0	100.0

第四，企业销售额。销售额是衡量中小企业的重要指标，对企业的存续、发展、创新有重要影响。本章对受访对象的销售额进行了调查，具体结果如表5.7所示。从调查结果来看，接近60%的企业营收在30000万元以下，其中10000万元以下的企业占总体的33.3%，10000万~20000万元占总体的14.7%，此两项累计接近总体的50%。

表5.7 企业销售额分布情况

企业销售额	频数（家）	百分比（%）	累计百分比（%）
5000万元以下	73	17.3	17.3
5000万~10000万元	68	16.1	33.3
10000万~20000万元	62	14.7	48.0
20000万~30000万元	42	9.9	57.9
30000万~40000万元	37	8.7	66.7
40000万~80000万元	48	11.3	78.0
80000万~100000万元	21	5.0	83.0
100000万~200000万元	20	4.7	87.7
200000万元以上	52	12.3	100.0
合计	423	100.0	100.0

第五，企业资产总额。本章对企业的资产总额进行了调查，具体情况见表5.8。从结果来看，资产规模10000万元以下的企业占26.2%，10000万~80000万元的约占36%，是占比最高的。整体而言，各资产规模段占比相对平均。

表5.8　企业资产总额分布情况

企业资产总额	频数（家）	百分比（%）	累计百分比（%）
10000万元以下	111	26.2	26.2
10000万~80000万元	152	35.9	62.2
80000万~120000万元	71	16.8	79.0
120000万元以上	89	21.0	100.0
合计	423	100.0	100.0

第六，企业性质。本章对企业的性质进行了调查，具体情况如表5.9所示。从结果来看，民营企业占比68.1%，符合我国民营企业占多数的基本情况，同时也符合中小企业中民营企业占多数的基本事实。国有企业和外商投资企业在本次调查中共占比31.7%，其中，国有企业占比18.4%，外商投资企业占比13.3%。

表5.9　企业性质分布情况

企业性质	频数（家）	百分比（%）	累计百分比（%）
国有企业	78	18.4	18.4
外商投资企业	56	13.3	31.7
民营企业	288	68.1	99.8
其他	1	0.2	100.0
合计	423	100.0	100.0

第七，填表人员任职情况。本章受访对象主要是中小企业的中高层，从调查结果来看（见表5.10），部门总经理级别占比最高，占73%，总经理/副总经理级别占比9.5%，董事长/副董事长级别占8%，这基本兼顾了数据的可获得性和研究的有效性。

表5.10　填表人员任职情况

职位	频数（人）	百分比（%）	累计百分比（%）
董事长/副董事长	34	8.0	8.0

续表

职位	频数（人）	百分比（%）	累计百分比（%）
总经理/副总经理	40	9.5	17.5
部门总经理	309	73.0	90.5
其他核心员工	40	9.5	100.0
合计	423	100.0	100.0

5.3.1.3 数据正态性检验

侯杰泰等（2004）指出，样本数据呈正态分布是统计分析的前提条件。本章用偏度系数和峰度系数检验数据正态分布情况。一般而言，所测变量的每一题项的偏度绝对值小于 3，峰度绝对值小于 10，就可以认为数据基本呈正态分布。基于此，本章对样本数据进行检验，包括对样本数据的偏度和峰度进行分析，如表 5.11 所示，所有测量题项的偏度绝对值均远小于 3，峰度的绝对值均远小于10，因此可以认为样本数据符合正态分布，适合进一步分析。

表 5.11　样本数据正态分布检验

题号	偏度	标准误	峰度	标准误
RO1	-0.613	0.119	0.815	0.237
RO2	-0.722	0.119	0.534	0.237
RO3	-0.756	0.119	1.202	0.237
RO4	-0.646	0.119	0.561	0.237
RO5	-0.769	0.119	1.242	0.237
RO6	-0.773	0.119	1.045	0.237
RO7	-0.525	0.119	-0.122	0.237
RO8	-0.761	0.119	0.827	0.237
RO9	-0.764	0.119	0.309	0.237
RA1	-0.478	0.119	0.309	0.237
RA2	-0.811	0.119	1.123	0.237
RA3	-0.751	0.119	0.83	0.237
RA4	-0.753	0.119	1.029	0.237
RA5	-0.601	0.119	0.499	0.237
RA6	-0.593	0.119	0.354	0.237

题号	偏度	标准误	峰度	标准误
RA7	−0.209	0.119	−0.402	0.237
RA8	−0.684	0.119	1.012	0.237
EB1	−0.776	0.119	0.627	0.237
EB2	−0.71	0.119	1.317	0.237
EB3	−0.941	0.119	1.006	0.237
EB4	−0.843	0.119	1.357	0.237
EB5	−0.917	0.119	1.579	0.237
EB6	−0.963	0.119	1.104	0.237
EB7	−0.749	0.119	0.651	0.237
EB8	−1.069	0.119	1.47	0.237
NB1	−0.463	0.119	0.228	0.237
NB2	−0.394	0.119	−0.119	0.237
NB3	−0.511	0.119	0.288	0.237
NB4	−0.926	0.119	1.391	0.237
NB5	−0.705	0.119	1.006	0.237
NB6	−0.674	0.119	0.62	0.237
NB7	−0.737	0.119	1.051	0.237
NB8	−0.426	0.119	−0.021	0.237
NB9	−0.592	0.119	0.421	0.237

5.3.2 信度与效度检验

5.3.2.1 信度分析

本书在第 4 章已详细介绍了信度的测量方法，本章仍旧采用相同的方法对数据的信度进行检测，以 Cronbach's α 系数大于 0.7，CITC 系数大于 0.5 来测试信度。

第一，关系导向的信度检验结果。本章基于前述信度检验方法和原则对关系导向的信度进行了检验，结果如表 5.12 所示，关系导向量表的系数为 0.724，大于 0.7，删除题项后的 Cronbach's α 值均小于 0.724，删除任一题项并没有显著提高量表的 Cronbach's α 系数，但 RO4 的 CITC 值小于 0.5，将题项 RO4 删除。

表 5.12　关系导向的信度检验结果（N=423）

变量	题号	题项	CITC	删除该题项后的 Cronbach's α 值	Cronbach's α
关系导向	RO1	我们致力于构建良好的关系网络	0.518	0.692	0.724
	RO2	我们积极地维持与他人的关系，以备不时之需	0.514	0.691	
	RO3	我们与伙伴的关系紧密且稳固	0.510	0.691	
	RO4	我们相信进入内部"圈子"能够得到实惠	0.266	0.720	
	RO5	在商业往来中，我们倡导"知恩图报"的价值观念	0.522	0.689	
	RO6	在商业往来中，我们认可彼此间的"礼尚往来"	0.525	0.688	
	RO7	在商业往来中，我们相信我们的合作伙伴	0.523	0.688	
	RO8	在商业往来中，我们常与伙伴合作解决问题	0.574	0.698	
	RO9	我们相信发展适当的社会关系有利于企业的良好运作	0.513	0.691	

第二，资源获取的信度检验结果。资源获取信度检验的结果显示，Cronbach's α 系数为 0.813（见表 5.13），大于 0.7，删除题项后的 Cronbach's α 值均小于 0.813，删除任一题项并没有显著提高量表的 Cronbach's α 系数，但 RA5 的 CITC 值小于 0.5，将题项 RA5 删除。

表 5.13　资源获取的信度检验结果（N=423）

变量	题号	题项	CITC	删除该题项后的 Cronbach's α 值	Cronbach's α
资源获取	RA1	我们公司可以获取所需的各种重要资源	0.540	0.788	0.813
	RA2	我们公司可以从外部获取各种知识型资源（技术知识、市场信息、管理经验和政策信息等）	0.514	0.792	
	RA3	我们公司可以从外部获取各种资产型资源（资金、订单、人力、专利等）	0.525	0.790	
	RA4	我们公司可以多渠道地获取这些重要资源	0.560	0.785	
	RA5	我们公司可以通过特有的途径获取这些重要资源	0.488	0.795	
	RA6	我们公司可以及时地获取这些重要资源	0.584	0.781	
	RA7	我们公司可以低成本地获取这些重要资源	0.525	0.792	
	RA8	我们公司所获取的资源与企业的发展需求相匹配	0.589	0.795	

第三，商业模式创新的信度检验结果。商业模式创新分为效率与新颖两个测量

维度。信度检验结果如表 5.14 所示，商业模式创新效率维量表的 Cronbach's α 系数为 0.799，大于 0.7，删除题项后的 Cronbach's α 值均小于 0.799，删除任一题项并没有显著提高量表的 Cronbach's α 系数，EB4 的 CITC 值小于 0.5，将题项 EB4 删除。商业模式创新新颖维量表的 Cronbach's α 系数为 0.807，大于 0.7，删除题项后的 Cronbach's α 值均小于 0.807，删除任一题项并没有显著提高量表的 Cronbach's α 系数，NB9 的 CITC 值小于 0.5，将题项 NB9 删除。

表 5.14　商业模式创新的信度检验结果（N=423）

变量	题号	题项	CITC	删除该题项后的 Cronbach's α 值	Cronbach's α
商业模式创新效率维	EB1	我们积极地降低与合作伙伴的沟通成本	0.527	0.778	0.799
	EB2	我们积极地降低信息的不对称性，促使交易透明	0.591	0.759	
	EB3	我们积极地简化与合作伙伴的合作流程	0.527	0.779	
	EB4	我们积极地监测合作伙伴的满意度，以改进服务	0.364	0.785	
	EB5	我们经常巩固和扩大现有市场的营销渠道	0.604	0.754	
	EB6	我们积极地改良现有的产品或服务	0.532	0.734	
	EB7	我们积极地采取措施降低产品或服务的价格	0.547	0.752	
	EB8	如何降低产品或服务的成本是我们关注的问题	0.598	0.769	
商业模式创新新颖维	NB1	我们时常引入全新的合作伙伴	0.513	0.795	0.807
	NB2	我们时常用新颖的方式来激励合作伙伴	0.636	0.771	
	NB3	我们以打破常规的方式开辟出市场	0.507	0.789	
	NB4	我们积极地拓展区别于竞争者的新渠道	0.537	0.784	
	NB5	我们寻找到创意以开发新的资源和能力	0.579	0.752	
	NB6	我们为顾客提供了全新的产品、信息或服务	0.588	0.761	
	NB7	我们为顾客创造的产品或服务具有独特新颖的价值	0.568	0.743	
	NB8	与同行相比，我们的盈利模式具有创新性	0.615	0.773	
	NB9	如何提升产品或服务的差异化是我们关注的问题	0.359	0.806	

5.3.2.2　效度分析

本章在对样本数据进行效度分析时，拟从内容效度、建构效度、聚合效度以及区分效度四方面予以考察。

首先，在内容效度方面，本章所采用的量表充分借鉴了以往国内外的成熟量表，并且经过相关访谈等几个步骤对量表予以必要修正，形成最终的正式问卷，确保了量表的准确与完整。因此，本章量表的内容效度较好。

其次，本章对所有题项进行了因子分析，结果如表 5.15 所示，所有题项的 KMO 值都高于 0.7，Bartlett 球形检验显著性概率为 0.000，且各量表皆提取了相应的公因子，累计方差贡献率最低为 59.40%，最高为 66.57%，都超过 50%，可见所提取公因子的解释力度较强，初步判定本章量表具有较好的效度。

表 5.15　因子分析结果

变量维度	KMO	Bartlett 球体检验	累计方差贡献率（%）
关系导向	0.805	0.000	59.40
资源获取	0.844	0.000	66.57
商业模式创新效率维 商业模式创新新颖维	0.869	0.000	60.93

再次，本章运用 AMOS 软件对大样本数据进行验证性因子分析以考察其效度，具体从两个指标考察：一是模型的拟合程度，二是潜变量的路径系数。结果如表 5.16 所示。从拟合结果看，模型的拟合指标皆在可接受范围内。χ^2/df 值都小于 3，RMSEA 都小于 0.08，TLI、NFI、IFI、CFI、RFI 都在 0.9 左右，由此可以推断模型拟合效果比较理想。同时，各路径系数均在 p<0.001 水平上显著，各题项因子载荷除 RO1 外均大于 0.5，AVE 均大于 0.5，CR 均大于 0.7，基于以上分析，可判定研究具有较好的建构效度和聚合效度。

表 5.16　验证性因子分析结果

变量	维度	题项	Estimate	AVE	CR	拟合指标
		RO1	0.491			
		RO2	0.632			
		RO3	0.767			$\chi^2/df=2.776$,
		RO5	0.776			RMSEA=0.065,
关系导向		RO6	0.816	0.551	0.905	TLI=0.888，NFI=0.967,
		RO7	0.812			IFI=0.921，CFI=0.920,
		RO8	0.917			RFI=0.941
		RO9	0.645			

续表

变量	维度	题项	Estimate	AVE	CR	拟合指标
资源获取		RA1	0.715	0.521	0.884	$\chi^2/\mathrm{df}=2.431$，RMSEA=0.058，TLI=0.955，NFI=0.979，IFI=0.970，CFI=0.970，RFI=0.957
		RA2	0.703			
		RA3	0.767			
		RA4	0.718			
		RA6	0.696			
		RA7	0.728			
		RA8	0.727			
商业模式创新	商业模式创新效率维	EB1	0.927	0.754	0.943	$\chi^2/\mathrm{df}=2.771$，RMSEA=0.058，TLI=0.859，NFI=0.926，IFI=0.902，CFI=0.880，RFI=0.900
		EB2	0.829			
		EB3	0.846			
		EB5	0.897			
		EB6	0.878			
		EB7	0.849			
		EB8	0.851			
	商业模式创新新颖维	NB1	0.751	0.629	0.931	
		NB2	0.683			
		NB3	0.965			
		NB4	0.821			
		NB5	0.778			
		NB6	0.782			
		NB7	0.786			
		NB8	0.754			

最后，通过检验变量 AVE 值的平方根是否大于其自身与其他变量之间的相关系数来检验其区分效度，若前者大于后者，则判定其具备良好的区分效度，结果如表 5.17 所示。从结果可见，对角线上的数字为 AVE 的平方根，分别为 0.742、0.721、0.868、0.793，各变量 AVE 的平方根均大于其相关系数，因此判定本章数据具备良好的区分效度。同时，各变量之间的相关系数均显著，表明各变量之间存在相关关系，接下来可以通过回归分析做进一步检验。

表 5.17 变量的相关性分析

	关系导向	资源获取	商业模式 创新效率维	商业模式 创新新颖维
关系导向	0.742			
资源获取	0.512**	0.721		
商业模式创新效率维	0.644**	0.484**	0.868	
商业模式创新新颖维	0.509**	0.666**	0.564**	0.793

注：**代表 p< 0.01。

5.3.3 共同方法偏差检验

本章在问卷设计和测量时已采取相应措施规避共同方法偏差，如匿名填写问卷、减少受试者动机猜忌、增加测量题项的精准性、减少模糊性等，因此从源头上就对共同方法偏差进行了必要的控制。

就统计控制而言，本章按照 Podsakoff 等（2003）的建议，采用 Harman's 单因素检验法对共同方法偏差进行检验，即对本章所有测量题项进行探索性因子分析。根据所获取的未旋转因子分析结果，本章共提取了 4 个特征值大于 1 的因子，累计解释总方差的 61.54%，4 个因子中特征值最大的因子的方差解释率为 22.78%，未超 50% 的临界值，说明不存在某个解释大部分方差的因子。因此，本章不存在严重的共同方法偏差问题。

5.3.4 假设检验

5.3.4.1 资源获取在关系导向与商业模式创新之间的中介作用

分析关系导向与商业模式创新的关系，需要分别把关系导向作为自变量，把商业模式创新作为因变量，把企业年龄、规模、所属行业（以"其他行业"为基准值，赋值为 0，以此构造工业、软件和信息技术服务业、建筑业、信息传输业以及餐饮业 5 个哑变量）作为控制变量，统一放入回归模型进行检测。同时通过逐步法分析资源获取的中介作用，将关系导向作为自变量，资源获取作为因变量，同时放入控制变量，放入回归模型进行检测；再将资源获取作为自变量，商业模式创新作为因变量，同时放入控制变量，放入回归模型进行检测；最后，将关系导向、资源获取作为自变量，商业模式创新作为因变量，同时放入控制变量，建立回归模型进行检测。

从结果来看（见表 5.18），模型 1 到模型 6 的 VIF（方差膨胀因子指数）值均小于 10，可以认为变量之间并不存在多重共线性问题。其中，模型 2 检验了关系导向对资源获取的正向促进作用（β = 0.663，p<0.001），模型 4 检验了关系导向对商业模式创新的显著促进作用（β = 0.639，p<0.001），模型 5 表明资源获取能够显著促进商业模式创新（β = 0.656，p<0.001）。在中介效应的检验中，在模型中同时把关系导向和资源获取作为自变量时，R^2 从模型 4 的 0.429 增大到了模型 6 的 0.569，表明在加入资源获取变量后，模型对商业模式创新的解释能力更强。同时，关系导向的回归系数从模型 4 的 0.639 降至模型 6 中的 0.417 且显著（p<0.001），资源获取的回归系数为 0.445 且显著（p<0.001），说明资源获取在关系导向和商业模式创新两者之间起到中介作用，因此，假设 H3、H4、H5 以及 H6 均成立。

表 5.18　资源获取在关系导向与商业模式创新之间的中介作用（N=423）

变量名称	资源获取		商业模式创新			
	模型 1	模型 2	模型 3	模型 4	模型 5	模型 6
企业年龄	−0.072	−0.050	−0.111*	−0.073	−0.047	−0.043
企业规模	0.055***	0.050***	0.072	0.047	−0.059	−0.033
工业	0.128	0.019	0.106	0.023	0.056	0.018
软件和信息技术服务业	0.258*	0.072	0.159**	0.029	0.067	0.012
建筑业	0.186	0.112	0.067	0.028	0.017	0.008
信息传输业	0.130	0.073	0.083	0.058	0.054	0.047
餐饮业	0.204	0.059	0.034	−0.028	−0.011	−0.036
关系导向		0.663***		0.639***		0.417***
资源获取					0.656***	0.445***
模型统计量						
R^2	0.053	0.293	0.037	0.429	0.445	0.569
Adj-R^2	0.037	0.279	0.021	0.418	0.434	0.560
F	3.319**	21.405***	2.280*	38.910***	41.471***	60.681***
VIF 最大值	1.379	1.397	1.379	1..397	1.386	1.414

注：*代表 p< 0.05，**代表 p< 0.01，***代表 p< 0.001。

在通过以上逐步法对资源获取的中介作用进行分析后，本章进一步采用 Bootstrap 方法来检验资源获取的中介效应。在控制企业年龄、规模、所属行业的基础上，采用 Hayes（2015）开发的 Process Model 4 进行验证分析，重复取样

5000 次，计算 95% 置信区间，分析结果如表 5.19 所示。关系导向对商业模式创新的直接效应的 Bootstrap 95% 置信区间的上下限（［0.3558，0.5196］）与资源获取的中介效应的 Bootstrap 95% 置信区间的上下限（［0.1775，0.3032］）均不包含 0，表明直接效应显著，中介效应同样显著。同时，中介效应值为 0.2380，占总效应的 35.12%。

表 5.19　资源获取在关系导向和商业模式创新之间的中介作用占比分析（N=423）

	Effect	BootSE	BootLLCI	BootULCI	效用占比（%）
X 对 Y 的总效应	0.6775	0.040	0.5930	0.7510	
X 对 Y 的直接效应	0.4395	0.0416	0.3558	0.5196	64.88
X 对 Y 的间接效应	0.2380	0.0328	0.1775	0.3032	35.12

5.3.4.2　关系导向对商业模式创新各类型的促进作用

前面的实证研究仅检验了关系导向、资源获取与商业模式创新之间的整体关系，尚未验证作为多分类变量的商业模式创新类型所涉及的相关假设，因此，本章接下来检验关系导向对不同商业模式创新类型促进作用的假设。

本章首先按照第 4 章的方法构建商业模式创新类型这一多分类变量，按相同的办法对样本进行分组归类。由描述性统计分析可知（见表 5.20），本章对商业模式创新的类型划分合理有效，其中双元协同型商业模式创新样本较多，为 181 个样本，占样本总量的 42.79%，而效率主导型商业模式创新有 64 个样本，新颖主导型商业模式创新有 60 个样本，分别占 15.13% 和 14.18%，总体来看，样本中实施了商业模式创新的企业占 72.10%。双低对照组代表低创新区域，有 118 个样本，表明样本中不少中小企业在商业模式创新上较之其他组显得较为保守，将对照组纳入研究可以有效对比其他三类商业模式创新与企业绩效之间关系的差异。总之，本章数据样本的分布较为均匀。

表 5.20　描述性统计分析（N=423）

商业模式创新类型	数量（个）	百分比（%）
"1-1"="0"=低创新区域对照组	118	27.90
"2-1"="1"=效率主导型	64	15.13
"1-2"="2"=新颖主导型	60	14.18
"2-2"="3"=双元协同型	181	42.79
总计	423	100.00

其次，以此为基础进一步展开分析。研究指出，当自变量为连续变量，而因变量为类别变量时，传统的线性回归分析无法进行验证，应当使用 Logistic 回归进行验证（刘红云等，2013；温忠麟和叶宝娟，2014）。因此，本章分别把关系导向作为自变量，把商业模式创新类型作为因变量，把企业年龄、规模、所属行业作为控制变量，统一放入 Logistic 回归模型进行检测，得出关系导向对商业模式创新类型的模型拟合较好，其中，-2 倍对数似然值（-2Log Likelihood）的值越小，模型拟合越好。从表 5.21 可知，在模型中加入了自变量关系导向后，模型的拟合相比只有常数项的模型要好（866.250<1045.758），似然比检验（Likelihood Ratio Tests）的结果显示，$p < 0.001$，说明这种模型的改善具有统计学上的意义，换句话说，关系导向的加入具有统计学意义。

表 5.21　关系导向与不同类型商业模式创新模型拟合信息（N=423）

模型	模型拟合信息			
	模型拟合标准	似然比检验		
	-2 倍对数似然值	卡方	df	显著水平
仅截距	1045.758			
最终	866.250	179.508	24	0.000

基于此，考察参数估计值（见表 5.22）。首先在表 5.22 的注释中说明了此次回归所使用的参考类别为"0"，也就是双低对照组（商业模式低创新组别），由此可以明晰另外三种类型的商业模式创新分别与关系导向相互作用的回归系数。当商业模式创新类型为"1"（效率主导型）时，关系导向的系数为 2.611>0，$p < 0.001$，Exp（B）= 13.607，说明关系导向对效率主导型商业模式创新产生显著的促进作用，且关系导向的值每增加 1，效率主导型商业模式创新和双低对照组的优势比是原来的 13.607 倍。商业模式创新类型为"2"（新颖主导型）时，关系导向的系数为 1.370>0，$p < 0.001$，Exp（B）= 3.935，说明关系导向对新颖主导型商业模式创新产生显著的促进作用，且关系导向的值每增加 1，新颖主导型商业模式创新和双低对照组的优势比是原来的 3.935 倍。当商业模式创新类型为"3"（双元协同型）时，关系导向的系数为 3.600>0，$p < 0.001$，Exp（B）= 36.583，说明关系导向对双元协同型商业模式创新产生显著的促进作用，且关系导向的值每增加 1，双元协同型商业模式创新和双低对照组的优势比是原来的 36.583 倍。由此可见，假设 H3a、H3b、H3c 均成立。

表 5. 22　关系导向与不同类型商业模式创新参数估计（N＝423）

商业模式创新		B	标准误	Wald	df	显著性水平	Exp（B）	Exp（B）的95%置信区间	
								下限	上限
1	截距	−15.687	2.534	38.334	1	0.000			
	关系导向	2.611	0.417	39.230	1	0.000	13.607	6.012	30.801
	年龄/规模/行业	控制	控制	控制	控制	控制	控制	控制	控制
2	截距	−7.753	2.103	13.595	1	0.000			
	关系导向	1.370	0.347	15.591	1	0.000	3.935	1.994	7.768
	年龄/规模/行业	控制	控制	控制	控制	控制	控制	控制	控制
3	截距	−19.167	2.243	73.005	1	0.000			
	关系导向	3.600	0.377	91.059	1	0.000	36.583	17.466	76.625
	年龄/规模/行业	控制	控制	控制	控制	控制	控制	控制	控制

注：此次回归所使用的参考类别是"0"。

5.3.4.3　资源获取对商业模式创新各类型的促进作用

类似于关系导向对不同类型商业模式创新的作用研究，本章继续采用无序多项 Logistic 回归对资源获取和不同类型商业模式创新的关系进行检验（结果见表 5.23）。从结果可以看出，在模型中加入了自变量资源获取后，模型的拟合比只有常数项的模型好（872.354 < 1062.265），似然比检验（Likelihood Ratio Tests）结果显示，$p < 0.001$，说明这种模型的改善具有统计学上的意义，即资源获取的加入具有统计学意义。

表 5. 23　资源获取与不同类型商业模式创新模型拟合信息（N＝423）

模型拟合信息				
模型	模型拟合标准	似然比检验		
	−2 倍对数似然值	卡方	df	显著水平
仅截距	1045.758			
最终	872.354	165.556	27	0.000

基于此，考察参数估计值（见表 5.24）。首先在表 5.24 的注释中说明此次回归所使用的参考类别为"0"，也就是双低对照组，由此可以明晰另外三种类型的商业模式创新分别与资源获取相互作用的回归系数。当商业模式创新类型为"1"（效率主导型）时，资源获取的系数为 2.431 > 0，$p < 0.001$，Exp（B）＝

11.370，说明资源获取对效率主导型商业模式创新产生显著的促进作用，且资源获取的值每增加1，效率主导型商业模式创新和双低对照组的优势比是原来的11.370倍。当商业模式创新类型为"2"（新颖主导型）时，资源获取的系数为1.687>0，p<0.001，Exp（B）= 5.403，说明资源获取对新颖主导型商业模式创新有显著的促进作用，且资源获取的值每增加1，新颖主导型商业模式创新和双低对照组的优势比是原来的5.403倍。当商业模式创新类型为"3"（双元协同型）时，资源获取的系数为2.867>0，p<0.001，Exp（B）= 17.579，说明资源获取对双元协同型商业模式创新有显著的促进作用，且资源获取的值每增加1，双元协同型商业模式创新和双低对照组的优势比是原来的17.579倍。因此，假设 H5a、H5b、H5c 均成立。

表 5.24　资源获取与不同类型商业模式创新参数估计（N=423）

商业模式创新		B	标准误	Wald	df	显著性水平	Exp（B）	Exp（B）的95%置信区间	
								下限	上限
1	截距	−11.926	1.395	34.396	1	0.000			
	资源获取	2.431	0.413	43.151	1	0.000	11.370	6.956	20.475
	年龄/规模/行业	控制	控制	控制	控制	控制	控制	控制	控制
2	截距	−8.429	1.729	23.776	1	0.000			
	资源获取	1.687	0.304	30.747	1	0.000	5.403	2.976	9.807
	年龄/规模/行业	控制	控制	控制	控制	控制	控制	控制	控制
3	截距	−13.113	1.653	62.960	1	0.000			
	资源获取	2.867	0.298	92.351	1	0.000	17.579	9.797	31.544
	年龄/规模/行业	控制	控制	控制	控制	控制	控制	控制	控制

注：此次回归所使用的参考类别是"0"。

5.3.4.4　资源获取在关系导向与商业模式创新类型之间的中介作用

由于商业模式创新类型是分类变量，因此不能用线性回归来检验资源获取在关系导向与商业模式创新类型之间的中介作用。过往研究在检验中介效应时，多将自变量、中介变量与因变量当作连续变量进行检验，涉及分类变量的中介效应检验的研究还不多见（方杰等，2017）。Iacobucci（2012）直接指出，分类变量的中介效应检验是中介效应分析最后的难题。此前，国内较少有文献对因变量为分类变量的中介模型进行探讨，仅刘云红等（2013）对因变量为类型变量的中介效应检验做了简单分析。然而，方杰等（2017）在总结国内外学者文献的基础上，对类别变量的中介效应进行了详细的分析，指出 Iacobucci（2012）所提出的方法可以有效检验大样本数据中自变量为连续变量、中介变量为连续变量且因变量为类型变量的中介模型，检验统计量为：

$$Z = \frac{Z_{a \times b}}{SE(Z_{a \times b})} = \frac{Z_a \times Z_b}{SE(Z_{a \times b})} = \frac{Z_a \times Z_b}{\sqrt{Z_a^2 + Z_b^2 + 1}}$$

其中，a 为自变量关系导向到中介变量资源获取的线性回归的系数，a 的显著性检验采用 t 检验，t=a/SE（a），但由于本章采用的样本量大，可转化为 Z 检验，因此 Z_a=a/SE（a）。类似地，b 为自变量关系导向和资源获取对因变量不同类型商业模式创新的 Logistic 回归模型中的系数，b 的显著性检验采用 Wald 的 χ^2 检验，$\chi^2 = [b/SE（b）]^2$，其平方根为 b/SE（b），当样本量足够大时，可转化为 Z 检验，因此，Z_b=b/SE（b）。这一方法最大的优点是统一了线性回归和 Logistic 回归两者系数的量尺，且适用于大样本的数据分析。因此，本章采用此方法检验资源获取在关系导向与商业模式创新类型之间的中介作用。

首先用 Logistic 回归计算关系导向和资源获取对不同类型商业模式创新的影响系数（见表 5.25），其中 b 分别为 1.445、1.563 和 2.174，相应的 SE（b）为 0.228、0.336 和 0.315。

表 5.25 关系导向、资源获取与不同类型商业模式创新参数估计（N=423）

商业模式创新		B	标准误	Wald	df	显著性水平	Exp（B）	Exp（B）的95%置信区间	
								下限	上限
1	截距	−15.257	2.617	33.998	1	0.000			
	关系导向	1.630	0.236	26.329	1	0.000	5.104	3.297	12.609
	资源获取	1.445	0.228	25.288	1	0.000	4.242	2.509	8.470
	年龄/规模/行业	控制	控制	控制	控制	控制	控制	控制	控制
2	截距	−11.497	2.415	22.658	1	0.000			
	关系导向	0.635	0.393	2.616	1	0.106	1.887	0.874	4.074
	资源获取	1.563	0.336	21.607	1	0.000	4.775	2.470	9.232
	年龄/规模/行业	控制	控制	控制	控制	控制	控制	控制	控制

续表

商业模式创新		B	标准误	Wald	df	显著性水平	Exp（B）	Exp（B）的95%置信区间	
								下限	上限
3	截距	-25.027	2.681	87.167	1	0.000			
	关系导向	2.678	0.405	43.823	1	0.000	14.560	6.588	32.176
	资源获取	2.174	0.315	47.464	1	0.000	8.790	4.736	16.313
	年龄/规模/行业	控制	控制	控制	控制	控制	控制	控制	控制

注：此次回归所使用的参考类别是"0"。

然后根据上述公式进行计算，可得检验结果（见表5.26）。对于效率主导型商业模式创新而言，$Z=5.572>2.58$，说明在0.01的水平上显著，因此，资源获取在关系导向和效率主导型商业模式创新之间的中介效应显著。对于新颖主导型商业模式创新而言，$Z=4.316>2.58$，说明在0.01的水平上显著，因此，资源获取在关系导向和新颖主导型商业模式创新之间的中介效应显著。对于双元协同型商业模式创新而言，$Z=5.947>2.58$，说明在0.01的水平上显著，因此，资源获取在关系导向和双元协同型商业模式创新之间的中介效应显著。综上，假设H6a、H6b、H6c均成立。

表 5.26　资源获取的中介作用 （N=423）

商业模式创新类型	a	SE（a）	Z_a	b	SE（b）	Z_b	Z
效率主导型	0.663	0.056	11.839	1.445	0.228	6.338	5.572
新颖主导型	0.663	0.056	11.839	1.563	0.336	4.653	4.316
双元协同型	0.663	0.056	11.839	2.174	0.315	6.902	5.947

5.3.5　稳健性检验

为进一步验证实证结果的稳健性，本章首先采用替换变量的方法验证指标、数据的稳健性。本章参照赵红丹和周君（2017）的研究成果，在不改变模型的基础上，将自变量关系导向按中位数划分为大、小两个水平的虚拟变量，采用逻辑回归再次验证，其结果显示，除系数大小发生变化外，其显著性及方向都没有发生改变，表明结果具有稳健性。

5.4 研究结果

经过对大样本数据的验证分析，本章提出的全部假设验证结果如表 5.27 所示。

表 5.27 研究假设汇总

假设检验结果	结果
H3：关系导向对商业模式创新有正向影响	成立
H3a：关系导向对双元协同型商业模式创新有正向影响	成立
H3b：关系导向对效率主导型商业模式创新有正向影响	成立
H3c：关系导向对新颖主导型商业模式创新有正向影响	成立
H4：关系导向对资源获取有正向影响	成立
H5：资源获取对商业模式创新有正向影响	成立
H5a：资源获取对双元协同型商业模式创新有正向影响	成立
H5b：资源获取对效率主导型商业模式创新有正向影响	成立
H5c：资源获取对新颖主导型商业模式创新有正向影响	成立
H6：资源获取在关系导向与商业模式创新之间起到中介作用	成立
H6a：资源获取在关系导向与双元协同型商业模式创新之间起到中介作用	成立
H6b：资源获取在关系导向与效率主导型商业模式创新之间起到中介作用	成立
H6c：资源获取在关系导向与新颖主导型商业模式创新之间起到中介作用	成立

本章采用线性回归、Logistic 回归等方法对子研究二的全部假设进行了检验，结果发现，实证结果与理论预期基本相符，变量与变量间的关系得到了有效的验证。

首先，研究结果表明，关系导向可以通过资源获取有效促进商业模式创新，资源获取作为中介变量，有效揭示了中国情境下关系导向促进中小企业实现商业模式创新的内在机理。本章采用逐步法和 Bootstrap 方法对其进行了检验，假设 H3、H4、H5 及 H6 全部成立。

其次，本章采用 Logistic 回归方法检验了关系导向、资源获取对商业模式创新类型的促进作用。结果表明，关系导向可以有效促进双元协同型、效率主导型和新颖主导型商业模式创新，资源获取同样对各种类型的商业模式创新有显著的正向影响，假设 H3a、H3b、H3c、H5a、H5b、H5c 均成立。

最后，本章采用 Iacobucci（2012）所提出的方法检验了资源获取在关系导向与商业模式创新类型之间的中介作用，由实证结果可知，资源获取在关系导向与双元协同型商业模式创新之间有显著的中介作用，在关系导向与效率主导型商业模式创新之间有显著的中介作用，在关系导向与新颖主导型商业模式创新之间有显著的中介作用。因此假设 H6a、H6b、H6c 均成立。这些结论更加细致地探索了关系导向影响商业模式创新的实现机理。

6 关系导向驱动下中小企业
绩效提升的路径

在子研究一与子研究二中，本书已说明中国情境下如何实现中小企业的商业模式创新，以及商业模式创新对企业绩效的差异化影响。本章将进一步从整体上探索关系导向与中小企业绩效之间的内在机理、作用机制，探索关系导向怎样通过商业模式创新促进中小企业组织绩效的提升，分析中小企业绩效提升的实现路径，为子研究三。

6.1 研究假设及模型

6.1.1 关系导向对中小企业绩效的促进作用

战略导向反映出企业对内部资源与外部环境的整体认知（Wu et al.，2019），企业绩效的提升有赖于企业从战略层面思考企业竞争优势的来源。作为一种重要的战略导向，关系导向通过关系型组织文化的打造可以优化关系网络治理机制，强化企业对社会网络的自主控制，使企业拥有灵活构建和调整社会关系网络的空间与柔性，享有更多主导创新活动的社会资本与异质性资源，可以帮助中国本土企业获取经济利益、建立竞争优势，是中小企业维持长期良好业绩的重要保证（Luo et al.，2012；Zhou et al.，2020）。

首先，关系导向有利于营造企业在战略层面重视外部关系的组织氛围，形成独特的基于伙伴间长期合作、长效互惠的管理哲学，有助于提升组织的适应性，提升中小企业的组织绩效。中国社会倡导"致中和以达道"，"和"是社会关系连接、运转的理想状态，以和为贵、政通人和、"天时、地利、人和"正是关系规范作为社会显性价值观的具体表现。因此，关系导向被视为一种关注整体和谐、注重长远发展的战略导向（Lee & Dawes，2015；Zhou et al.，2020）。从社会资本的角度来看，关系导向可以提升企业在社会网络中的自主权，在网络中占据有利位置，能更有效地动员网络中的社会资本。但这种网络自主权以及网络动员能力，本质上是企业努力通过关系导向所构建的适配的差序格局而获得的，即关系导向可以减少网络成员的关系级差，建立企业与伙伴之间较高的情感承诺。当组织间构建起良好、和谐的社会关系时，企业将会更加看重价值网络中的整体利益而在长期合作中实现彼此间的互利互惠（Yen et al. , 2017），增强合同之外的合作意愿。长期的合作又会增加双方关系专用性资产的投入，增强彼此之间的依赖程度，而这将有利于节约企业之间的交易成本，可以有效促进利润的提升。

其次，关系导向通过畅通沟通、搭建联结，帮助企业构建信任机制，有利于提升中小企业的组织合法性（王玲玲和赵文红，2017），促进中小企业获取竞争优势。中小企业由于规模小或新进入缺陷，通常面临合法性不足的困境，组织通常无法提供令人信服的交易记录或建立客户熟知的市场品牌，让市场形成一种不确定性感知，即"无信不立"。但中国社会的信任基础是人际关系（周建国，2010），即使在制度变迁与社会转型的现代化进程中，信任格局的构建仍是基于差序格局的基本形态而适应性地展开与调整，信任的形成是通过自我在不同关系中履践相应的伦理义务而实现的。一方面，在关系导向的影响下，企业重视与合作伙伴、客户的沟通，使信息交换变得高效、简洁，促进了关系行为、合作机制的高效运行，减少了交易成本，促进了彼此间的信任；另一方面，关系导向能够深化组织与利益相关者间的社会关系联结，促进组织间的社会交往，提升亲密性，这些联结都将深刻影响组织间的经济行为逻辑，促进关系承诺。因此，中小企业亟须通过关系导向与外部伙伴构建良好社会关系，促进外界对组织的理解、认可与信任，提升企业的规范合法性与认知合法性。研究指出，中小企业组织间的良好关系是突破组织"合法性门槛"的重要手段，对企业本身的信任有助于其更好地整合伙伴间的价值链条（Li & Zhou，2010）。当企业获得了关键伙伴的支持与帮助，产品或服务得到市场与客户的认可时，企业就可以扩大产品的市场份额。这不仅可以提升企业的短期利润，同样也能促进企业的健康、长远发展。

由此可见，关系导向可以帮助中小企业构建和谐共融的社会关系网络，有利于企业在商业生态中建立信任、增进情感，促进中小企业的健康发展。基于此，提出以下假设：

H7：关系导向对中小企业绩效有正向影响。

6.1.2 资源获取的中介作用

资源观认为，资源是确保企业在竞争中生存与发展，获取持续性竞争优势的重要来源。因此，中小企业从外部获取资源是实现创新与提升绩效的重要途径

（Christensen，2013；Krzeminska & Eckerta，2015）。企业本质上是各种资源的集合体，其发展与创新是识别、整合、转化各种资源并构建竞争优势的过程，利用资源的目的在于获取未来的租金（Adler & Kwon，2002）。因此，资源具备明显的价值属性。在合作中，外部异质性资源可以弥补企业的资源短板（Spender，2007），克服认知与决策的路径依赖性，促进企业创新能力的提升，使企业获取较高的组织绩效。

Zack（2002）认为，企业的发展依赖于知识、资源的获取与整合，组织需要充分利用各种渠道的资源与知识，确保在竞争中处于优势地位。企业需要保持对外部资源持续跟踪的态势，尽量吸收有利于组织发展的异质性资源，并将其转化成经济成果（Xie et al.，2018）。当今社会，组织边界越发柔性，跨界已成为常态，企业可以接触到多种类型的外部资源。这些广泛的外部资源不断被中小企业吸收与融合，加强了组织与外界的联系，促使企业的产品与服务能够有效地兼容市场需求，增加企业的适应性，实现供需两端的合理匹配，还可以使产品的召回率逐渐降低（Matusik，2002），提升产品的市场份额与利润。从外部获取资源还可以有效解决企业内部资源积累速度过慢、成本过高的问题，充足的资源保障了企业发展的速度和效率，有利于促进中小企业的组织绩效提升。

再者，组织内外资源之间的交互与融合可以优化组织的资源结构，改善组织的资源组合（Wubben et al.，2015）。这不仅有助于企业破除认知刚性，解决已有问题，还能够拓展企业的业务范围，探索尚待开发的蓝海市场，进而占领先机，促进企业的成长。

因此，丰富的外部资源本质上可以帮助企业有效地拓宽知识、信息、资金等资源渠道，深化企业对市场机制与系统风险的认知，让企业更全面地了解需求变化与市场缺口，解决当前"活下去"的问题，保障企业的生存；同时，又能够帮助企业系统性地构建资源体系，重塑企业的核心能力，提高企业利用创新、拓宽市场以化解危机的可能性（March，1991），实现可持续的发展，推动企业的成长。大量研究指出，资源获取对中小企业绩效的提升有显著的影响，使用外部异质性资源来解决企业所面临的问题已经成为中小企业的一种发展趋势（Naldi & Davidsson，2014）。

进一步地，研究已就关系导向对资源获取的作用关系进行了推论，认为关系导向可以有效促进企业获取外部异质性资源。Luo 等（2012）指出，关系导向已经成为支撑中小企业在开放、动荡的环境中得以生存与发展的重要战略工具，它可以通过扩大企业所在关系网络的广度和深度，提高与伙伴间的互动交流频率，巩固并保持长久、稳定的网络关系，从而帮助企业获取更多外部资源以提升绩效

（Chesbrough & Appleyard，2007）。可见，关系导向能够扩大社会关系网络的范围，促进中小企业对关系网络的有效利用，帮助企业从网络中获取创意与灵感，以更好地将市场机会予以商业化（刘娟和彭正银，2014）。组织与伙伴之间的关系越好，互动越频繁，交流越主动，组织越有可能挖掘到潜在的机遇，开拓新的市场，实现更好的成长。

由此可见，关系导向能够促进中小企业的资源获取，进而帮助企业快速积累发展过程中所需的关键性资源，企业利用这些资源既可以解决生存问题，获取利润，又可以解决发展问题，实现成长，从而推动组织绩效的提升。资源获取作为一种转化机制，使关系导向与中小企业绩效之间的逻辑关系变得稳定且牢固。基于此，提出以下假设：

H8：资源获取在关系导向与中小企业绩效之间起到中介作用。

6.1.3　商业模式创新的中介作用

商业模式创新的间接效应是研究的重要方向（Foss & Saebi，2017）。前面假设中，本书已经就关系导向、商业模式创新、中小企业绩效三者之间的两两关系进行了详细的梳理与分析，关系导向可以驱动中小企业的商业模式创新，而商业模式创新可以为企业创造新的价值，提升组织绩效，因此，商业模式创新可能在关系导向与中小企业绩效之间存在中介作用，可以更进一步地深入分析。

商业模式创新是中小企业竞争优势的重要来源（Amit & Zott，2016），通过商业模式创新，企业可以创造出新的价值，在竞争中保持领先，实现长久的发展。然而，商业模式创新是一个在伙伴间合作中的复杂系统工程，具有较高的风险，例如，面临监控成本与学习成本增加的风险（Subramaniam & Youndt，2005），或由产品投放失败以及机会主义导致的合作危机等风险，需要组织间具备相近的理解能力与必要的宽容度。因此，信任与理解、合作与亲密是实现稳定、持续的商业模式创新的必要条件。社会资本理论指出，差序格局影响下"关系"的构建与维护可以有效促进中小企业的商业模式创新，树立关系导向的中小企业总是倾向于构建和谐的社会关系，与伙伴间建立信任机制与沟通渠道，协同组织间的互惠互利，规避创新过程中的各类风险，提升合作水平和关系品质，进一步促进创新效率的提升（谢洪明和张颖等，2014）。因此，中小企业需要重视外部关系的拓展与利用，推动伙伴之间形成带有强烈情感属性的关系纽带，降低合作的交易成本，稳定创新的实施过程，为商业模式创新提供成本优势，拓展商业模式的适应性与延展性，简化交互规则与界面，优化交易体系与结构，进而降低交易成本，创造价值，提升组织的短期利润；同时，基于亲密关系所构建的位置优势，培育组织的新创意、新构念，促使商业模式变革与重构，重新界定企业的关键资源与核心能力，在新的价值主张下，生产新产品以满足新需求，构建在价值网络体系中的新优势，促进企业的成长与发展。可见，关系导向与商业模式创新、商业模式创新与中小企业绩效之间存在逻辑关系。一方面，关系导向为商业模式创新提供了合作实施的基础，从战略高度诠释了推进商业模式创新的必要条件；另一方面，商业模式创新能够为企业创造价值，能够有效提升组织各类绩效。因此，商业模式创新在关系导向与中小企业绩效之间很好地充当了连接的桥梁。基于此，提出以下假设：

H9：商业模式创新在关系导向和中小企业绩效之间起到中介作用。

6.1.4 资源获取与商业模式创新的链式中介作用

链式中介模型是一种多重中介模型，且多个中介变量之间表现出递推与顺序的特点，故称多步多重中介模型（Multiple-Step Multiple Mediator Model）（Hays，2008）。由于中介变量之间形成了一条中介链，因此也称链式中介模型（柳士顺和凌文轮，2009）。相对于单一中介，链式中介模型能更有效地探寻自变量与因变量之间复杂的中介机制，更好地契合现实问题（Mackinnon，2011）。因此，越来越多的学者开始构建多重中介模型，但相关研究还有待继续深入（方杰等，2014）。本书在前述分析中，已经深入探讨了关系导向、资源获取、商业模式创新与中小企业绩效各变量之间的关系。然而，获取的资源需要进一步提升其使用效率，而商业模式创新作为一种高效的资源配置机制也需要资源的支撑，关系导向通过资源获取推进商业模式创新，进而实现良好的组织绩效可能是一条更为稳定的路径。关系导向可以促进资源获取，而资源获取能够推动商业模式创新，商业模式创新可以提升组织绩效，因此，本章对其中可能存在的链式中介效应做进一步分析。

资源观认为，在开放、共享的时代，新颖、异质的外部资源是巩固中小企业内生动力的关键要素，可以强化企业的资源基础，提升企业的核心能力，进而通过商业模式创新促进绩效的提升。Mishra（2017）指出，中小企业的竞争优势是由外部资源获取这种适应性策略与企业的商业模式创新这两种机制所共同实现的，即中小企业在面对弱而不强的现实困境时，如何获取资源与如何实现商业模式创新将是促进绩效提升的重要问题，且资源亦是企业变革商业模式的重要基础，中小企业的商业模式创新除了依赖于关系导向为企业构建的信任、互惠的战略平台，也依赖于有价值的、新颖的异质性资源的支撑。因此，三者构成的路径可能共同促进中小企业绩效的提升。

以重视和利用社会关系网络为核心的关系导向可以帮助中小企业构建良好的社会关系网络，提升组织自身的合法性，促使外部稀缺资源向组织本身的引流。关系导向可以显著提升企业在社会网络中的自由度与能力，帮助企业有效管控网络幅宽，深化合作强度，构建自主的信任格局。当网络情境出现老化或同质化时，企业可以基于"关系"的动态性，稳健地拓展社会网络边界，释放出更多的资源红利。在转型经济体中，非市场机制的资源交易途径往往优于传统科层组织所构建的正式渠道，但结构洞理论中的弱关系所建立的信息桥在传递信息时包含了太多不可靠的虚假信息，直接与陌生人打交道并非本土企业拓展网络的主要方式（周建国，2010）。因此，基于关系导向的网络运营机制才能构建信任，促进资源与知识的转移，提升企业的创新能力（Luo et al.，2012）。资源的获取有助于企业逐渐革新自身的资源体系，发散组织的思维构念，这有利于企业优化交易系统，甚至破除组织惯性，颠覆既有的价值逻辑，促进商业模式的创新（Chang，2017）。而商业模式创新是推进中小企业建立竞争优势的关键路径（George & Bock，2011）。通过对整个价值活动体系与交易活动系统的改进与革新，企业既可以降低成本，基于成本优势获取利润，提升绩效，也可以瓦解旧的核心资源，建立新的价值逻辑，获得生存与发展的主动权，构建"赢者通吃"的创新优势（李东，2010），促进长期性绩效。两种机制同时存在于企业的商业模式创新中，推进中小企业各类绩效的提升（Cucculelli & Bettinelli，2015）。由此可见，关系导向可以通过促进外部资源获取，进而驱动商业模式的创新来实现中小企业组织绩效的提升，关系导向通过资源获取促进商业模式创新以提升绩效是中小企业获取竞争优势的稳定、可靠的实现路径，资源获取与商业模式创新可以被视为关系导向与中小企业绩效之间的递推式媒介，即两者存在链式中介效应。

综上，根据对资源获取及商业模式创新关系相关研究的梳理与分析，结合本书前述的相关推论，提出以下假设：

H10：资源获取和商业模式创新在关系导向和中小企业绩效之间具有链式中介作用。

6.1.5　研究模型

本章基于理论基础，从整体上对研究的各核心变量之间的关系进行了深入分析，探讨了关系导向与中小企业绩效之间的作用关系与内在机理，分析了资源获取与商业模式创新的链式中介作用并据此构建研究模型，如图6.1所示。

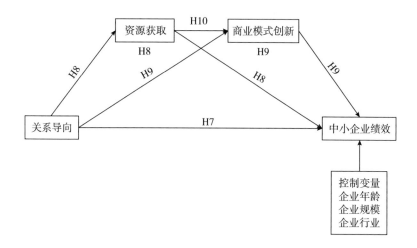

图 6.1　研究模型

6.2　研究设计

本节将进一步对本章的问卷设计、变量测量与数据处理进行分析，确保正式问卷调研的可靠性和有效性。

6.2.1　问卷设计

在前面两章中，本书已经对问卷设计的原则、步骤做了详细的介绍，本章按同样的方式对问卷进行设计、编制，兹不赘述。

6.2.2　变量测量

本书已经在前两章对关系导向、资源获取、商业模式创新、中小企业绩效以及控制变量的测量方式做了详细介绍，本节保持同样的方式对以上变量进行测量，兹不赘述。

6.2.3　数据处理方法

本节除了继续采用前两章的实证方法进行实证研究，还将采用 Bootstrap 方法对链式中介效应进行检验（Preacher & Hayes，2004；Hayes，2015）。这种方法是在总体样本中进行重复抽样（5000 次）来开展分析，其指标值包括系数、标准误和 Bootstrap（95%置信区间）的 C. I 值，如果置信区间的最大值与最小值之间不包括 0，则说明被验证的效应显著。

6.3 实证研究

6.3.1 问卷统计与样本描述

6.3.1.1 问卷发放与回收

本章严格按工业和信息化部 2011 年颁布的《中小企业划型标准规定》，历时 3 个多月对我国四川、重庆、云南、浙江、上海、广东等地的中小企业的高层管理人员或核心团队成员进行问卷调查。发放细节和要求与前两章相同，不再赘述。发放途径主要有四种，在严格设置前置条件的情况下利用了专业的数据调查机构进行数据收集。本章共发放 435 份问卷，回收 383 份，总回收率为 88.05%。然后，根据对问卷作答情况进行评估，删除不完整或不规范的问卷，最终得到有效问卷 329 份，有效回收率为 75.63%。问卷发放与回收具体情况如表 6.1 所示。

表 6.1 问卷发放与回收情况

问卷发放渠道	发放数量（份）	回收数量（份）	回收率（%）	有效数量（份）	有效回收率（%）
行业商会	77	46	59.74	59	76.62
企业现场发放	166	166	100.00	133	80.12
委托专业调查机构	121	118	97.52	97	80.17
委托政府机构发放	71	53	74.65	40	56.34
合计	435	383	88.05	329	75.63

由于本章采用多种渠道收集数据，因此对各渠道回收数据的一致性进行分析，结果表明，各变量的 Z 统计量绝对值皆小于 1.960，即数据来源差异性不显著；同时，数据肯德尔系数显著性低于 0.05，系数值为 0.72，说明所有数据的一致性都较好，可以合并数据进行分析。

6.3.1.2 描述性统计分析

本章从企业年龄、所属行业、员工人数、企业销售额、企业资产总额、企业性质和填表人员任职情况这几个方面对样本企业的基本情况进行描述。

第一，企业年龄。中小企业成立经营的时间长短对中小企业的生存和发展都有重要影响。本章对受访企业的成立年限进行调查以了解企业年龄情况，具体时间分布情况如表6.2所示。从结果来看，处在3年以下的中小企业占比很少，3~5年的占比为32%左右，6~10年的占比为26.75%左右，部分说明了中小企业的生存时间在延长，侧面证明了国家对中小企业的重视与扶持。

表6.2 企业年龄分布情况

企业年龄	频数（家）	百分比（%）	累计百分比（%）
3年以下	4	1.22	1.22
3~5年	104	31.61	32.83
6~10年	88	26.75	59.57
11~15年	67	20.36	79.94
16年及以上	66	20.06	100.00
合计	329	100.00	100.00

第二，所属行业。本章以《中小企业划型标准规定》中的行业划分为基准进行调查，具体情况如表6.3所示。从调查结果来看，工业与餐饮业占比较高，分别占14.89%、20.67%，房地产开发经营占比最低，为0.61%，基本符合我国中小企业的行业分布情况。

表6.3 企业行业分布情况

企业行业	频数（家）	百分比（%）	累计百分比（%）
农林牧渔业	27	8.21	8.21
工业	49	14.89	23.10
建筑业	19	5.78	28.88
批发业	11	3.34	32.22
零售业	33	10.03	42.25
交通运输业	12	3.65	45.90
仓储业	12	3.65	49.54
邮政业	9	2.74	52.28
住宿业	5	1.52	53.80
餐饮业	68	20.67	74.47
信息传输业	17	5.17	79.64
软件和信息技术服务业	22	6.69	86.02

续表

企业行业	频数（家）	百分比（%）	累计百分比（%）
房地产开发经营	2	0.61	86.63
物业管理	11	3.34	91.00
租赁和商业服务业	11	3.34	93.31
其他行业	22	6.38	100.00
合计	329	100.00	100.00

第三，员工人数。员工人数是衡量中小企业的标准之一，根据调查结果（见表6.4），中小企业的员工人数分布相对集中，大部分在300人（不包括300人）以下，符合中小企业的基本规模特征。

表6.4　企业员工人数分布情况

企业人数	频数（家）	百分比（%）	累计百分比（%）
1~199人	167	50.76	50.76
200~299人	75	22.80	73.56
300~999人	55	16.72	90.27
1000~1999人	21	6.38	96.66
2000人及以上	11	3.34	100.00
合计	329	100.00	100.00

第四，企业销售额。从表6.5可知，接近80%的企业的营收在30000万元以下，其中10000万元以下的企业占总体的60.49%。

表6.5　企业销售额分布情况

企业销售额	频数（家）	百分比（%）	累计百分比（%）
5000万元以下	121	36.78	36.78
5000万~10000万元	78	23.71	60.49
10000万~20000万元	38	11.55	72.04
20000万~30000万元	20	6.08	78.12
30000万~40000万元	22	6.69	84.81
40000万~80000万元	29	8.81	93.62
80000万~100000万元	11	3.34	96.96

企业销售额	频数（家）	百分比（%）	累计百分比（%）
100000 万~200000 万元	7	2.13	99.09
200000 万元以上	3	0.91	100.00
合计	329	100.00	100.00

第五，企业资产总额。本章对企业的资产规模进行了调查，具体情况如表6.6所示。从结果来看，资产规模10000万元以下的企业占60.18%，10000万~80000万元的约占27.05%，整体而言符合中小企业的规模特征。

表6.6　企业资产总额情况

企业资产总额	频数（家）	百分比（%）	累计百分比（%）
10000 万元以下	198	60.18	60.18
10000 万~80000 万元	89	27.05	87.23
80000 万~120000 万元	28	8.51	95.74
120000 万元以上	14	4.26	100.00
合计	329	100.00	100.00

第六，企业性质。本章对企业性质进行了调查，具体情况如表6.7所示。从结果来看，民营企业占比77.20%，接近80%，符合我国民营企业占多数的基本情况，同时也符合中小企业中民营企业占多数的基本事实。国有企业和外商投资企业在本次调查中共占比21.28%，其中，国有企业占比14.59%，外商投资企业占比6.69%。

表6.7　企业性质分布情况

企业性质	频数（家）	百分比（%）	累计百分比（%）
国有企业	48	14.59	14.59
外商投资企业	22	6.69	21.28
民营企业	254	77.20	98.48
其他	5	1.52	100.00
合计	329	100.00	100.00

第七，填表人员任职情况。本章受访对象主要是中小企业的中高层，从调查

结果来看（见表6.8），部门总经理级别占比最高，为59.57%，总经理/副总经理级别占比20.06%，董事长/副董事长级别占14.29%，这基本兼顾了数据的可获得性和研究的有效性。

表6.8 填表人员任职情况

职位	频数（人）	百分比（%）	累计百分比（%）
董事长/副董事长	47	14.29	14.29
总经理/副总经理	66	20.06	34.35
部门总经理	196	59.57	93.92
其他核心员工	20	6.08	100.00
合计	329	100.00	100.00

6.3.1.3 数据正态性检验

侯杰泰等（2004）指出，样本数据呈正态分布是统计分析的前提条件。本章用偏度系数和峰度系数检验数据的正态分布情况。一般而言，所测变量的每一题项的偏度绝对值小于3，峰度绝对值小于10，就可以认为数据基本呈正态分布。基于此，本章对样本数据进行检验，包括对样本数据的偏度和峰度进行分析，如表6.9所示，所有测量题项的偏度绝对值均远小于3，峰度的绝对值均远小于10，因此可以认为样本数据符合正态分布，适合进行进一步分析。

表6.9 样本数据正态分布检验

	偏度	标准误	峰度	标准误
RO1	-0.901	0.124	0.714	0.248
RO2	-1.09	0.124	1.692	0.248
RO3	-0.898	0.124	0.983	0.248
RO4	0.008	0.124	-0.613	0.248
RO5	-0.159	0.124	-0.372	0.248
RO6	-0.23	0.124	-0.524	0.248
RO7	-0.744	0.124	0.829	0.248
RO8	-0.815	0.124	0.601	0.248
RO9	-0.837	0.124	0.97	0.248

续表

	偏度	标准误	峰度	标准误
RA1	-0.744	0.124	0.942	0.248
RA2	-0.581	0.124	0.506	0.248
RA3	-0.7	0.124	0.647	0.248
RA4	-0.834	0.124	1.026	0.248
RA5	-0.76	0.124	0.679	0.248
RA6	-0.659	0.124	0.494	0.248
RA7	-0.646	0.124	0.597	0.248
RA8	-0.704	0.124	0.697	0.248
EB1	-0.843	0.124	0.956	0.248
EB2	-0.569	0.124	0.074	0.248
EB3	-0.651	0.124	0.347	0.248
EB4	-0.786	0.124	1.162	0.248
EB5	-0.696	0.124	0.64	0.248
EB6	-0.833	0.124	1.055	0.248
EB7	-0.752	0.124	0.488	0.248
EB8	-0.758	0.124	0.653	0.248
NB1	-0.769	0.124	0.671	0.248
NB2	-0.58	0.124	0.257	0.248
NB3	-0.553	0.124	0.023	0.248
NB4	-0.68	0.124	0.326	0.248
NB5	-0.822	0.124	0.487	0.248
NB6	-1.704	0.124	3.374	0.248
NB7	-0.858	0.124	0.65	0.248
NB8	-0.899	0.124	1.003	0.248
NB9	-0.663	0.124	0.678	0.248
SFP1	-0.512	0.124	0.226	0.248
SFP2	-0.311	0.124	-0.098	0.248
SFP3	-0.551	0.124	0.639	0.248
SFP4	-0.248	0.124	-0.112	0.248
LGP1	-0.545	0.124	0.455	0.248

续表

	偏度	标准误	峰度	标准误
LGP2	−0.183	0.124	−0.165	0.248
LGP3	−0.53	0.124	0.175	0.248
LGP4	−0.624	0.124	0.494	0.248

6.3.2 信度与效度检验

6.3.2.1 信度分析

本书在第 4 章已详细介绍了信度测量的方法，因此，本章仍旧采用相同的方法对数据的信度进行检测，以 Cronbach's α 系数大于 0.7、CITC 系数大于 0.5 来测试信度。

第一，关系导向的信度检验结果。本书基于前述信度检验方法和原则对其信度进行了检验，结果如表 6.10 所示，关系导向量表的系数为 0.799，大于 0.7，删除题项后的 Cronbach's α 值均小于 0.799，删除任一题项并没有显著提高量表的 Cronbach's α 系数。

表 6.10 关系导向的信度检验结果 （N=329）

变量	题号	题项	CITC	删除该题项后的 Cronbach's α 值	Cronbach's α
关系导向	RO1	我们致力于构建良好的关系网络	0.686	0.771	0.799
	RO2	我们积极地维持与他人的关系，以备不时之需	0.660	0.776	
	RO3	我们与伙伴的关系紧密且稳固	0.682	0.793	
	RO4	我们相信进入内部"圈子"能够得到实惠	0.681	0.772	
	RO5	在商业往来中，我们倡导"知恩图报"的价值观念	0.553	0.752	
	RO6	在商业往来中，我们认可彼此间的"礼尚往来"	0.536	0.731	
	RO7	在商业往来中，我们相信我们的合作伙伴	0.669	0.791	
	RO8	在商业往来中，我们常与伙伴合作解决问题	0.750	0.817	
	RO9	我们相信发展适当的社会关系有利于企业的良好运作	0.697	0.798	

第二，资源获取的信度检验结果。资源获取信度检验的结果显示 Cronbach's α 系数为 0.809 （见表 6.11），大于 0.7，删除题项后的 Cronbach's α 值均小于 0.809，删除任一题项并没有显著提高量表的 Cronbach's α 系数，但 RA7 的

CITC 值小于 0.5，将题项 RA7 删除。

表 6.11 资源获取的信度检验结果 （N=329）

变量	题号	题项	CITC	删除该题项后的 Cronbach's α 值	Cronbach's α
资源获取	RA1	我们公司可以获取所需要的各种重要资源	0.633	0.791	0.809
	RA2	我们公司可以从外部获取各种知识型资源（技术知识、市场信息、管理经验和政策信息等）	0.599	0.798	
	RA3	我们公司可以从外部获取各种资产型资源（资金、订单、人力、专利等）	0.586	0.781	
	RA4	我们公司可以多渠道地获取这些重要资源	0.609	0.795	
	RA5	我们公司可以通过特有的途径获取这些重要资源	0.663	0.783	
	RA6	我们公司可以及时地获取这些重要资源	0.520	0.734	
	RA7	我们公司可以低成本地获取这些重要资源	0.411	0.792	
	RA8	我们公司所获取的资源与企业的发展需求相匹配	0.589	0.765	

第三，商业模式创新的信度检验结果。模式创新量表的 Cronbach's α 系数为 0.832（见表 6.12），大于 0.7，删除题项后的 Cronbach's α 值均小于 0.832，删除任一题项并没有显著提高量表的 Cronbach's α 系数，NB2 的 CITC 值小于 0.5，将题项 NB2 删除。

表 6.12 商业模式创新的信度检验结果 （N=329）

变量	题号	题项	CITC	删除该题项后的 Cronbach's α 值	Cronbach's α
商业模式创新	EB1	我们积极地降低与合作伙伴的沟通成本	0.610	0.821	0.832
	EB2	我们积极地降低信息的不对称性，促使交易透明	0.563	0.778	
	EB3	我们积极地简化与合作伙伴的合作流程	0.546	0.757	
	EB4	我们积极地监测合作伙伴的满意度，以改进服务	0.561	0.782	
	EB5	我们经常巩固和扩大现有市场的营销渠道	0.543	0.742	
	EB6	我们积极地改良现有的产品或服务	0.586	0.798	
	EB7	我们积极地采取措施降低产品或服务的价格	0.553	0.769	
	EB8	如何降低产品或服务的成本是我们关注的问题	0.525	0.723	
	NB1	我们时常引入全新的合作伙伴	0.510	0.717	

续表

变量	题号	题项	CITC	删除该题项后的 Cronbach's α 值	Cronbach's α
商业模式创新	NB2	我们时常用新颖的方式来激励合作伙伴	0.463	0.831	0.832
	NB3	我们以打破常规的方式开辟出市场	0.550	0.765	
	NB4	我们积极地拓展区别于竞争者的新渠道	0.511	0.711	
	NB5	我们寻找到创意以开发新的资源和能力	0.521	0.721	
	NB6	我们为顾客提供了全新的产品、信息或服务	0.564	0.775	
	NB7	我们为顾客创造的产品或服务具有独特新颖的价值	0.533	0.741	
	NB8	与同行相比，我们的盈利模式具有创新性	0.599	0.807	
	NB9	如何提升产品或服务的差异化是我们关注的问题	0.557	0.780	

第四，中小企业绩效的信度检验结果。中小企业绩效量表的 Cronbach's α 系数为 0.875（见表 6.13），大于 0.7，各题项 CITC 值均大于 0.5，删除任一题项并没有显著提高量表的 Cronbach's α 系数，信度较好。

表 6.13　中小企业绩效的信度检验结果（N＝329）

变量	题号	题项	CITC	删除该题项后的 Cronbach's α 值	Cronbach's α
企业绩效	SFP1	与主要竞争对手相比，我们公司的销售额更高	0.624	0.859	0.875
	SFP2	与主要竞争对手相比，我们公司的净利润更高	0.616	0.861	
	SFP3	与主要竞争对手相比，我们公司的投资回报率更高	0.613	0.860	
	SFP4	与主要竞争对手相比，我们公司的运营成本更低	0.682	0.853	
	LGP1	与主要竞争对手相比，我们公司的市场份额增长速度更快	0.651	0.856	
	LGP2	与主要竞争对手相比，我们公司的员工数量增长更快	0.657	0.856	
	LGP3	与主要竞争对手相比，我们公司的新产品或新服务的开发速度更快	0.600	0.862	
	LGP4	与主要竞争对手相比，我们公司的整体声誉更好	0.623	0.859	

6.3.2.2　效度分析

本章从整体上探索变量之间的关系，不再区分维度，但仍然用验证性因子分析考察模型整体的拟合度，具体通过两个指标考察：一是模型的拟合程度，二是潜变量的路径系数。结果如表 6.14 所示。从拟合结果看，模型的拟合指标皆在可接受范围内。χ^2/df 值大部分小于 3，关系导向 χ^2/df 虽大于 3，但也小于 5，可以接受，RMSEA 都小于 0.08，TLI、NFI、IFI、CFI、RFI 基本都大于 0.9，由此可以推断模型拟合效果比较理想。同时，各路径系数均在 p<0.001 水平上显著，各题项因子载荷均大于 0.5，AVE 均大于 0.5，CR 均大于 0.7，基于以上分析，可判定研究具有较好效度。

　　然后，通过检验变量 AVE 的平方根是否大于其自身与其他变量之间的相关系数来检验其区分效度，若前者大于后者，则判定其具备良好的区分效度，结果如表 6.15 所示。从结果可见，对角线上的数字为 AVE 的平方根，分别为 0.718、0.760、0.743、0.761，各变量 AVE 的平方根均大于其相关系数，因此判定本章数据具备良好的区分效度。同时，各变量之间的相关系数均显著，表明各变量之间存在相关关系，接下来可以通过回归分析做进一步检验。

表 6.14　验证性因子分析结果

变量	题项	Estimate	AVE	CR	拟合指标
关系导向	RO1	0.613***	0.516	0.705	$\chi^2/df=3.048$, RMSEA=0.075, TLI=0.939, NFI=0.941, IFI=0.959, CFI=0.959, RFI=0.911
	RO2	0.669***			
	RO3	0.653***			
	RO4	0.779***			
	RO5	0.815***			
	RO6	0.682***			
	RO7	0.704***			
	RO8	0.645***			
	RO9	0.669***			
资源获取	RA1	0.702***	0.579	0.846	$\chi^2/df=1.255$, RMSEA=0.026, TLI=0.995, NFI=0.985, IFI=0.997, CFI=0.997, RFI=0.975
	RA2	0.703***			
	RA3	0.695***			
	RA4	0.622***			
	RA5	0.711***			
	RA6	0.718***			
	RA8	0.706***			

续表

变量	题项	Estimate	AVE	CR	拟合指标
商业模式 创新	EB1	0.711***	0.545	0.799	$\chi^2/df = 1.610$, RMSEA = 0.041, TLI = 0.975, NFI = 0.949, IFI = 0.980, CFI = 0.900, RFI = 0.937
	EB2	0.735***			
	EB3	0.620***			
	EB4	0.679***			
	EB5	0.597***			
	EB6	0.696***			
	EB7	0.682***			
	EB8	0.631***			
	NB1	0.700***			
	NB3	0.714***			
	NB4	0.589***			
	NB5	0.722***			
	NB6	0.765***			
	NB7	0.753***			
	NB8	0.775***			
企业绩效	SFP1	0.571***	0.567	0.875	$\chi^2/df = 1.580$, RMSEA = 0.040, TLI = 0.985, NFI = 0.972, IFI = 0.989, CFI = 0.989, RFI = 0.961
	SFP2	0.668***			
	SFP3	0.642***			
	SFP4	0.712***			
	LGP1	0.705***			
	LGP2	0.745***			
	LGP3	0.664***			
	LGP4	0.656***			

注：***代表 $p<0.001$。

表 6.15 变量的相关性分析

	关系导向	资源获取	商业模式创新	企业绩效
关系导向	0.718			
资源获取	0.519**	0.760		
商业模式创新	0.717**	0.508**	0.743	
企业绩效	0.718**	0.397**	0.694**	0.761

注：**代表 $p<0.01$。

6.3.3 共同方法偏差检验

本章在问卷设计和测量时已采取相应措施规避共同方法偏差，例如匿名填写问卷、减少受试者动机猜忌、增加测量题项的精准性、减少模糊性等，因此从源头上就对共同方法偏差进行了必要的控制。

就统计控制而言，本章按照 Podsakoff 等（2003）的建议，采用 Harman's 单因素检验法对共同方法偏差进行检验，即对本章所有测量题项进行探索性因子分析。根据所获取的未旋转因子分析结果，本章共提取了 4 个特征值大于 1 的因子，累计解释总方差的 75.26%，4 个因子中特征值最大的因子的方差解释率为 24.35%，未超 50% 的临界值，说明不存在某个解释大部分方差的因子。因此，研究不存在严重的共同方法偏差问题。

6.3.4 假设检验

6.3.4.1 关系导向对中小企业绩效的直接作用及资源获取的中介作用

分析关系导向与中小企业绩效之间的关系，需要分别把关系导向作为自变量，把中小企业绩效作为因变量，把企业年龄、规模、所属行业（以"其他行业"为基准值，赋值为 0，以此构造工业、餐饮业、零售业、农林牧渔业、信息传输业 5 个哑变量）作为控制变量，统一放入回归模型进行检测。通过逐步法分析资源获取的中介作用，需要将关系导向作为自变量，资源获取作为因变量，同时放入控制变量，放入回归模型进行检测；再将资源获取作为自变量，企业绩效作为因变量，同时放入控制变量，放入回归模型进行检测；最后，将关系导向、资源获取作为自变量，中小企业绩效作为因变量，同时放入控制变量，建立回归模型进行检测。

从结果来看（见表 6.16），模型 1 到模型 6 的 VIF（方差膨胀因子指数）值均小于 10，可以认为变量之间并不存在多重共线性问题。其中，模型 2 再次检验了关系导向对资源获取的正向促进作用（$\beta = 0.499$，$p < 0.001$），模型 4 检验了关系导向对中小企业绩效的显著促进作用（$\beta = 0.290$，$p < 0.001$），模型 5 表明资源获取能够显著促进企业绩效（$\beta = 0.554$，$p < 0.001$）。在中介效应的检验中，在模型中同时加入关系导向和资源获取作为自变量时，R^2 从模型 4 的 0.135 增大到了模型 6 的 0.369，表明在加入资源获取变量后，模型对中小企业绩效的解释能力更强。同时，关系导向的回归系数从模型 4 的 0.290 降至模型 6 的 0.017，且不显著，资源获取的回归系数为 0.535 且显著（$p < 0.001$），说明资源获取在关系导向和企业绩效两者之间起完全中介作用，因此，假设 H7 和 H8 均成立。

表 6.16　关系导向对中小企业绩效的回归分析及资源获取的中介作用 （N=329）

变量名称	资源获取		企业绩效			
	模型 1	模型 2	模型 3	模型 4	模型 5	模型 6
企业年龄	-0.096	-0.067	-0.086	-0.07	-0.033	-0.033
企业规模	0.199***	0.180***	0.180***	0.169**	0.07	0.071
工业	0.076	0.011	0.059	0.022	0.017	0.016
餐饮业	0.140	0.039	0.127*	0.069	0.049	0.047
零售业	0.076	0.046	0.113*	0.095	0.070	0.070
农林牧渔业	0.045	0.025	0.110**	0.098*	0.085	0.085*
软件和信息技术服务业	0.068	0.020	0.092	0.064	0.055	0.054
关系导向		0.499***		0.290***		0.017
资源获取					0.554***	0.535***
模型统计量						
R^2	0.048	0.287	0.055	0.135	0.346	0.369
Adj-R^2	0.035	0.268	0.039	0.118	0.333	0.343
F	2.423**	19.142***	3.424**	18.089***	27.340***	30.266***
VIF 最大值	1.531	1.531	1.655	1.655	1.778	1.812

注：*代表 $p<0.05$，**代表 $p<0.01$，***代表 $p<0.001$。

在通过以上逐步法对资源获取进行中介分析的基础上，本章进一步采用 Bootstrap 方法来检验资源获取的中介效应。在控制企业年龄、规模、所属行业的基础上，采用 Hayes（2015）开发的 Process Model 4 进行验证分析，重复取样 5000 次，计算 95%置信区间。分析结果如表 6.17 所示。关系导向对中小企业绩效的直接效应的 Bootstrap 95%置信区间的上下限 （ [-0.1318, 0.1659] ） 包含 0，表明直接效应不显著，间接效应的置信区间不包含 0，表明中介效应显著。同时，中介效应值为 0.3800，占总效应的 94.1%，假设 H8 成立。

表 6.17　资源获取在关系导向和中小企业绩效中的中介作用占比分析 （N=329）

	Effect	BootSE	BootLLCI	BootULCI	效用占比 （%）
X 对 Y 的总效应	0.4038	0.0720	0.2590	0.3590	
X 对 Y 的直接效应	0.0238	0.0759	-0.1318	0.1659	5.9
X 对 Y 的间接效应	0.3800	0.0496	0.2879	0.4827	94.1

6.3.4.2 商业模式创新的中介作用

从结果来看（见表6.18），模型8再次表明关系导向对商业模式创新具有正向关系，且关系显著（β=0.443，p<0.001）。模型11再次表明商业模式创新对中小企业绩效具有显著的正向作用（β=0.364，p<0.001）。基于此，模型12验证了商业模式创新在关系导向与中小企业绩效之间的中介作用，可以看到，自变量和中介变量（关系导向、商业模式创新）对因变量（中小企业绩效）的正向作用依旧显著（β分别是0.159和0.295，p<0.01和p<0.001，Adj-R^2=0.186，F=11.730），但关系导向的回归系数已经从模型10的0.290降低至模型12的0.159，效果明显减弱，因此商业模式创新起到部分中介作用，假设H9成立。

表 6.18 商业模式创新在关系导向和中小企业绩效之间的中介作用（N=329）

变量名称	商业模式创新		企业绩效			
	模型7	模型8	模型9	模型10	模型11	模型12
企业年龄	-0.035	-0.010	-0.086	-0.070	-0.074	-0.067
企业规模	0.016	-0.002	0.180***	0.169**	0.174***	0.169***
工业	0.098	0.041	0.059	0.022	0.024	0.010
餐饮业	0.117*	0.028	0.127*	0.069	0.085	0.061
零售业	-0.035	-0.062	0.113*	0.095	0.126*	0.113**
农林牧渔业	0.012	-0.005	0.110**	0.098*	0.105	0.100*
软件和信息技术服务业	0.078	0.035	0.092	0.064	0.064	0.054
关系导向		0.443***		0.290***		0.159**
商业模式创新				0.364***		0.295***
模型统计量						
R^2	0.023	0.212	0.055	0.135	0.184	0.204
Adj-R^2	0.007	0.196	0.039	0.118	0.168	0.186
F	1.406	13.892***	3.424**	18.089***	11.665***	11.730***
VIF 最大值	1.613	1.613	1.541	1.541	1.389	1.623

注：*代表 p<0.05，**代表 p<0.01，***代表 p<0.001。

在用逐步法对商业模式创新进行中介分析的基础上，本章继续采用Bootstrap方法来检验商业模式创新的中介效应。在控制企业年龄、规模、所属行业的基础上，采用Hayes（2015）开发的Process Model 4进行回归分析，重复取样5000

次，计算95%置信区间。分析结果如表6.19所示。关系导向对中小企业绩效的直接效应的Bootstrap 95%置信区间的上下限（［0.0550，0.3804］）、商业模式创新的中介效应的Bootstrap 95%置信区间的上下限（［0.1198，0.2532］）均不包含0，表明直接效应与中介效应显著，其中直接效应值为0.2219，占总效应的54.96%，中介效应值为0.1819，占总效应的45.04%，假设H9成立。

表6.19 商业模式创新在关系导向和中小企业绩效之间的中介作用占比分析（N=329）

	Effect	BootSE	BootLLCI	BootULCI	效用占比（%）
X 对 Y 的总效应	0.4038	0.0710	0.2590	0.5390	
X 对 Y 的直接效应	0.2219	0.0286	0.0550	0.3804	54.96
X 对 Y 的间接效应	0.1819	0.0344	0.1198	0.2532	45.04

6.3.4.3 关系导向促进商业模式创新以提升绩效的链式作用机理

本章采用Bootstrap方法对关系导向与中小企业绩效之间的链式中介模型进行检验（实证中逐步法难以有效检验存在两个中介变量的链式中介模型）。检测资源获取与商业模式创新的链式中介作用，采用Hayes（2015）所开发设计的Process Model 6进行分析，重复取样5000次，计算95%置信区间，分析结果见表6.20。从检验结果可看出，总效应为0.4038，且Bootstrap 95%置信区间不包含0（［0.2590，0.5390］），总效应显著；直接效应为0.0590，Bootstrap 95%置信区间（［-0.2145，0.0291］）包含0，直接效应不显著。

表6.20 资源获取与商业模式创新的链式中介作用分析（N=329）

	Effect	BootSE	BootLLCI	BootULCI
X 对 Y 的总效应	0.4038	0.0710	0.2590	0.5390
X 对 Y 的直接效应	0.0590	0.0793	-0.2145	0.0291
X 对 Y 的总间接效应	0.3448	0.0512	0.3643	0.5658
X 对 Y 的间接效应（Ind1）	0.2346	0.0486	0.2576	0.4474
X 对 Y 的间接效应（Ind2）	0.0828	0.0236	0.0408	0.1327
X 对 Y 的间接效应（Ind3）	0.0314	0.0101	0.0143	0.0544

注：Ind1 为 X→M1→Y，Ind2 为 X→M2→Y，Ind3 为 X→M1→M2→Y。

Ind3 为资源获取与商业模式创新在关系导向与中小企业绩效之间的链式中介路径，从结果来看，在资源获取与商业模式创新的链式中介路径上，总的间接效应是 0.3448，且 Bootstrap 95% 置信区间不包含 0（［0.3643，0.5658］），因此总间接效应显著。Ind3 链式中介效应为 0.0314，C.I＝［0.0143，0.0544］，区间不包含 0，因此链式中介效应完全显著，假设 H10 成立，链式中介模型的路径系数如图 6.2 所示。

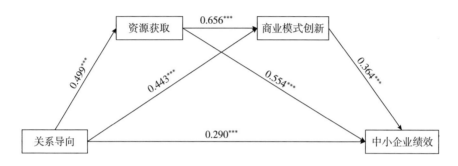

图 6.2　模型路径系数

6.3.5　稳健性检验

为进一步验证实证结果的稳健性，首先，本章采用多种计量方法对研究假设进行检验。对照逐步回归法与 Bootstrap 方法对关系导向对企业绩效主效应以及对资源获取与商业模式创新的中介效应的检验结果可知，两者结果一致，说明实证结果有较好的稳健性。其次，本章采用替换变量的方法验证指标、数据的稳健性。参照赵红丹和周君（2017）的研究成果，在不改变模型的基础上，将自变量关系导向按中位数划分为大、小两个水平的虚拟变量，采用回归分析再次验证，结果显示，除系数大小发生变化外，其显著性及方向都没有发生改变，表明了结果的稳健性。

6.4　研究结果

经过对大样本数据的验证分析，本章所提出的全部假设验证结果如表 6.21 所示。

表 6.21　研究假设汇总

假设检验结果	结果
H7：关系导向对中小企业绩效有正向影响	成立
H8：资源获取在关系导向与中小企业绩效之间起到中介作用	成立
H9：商业模式创新在关系导向与中小企业绩效之间起到中介作用	成立
H10：资源获取和商业模式创新在关系导向和中小企业绩效之间具有链式中介作用	成立

子研究三构建了整合模型，用多种方法对假设进行了检验，本章的验证结果与理论预期基本相符，变量与变量间的关系得到了有效的验证。

首先，研究结果表明，关系导向能够有效促进中小企业绩效的提升，关系导向对中小企业绩效有显著的正向影响，假设 H7 成立。

其次，在关系导向促进中小企业绩效的实现路径上，资源获取和商业模式创新都是中介变量，本章采用逐步法和 Bootstrap 方法对其进行了检验。结果表明，资源获取和商业模式创新在关系导向与中小企业绩效之间具有显著的中介效应。在关系导向通过资源获取作用于中小企业绩效的路径中，资源获取具有完全中介作用。在关系导向通过商业模式创新作用于中小企业绩效的路径中，商业模式创新具有部分中介作用。据此，本章的假设 H8、H9 成立。

最后，本章对资源获取和商业模式创新的链式中介作用进行了检验，结果显示，本章的链式中介效应显著。研究采用 Bootstrap 方法对链式中介作用进行了检验，结果显示资源获取和商业模式创新的链式中介效应显著。因此，本章的假设 H10 成立。

7 研究结论与启示

本书深入讨论了商业模式创新对企业绩效的促进作用以及不同类型的商业模式创新对中小企业绩效的差异化影响，同时探索了中国情境下关系导向对商业模式创新实现的内在机理以及其中的差异，从整体上研究了在中国关系文化的背景下，关系导向如何促进不同类型商业模式的创新，而不同类型的商业模式创新又怎样影响不同的企业绩效，较为完整地讨论了关系导向通过商业模式创新促进企业绩效提升的内在机制。本章将基于前文的分析与论证，对主要结论进行总结与讨论，阐释本书的理论贡献和实践启示，针对本书存在的局限提出未来的研究方向。

7.1 主要研究结论及讨论

7.1.1 商业模式创新及类型对企业绩效的作用与影响差异

7.1.1.1 科学划分商业模式创新类型

本书以中小企业为研究对象，基于组织双元性理论，通过逻辑演绎法，从价值创造逻辑出发，以 Zott 和 Amit（2007）所提出的商业模式创新效率与新颖双维为基础，提出一种新的商业模式创新类型划分方法，科学划分出商业模式创新的组合类型，包括双元协同型、效率主导型和新颖主导型。由此所划分出的商业模式创新类型清晰简洁、逻辑自洽、依据明确，有利于指导实践。根据本书的类型划分，我们可以更加清晰、精准地判断中小企业在商业模式创新价值系统中的定位与特点，为进一步研究不同类型商业模式创新与不同绩效之间的差异奠定了理论基础。数据样本分组显示，超75%的中小企业都实施了不同程度的商业模式创新，其中超过50%的中小企业实施了双元协同型商业模式创新，可见大多数中小企业认可商业模式创新的重要性，其中半数以上的企业在实践中实现了双元创新的高水平有机平衡。进一步地，本书在第5章基于不同的数据样本再次对商业模式创新类型进行了数据样本划分，研究结果表明，超72%的中小企业实现了不同程度的商业模式创新，约一半企业进行了双元协同型商业模式创新，研究的结论与第4章基本保持一致。由此可以认为，本书对商业模式创新类型的划分在理论上与实践上都合理有效，且大多数中小企业专注于双元之间的有机平衡。

7.1.1.2　不同商业模式创新类型对中小企业绩效的影响差异

本书通过单因素多元方差分析与回归分析实证了商业模式创新对绩效的促进作用以及不同类型商业模式创新对中小企业不同绩效的差异化影响。首先，就短期财务绩效而言，双元协同型和效率主导型商业模式创新的影响效果要显著优于双低对照组和新颖主导型。以双低对照组为例，"0-3"的均值差为-0.726，$p<0.001$，而"0-1"的均值差为-0.436，$p<0.001$，说明相对于双低对照组而言，双元协同型和效率主导型商业模式创新对中小企业短期财务绩效的影响更好、更显著。而"0-2"的均值差为-0.039，但$p>0.05$，因此，新颖主导型与双低对照组对短期财务绩效的影响并无差异，即中小企业在提升短期财务绩效的过程中，低创新或无创新与新颖主导型商业模式创新并无差别。进一步的回归分析同样表明，效率主导型商业模式创新（$\beta=0.154$，$p<0.05$）与双元协同型商业模式创新（$\beta=0.407$，$p<0.001$）对中小企业短期财务绩效有正向影响，而新颖主导型商业模式创新（$\beta=0.018$，$p>0.05$）对短期财务绩效没有显著影响。由此可知，虽然商业模式创新对中小企业短期财务绩效有显著的影响（$\beta=0.261$，$p<0.001$），但不同类型的商业模式创新对其影响存在差别，双元协同型与效率主导型要优于新颖主导型。

对于短期财务绩效而言，效率主导型商业模式创新侧重于优化交易系统，将网络中相互联系的市场主体的交易行为转化成一种企业机制，提升合作效率，降低整个商业网络的交易成本，进而推动短期绩效的提升（Zott & Amit，2017）。而双元协同型则通过实现双元之间的有机平衡，不仅实现了效率的提升，还降低了成本，同时通过新颖维的转化促进作用进一步稳固了现有的交易关系，实现效率的进一步提高，促进了短期财务绩效的增长。但由于新颖主导型商业模式创新具有较重的战略性实验色彩，其主要针对长远的发展与变革，对惯性的冲击会增加企业培养新客户的成本，拉长创新活动中探索与试错的过程，对短期绩效的提升起到对冲作用，影响并不显著。

其次，就长期成长绩效而言，双元协同型商业模式创新的影响效果要显著优于双低对照组、效率主导型和新颖主导型。这充分说明双元之间的匹配、协同与联合能够有效提升绩效，这与Bortoluzzi等（2019）的研究结论相符。以双低对照组为例，"0-3"的均值差为-0.713，$p<0.001$，说明相对于双低对照组而言，

双元协同型商业模式创新对中小企业长期成长绩效的影响更好、更显著。但"0-1"的均值差为-0.257，p>0.05，"0-2"的均值差为-0.035，p>0.05，因此，效率主导型、新颖主导型与双低对照组对长期成长绩效的影响并无差异，即中小企业在提升长期成长绩效的过程中，低创新或无创新与效率主导型和新颖主导型商业模式创新并无差异。进一步的回归分析同样表明，双元协同型商业模式创新（β=0.429，p<0.001）对中小企业长期成长绩效有正向影响，而效率主导型（β=0.094，p>0.05）和新颖主导型（β=-0.010，p>0.05）则对长期成长绩效没有正向影响。由此可知，虽然商业模式创新对中小企业长期成长绩效有显著的影响（β=0.349，p<0.001），但不同类型的商业模式创新对其影响存在差别，双元协同型要优于其他类型。

对于长期成长绩效而言，双元协同型通过实现双元之间的有机平衡，可以避免"核心刚性"与"失败陷阱"，促使效率与新颖之间的相互促进与相互支持，确保长期绩效的提升，又可以合理缩短探索创新的进程（Balboni et al.，2019）。效率主导型商业模式创新促进长期成长绩效的假设未成立，这可能是由于过强的效率提升更容易形成交易惯性，容易造成短视行为，不利于中小企业的长期成长，以效率提升促进企业的长远发展可能仍需要新颖维设计的帮助与支持。新颖主导型商业模式创新促进长期成长绩效的假设同样没有成立，原因可能是新颖主导型商业模式创新的风险较大，探索的过程较为复杂且充满不确定性，组织对潜在市场需求的理解可能发生误判，直接跨越式的变革会让中小企业面临巨大的失败风险，缺乏必要的缓冲机制可能会带来"失败陷阱"，导致中小企业难以维持创新态势。

7.1.1.3 环境动态性的调节作用

本书对环境动态性的调节效应进行了检验，环境动态性（$\beta_{乘积项}=0.121$，p<0.01）正向调节商业模式创新和中小企业绩效的关系，假设 H2 成立，这与阎婧等（2016）的研究在结论上保持了一致。但对于商业模式与短期财务绩效和长期成长绩效的关系，环境动态性的调节作用不同。环境动态性对于商业模式创新与短期财务绩效（$\beta_{乘积项}=0.017$，p>0.05）的调节作用不显著，而对于长期成长绩效（$\beta_{乘积项}=0.119$，p<0.01）的正向调节作用显著，假设 H2b 成立，假设 H2a 不成立。这可能是因为动荡的外部环境会更加驱动商业模式创新关注潜在的市场需求，而不利于短期财务绩效的直接实现。

进一步观察环境动态性对不同类型商业模式创新的调节作用可知，环境动态性（$\beta_{乘积项}=-0.021$，p>0.05）对双元协同型商业模式创新与短期财务绩效之间的正向调节作用不显著，假设 H2a-1 不成立，这与假设 H2a 的结论保持了一致。

这可能是因为动荡的外部环境对商业模式创新有着较高的要求，需要企业对未来市场以及潜在需求保持高度的敏感性，着眼于企业的长远发展与良性成长，而非既有的产品与服务。但环境动态性（$\beta_{乘积项}=-0.500$，$p<0.01$）负向调节效率主导型商业模式创新与短期财务绩效的关系，假设 H2a-2 成立，由此说明，当环境动态性较低时，市场运行趋于平稳，技术发展轨迹清晰，易于预测的外部环境给予了中小企业循序渐进的空间，因此，延续并优化既有的交易系统，实施效率主导型商业模式创新更有利于绩效提升。再者，环境动态性（$\beta_{乘积项}=0.573$，$p<0.01$）对双元协同型商业模式创新与长期成长绩效之间的正向调节作用显著，假设 H2b-1 成立，这与假设 H2b 的结论保持了一致。可见，在动荡的外部环境中，企业需要尝试更具有拓展性与开放性的商业模式创新类型来应对可能存在的危机，借此确保长远的发展。但环境动态性对其他类型商业模式创新与长期成长绩效之间的调节作用并不显著，这可能是因为动荡的环境更需要企业在效率与新颖之间实现有机的平衡才能推动长期绩效的提升。

总体而言，环境动态性可以正向调节商业模式创新与中小企业绩效的关系。环境的持续变化让企业的生存与发展面临许多不确定性，而商业模式创新能够很好地适应环境的变化，进而促进绩效的提升。

7.1.2 关系导向下中小企业实现商业模式创新的内在机理

7.1.2.1 关系导向对商业模式创新及类型的促进作用

通过相关检验，关系导向的问卷量表在调整后符合信度检验，同时，关系导向的建构效度、聚合效度以及区分效度较好，既具备独立性，又兼具内敛性，表示量表能够很好地测量关系导向这一整体构念。实证研究结果显示，假设 H3 成立，关系导向对商业模式创新（$\beta=0.639$，$p<0.001$）有显著的正向影响。同时，根据 Logistic 回归分析结果可知，关系导向对双元协同型、效率主导型以及新颖主导型商业模式创新同样有正向影响，假设 H3a、H3b 以及 H3c 均成立。从该结论可知，关系导向代表着企业基于构建和谐的外部社会关系以获取可持续性竞争优势的战略姿态与战略选择，其对"关系"的重视程度可以有效促进合作伙伴相互信任，增进伙伴间的协同性，提升企业间相互理解的能力，从而形成共同的创新愿景（Xu，2016）。因此，关系导向能够有效抑制商业模式创新中的机会主义行为的发生，提升伙伴对风险损失的宽容度，同时还可以促进商业模式创新中的协同效应，增强伙伴对新构念的理解力，继而促进商业模式的创新。总之，关系导向为各种商业模式创新拓展了稳定的合作空间。

7.1.2.2 关系导向对资源获取的促进作用

本书通过线性回归分析检验了关系导向对资源获取的促进作用，结果显示，关系导向（β=0.663，p<0.001）对资源获取有正向影响，假设 H4 成立，该结果与 Ju 等（2019）的研究结果基本一致。这表明，关系导向可以帮助中小企业从外部迅速获取资源以满足其对资源的需求，促进中小企业获取、利用更多的外部资源来弥补自身的短板。由结论可知，对于中小企业而言，"关系"是企业从外部获取资源的重要途径。中小企业存在资源短板，其发展离不开外部异质性资源的获取与支持。在中国的社会背景下，关系导向的强化可以增强与网络成员的连接，帮助企业建立良好的伙伴关系，降低双方对自身资源的保护意识，从而通过频繁的交流与互动实现资源在组织间的有序流转。同时，关系导向的强化可以扩大企业所在关系网络的边界和范围（Luo et al.，2012），使资源获取深度和广度得以增加，从而获取更多在正式渠道中难以获取的资源和知识。关系导向型企业可以在动态的关系管理与网络建设中不断拓宽组织关系的辐射范围，进一步增加"人脉"的异质性与多样化，并且确保资源的有效、真实和可靠，从而获取更多、更有益的外部资源。

7.1.2.3 资源获取对商业模式创新及类型的促进作用

本书通过线性回归以及 Logistic 回归检验了资源获取对商业模式创新及类型的促进作用，结果显示，资源获取对商业模式创新（β=0.656，p<0.001）有正向影响，假设 H5 成立，同时对不同类型的商业模式创新也皆有显著的正向影响，假设 H5a、H5b 以及 H5c 均成立。可见，资源获取有效解释了商业模式创新的变异，且正向关系显著。该结论验证了资源基础观中关于创新的观点，即商业模式创新依赖于组织的资源基础，商业模式创新就是企业把资源投入转化为产出的创新过程（Amit & Zott，2016），资源的匮乏会造成企业商业模式创新动力的耗散与衰竭。因此，在开放式的环境中，高效率的商业模式创新需要依赖于组织从外部获得各种具有异质性的、有价值的资源（Guo et al.，2016），这些资源能够帮助资源匮乏的中小企业打破组织边界，革新资源体系，促进商业模式的创新。同时，不同的资源安排可能促使企业实施不同类型的商业模式创新，企业可以根据所获取资源的特性开展效率主导型和新颖主导型的商业模式创新，也可以合理地将资源配置于两种创新路径之中，以实现效率与新颖的协同作用。

7.1.2.4 资源获取在关系导向与商业模式创新及类型之间的中介作用

本书首先基于 Baron 和 Kenny（1986）提出的逐步法和 Hayes（2009）提出的 Bootstrap 方法对资源获取在关系导向与商业模式创新之间的中介效应进行了检验，实证了资源获取（β=0.445，p<0.001）在关系导向（β=0.417，p<0.001）与商业模式创新之间的中介作用，假设 H6 成立。其中，资源获取在关系导向与商业模式创新之间的中介效应占比是 35.12%。进一步地，本书采用 Iacobucci

（2012）提出的方法，通过 Z 检验来统一线性回归系数与 Logistic 回归系数的量尺差异，计算出 Z_a 与 Z_b 的乘积以求得 Z 值来检验资源获取在关系导向与商业模式创新各类型之间的中介作用，结果显示，资源获取在关系导向与双元协同型（Z = 5.947）、效率主导型（Z = 5.572）以及新颖主导型（Z = 4.316）商业模式创新之间有着显著的中介作用，假设 H6a、H6b 以及 H6c 均成立。

因此，从结论可以看出，资源获取在关系导向和商业模式创新之间占有重要的地位，该结论进一步丰富了商业模式创新的实现机理研究，进一步明晰了在中国关系社会的具体情境下，关系导向如何促进中小企业实现商业模式创新，即可以通过资源获取来夯实创新所需基础，这符合中小企业通过增强适应性实现创新的定位逻辑（Mishra，2017）。

对于资源稀缺的中小企业而言，关系导向能够促进组织从外部获取大量异质性资源。从外部获取更多的资源可以帮助企业构建更完善的资源体系（侯佳薇等，2018），优化企业的决策系统，有效弥补中小企业资源匮乏的短板。当中小企业拥有了足够的资源时，其商业模式的创新才具备可持续性。因此，关系导向通过为中小企业构建稳固的资源基础与合作空间来促进中小企业商业模式的创新。同时，中小企业在关系导向驱动下获取各种资源后，其商业模式创新既可以是效率主导的逻辑，降低交易环节中的信息不对称性，减少交易过程中的阻碍，使交易成本得到有效控制，扩大现有产品和市场，提升短期财务绩效；也可以是新颖主导的逻辑，逐渐瓦解旧的核心能力和资源，建立新的价值逻辑，开辟新的产品和市场，构建"赢者通吃"的创新优势（李东，2010），从而促进企业的长期成长绩效；还可以是双元协同的逻辑，通过发挥效率与新颖的促进作用，规避其风险，进而促进不同绩效的提升。

本书的实证结果表明，资源获取对商业模式创新及其各种类型创新的实现都起到了传导性的作用，关系导向对商业模式创新的影响可以通过资源获取这一媒介产生效果。该结论进一步揭示了关系导向影响下中小企业实现商业模式创新的内在机理，丰富了 Murray 和 Fu（2016）及 Zott 和 Amit（2017）的相关研究，并拓展运用 Foss 和 Saebi（2017）所提出的商业模式创新整合模型，清晰地指出了中国关系文化背景下本土中小企业商业模式创新的实现过程，基于中国情境，从资源基础理论与开放式创新理论的视角为研究提供了重要支撑。

7.1.3 关系导向驱动下中小企业绩效提升的路径

7.1.3.1 关系导向对中小企业绩效的直接作用

实证研究结果显示，关系导向对中小企业绩效（β = 0.290，p<0.001）有显

著的直接影响，假设 H7 成立。基于"关系"的非市场交易机制是组织间重要的交易原则，中小企业关系导向的树立能够有效促进企业绩效的提升。关系导向能够赋予中小企业一种战略驱动力，帮助企业获得资源，推动企业的发展与创新，有利于企业在激烈的竞争环境中获取可持续的竞争优势（Qian et al.，2016）。一旦企业形成一种注重和谐与长远发展的组织氛围，其所在社会网络的信任程度会得到加深，有利于减少成本、扩大市场、获得资源优势，促进组织绩效的提升。这进一步验证了 Park 和 Luo（2001）、Feng 和 Chavez（2017）以及 Zhou 等（2020）的研究结果。

7.1.3.2　资源获取与商业模式创新各自单独的中介作用

本书实证了资源获取在关系导向与中小企业绩效之间的中介作用，假设 H8 成立。其中，资源获取在关系导向与中小企业绩效之间的中介效应占比达 94.10%，可以看出，资源获取在关系导向和中小企业的关系中占有重要的地位，该结论进一步明晰了关系导向促进中小企业绩效提升的过程，即可以通过资源获取提升企业绩效，这符合中小企业以增强适应性促进绩效的定位逻辑。对于资源稀缺的中小企业而言，关系导向能够促进组织从外部获取大量异质性资源，比如与银行建立良好的关系可以获取更多的资金支持（黄艳等，2016）。从外部获取更多的资源可以帮助企业构建更完善的资源体系（侯佳薇等，2018），优化企业的决策系统，使中小企业的绩效得到提升。该结论进一步从资源基础理论的视角为研究提供了重要支撑。

再者，本书对商业模式创新在关系导向与中小企业绩效之间的中介效应进行了检验。逐步法检验结果显示，商业模式创新在关系导向与中小企业绩效之间起到部分中介作用，且 Bootstrap 方法检验结果也显示直接效应与中介效应显著，中介效应占比为 45.04%，假设 H9 成立。由此可见，关系导向不仅可以促成商业模式创新的实现，还可以推动商业模式创新以提升绩效。

7.1.3.3　资源获取与商业模式创新在关系导向与中小企业绩效之间具有链式中介作用

本书基于 Bootstrap 方法验证了资源获取与商业模式创新的链式中介效应。Bootstrap 方法检验结果显示，在链式中介模型中，关系导向对中小企业绩效的直接效应并不显著，但资源获取与商业模式创新在关系导向与中小企业绩效之间的链式中介效应显著，假设 H10 成立。子研究一证明了商业模式创新及类型对中小企业绩效的影响，子研究二证明了关系导向下商业模式创新实现的内在机理，子研究三从整体上打通变量间的关系，证明了资源获取与商业模式创新的链式中介作用。整合三个子研究可以看到，关系导向通过资源获取促进了商业模式创新的实现，同时商业模式创新对企业绩效存在重要且有差异性的影响，最终关系导向可以通过资源获取与商业模式创新提升企业绩效，关系导向可以通过资源获取与商业模式创新这一路径影响中小企业绩效。这从侧面显示出关系导向驱动下的资源获取与商业模式创新对绩效的提升发挥着主导性的作用。

商业模式创新能够为中小企业创造新的价值，通过对交易系统的革新以匹配消费者的需求进而提升组织绩效。中小企业要进行商业模式创新就必须具备足够的资源基础，这就需要企业能够快速地获取异质性的资源（Chang，2017），与伙伴协调合作实现资源转移。而关系导向可以更好地维护和协调伙伴间的社会关系网，更有效地推动企业从外部获取稀缺性的价值资源。强烈的关系导向能够促进中小企业的外部资源获取，更高水平的外部资源获取能够更好地促进企业的商业模式创新，进而有效促进企业绩效的提升。链式中介效应的结论很好地解释了在中国文化情境中关系导向驱动下资源获取与商业模式创新促进中小企业绩效提升的内在作用机制，更好地揭开了其中的"黑箱"。

7.2 研究启示

本书通过三个子研究深入探讨了中国情境下关系导向促进各种商业模式创新实现的内在机理以及不同商业模式创新对企业绩效的影响差异，构建了整体关系概念模型，做出了一定的理论贡献，对中小企业具有一定的现实意义与指导作用。

7.2.1 理论贡献

本书的理论贡献主要包括以下几个方面：

第一，基于组织双元性理论拓展了商业模式创新的类型研究，探明了不同商业模式创新类型与中小企业绩效复杂的作用关系。本书以中小企业为研究对象，基于组织双元性理论，从商业模式创新效率与新颖两个维度划分出一种新的商业模式创新类型，包括双元协同型、效率主导型和新颖主导型，并探索了商业模式创新对企业绩效的促进作用以及不同类型商业模式创新对不同绩效的影响差异，丰富了商业模式创新理论的相关研究，促进了组织双元性理论与商业模式创新理论的融合与发展。现有研究从类型学角度来探索商业模式创新与企业绩效关系的文献还不多见，商业模式创新对中小企业绩效复杂的作用机制还需要进一步深入探索。因此，本书基于组织双元性理论划分出新的商业模式创新类型，并在实证中有效区分出不同商业模式创新类型所对应的数据样本，构建出商业模式创新类型这一多分类变量，推动了商业模式创新的实证研究。通过单因素多元方差分析与回归分析，本书更加清晰、直观地描述出双元协同型、效率主导型和新颖主导型商业模式创新对中小企业短期财务绩效与长期成长绩效影响的差异，实证了双元协同型商业模式创新相对于其他类型而言对企业绩效更为显著、更为强烈的促进作用，探索了效率主导型商业模式创新相较于新颖主导型而言对企业绩效提升更为独特的贡献，进一步研究了环境动态性对不同类型商业模式创新与企业绩效之间的调节作用，揭示出商业模式创新类型与中小企业成长和发展之间关系的复杂性与多样性，进一步完善了商业模式创新理论与组织双元性理论。

第二，丰富了本土中小企业实现商业模式创新的内在机理研究。本书从中小企业实现组织双元性的路径出发，基于中国特有的文化背景与管理思想，揭示了关系导向驱动下中小企业实现商业模式创新的内在机理，分析了资源获取在关系导向与商业模式创新及类型之间的中介作用，弥补了现有商业模式创新研究中中国情境因素探索不足的缺陷，丰富了差序格局下社会资本理论与商业模式创新理论的相关研究，促进了差序格局理论、社会资本理论与组织双元性理论等相关理论的融合，解决了现有商业模式创新研究中中国情境因素探索不足与其过程研究不足的问题。"关系"作为一个独具中国特色的概念已经成为文化惯性与制度转型过程中社会整体所认可的价值取向与行为规范，深刻地影响着人或组织的行为方式与决策模式。关系导向是有效促进中小企业创新与发展的重要战略，可以解决中小企业合法性不足与资源匮乏等问题。因此，本书提出并验证了关系导向驱动下资源获取对商业模式创新的作用机理，清晰地描述出这一重要的中介路径。基于中国情境来研究商业模式创新的实现机理开拓了研究思路，丰富了关系导向、商业模式创新等研究领域的相关成果，有效地将组织双元性理论、差序格局理论、社会资本理论以及资源基础理论整合于统一的框架之下，有利于我们对上述不同理论的交叉融合，促进这些理论的演化，拓宽适用范围与情境，丰富了"中魂西制"管理范式的相关研究。

第三，深化了中小企业绩效前因变量组合研究，深刻地揭示出本土中小企业在关系导向战略驱动下变革商业模式得以成长的独特路径，丰富了中小企业成长理论的研究，进一步打开了关系导向、商业模式创新与企业绩效之间的理论"黑箱"。本书基于"导向—能力—行为—结果"的理论研究范式，构建了整体研究关系模型，提出了"关系导向—资源获取—商业模式创新—中小企业绩效"的研究路线，分析并拓展了本土中小企业绩效提升的实现路径，构建了关系对中小企业绩效的链式中介模型，深入探索了资源获取与商业模式创新双中介以及链式中介作用机制，弥补了关系导向、商业模式创新作用于中小企业绩效内在机制解释不足的缺陷。本书通过构建出相关整合模型，从整体视角打开了关系导向与商业模式创新及中小企业绩效关系之间的"黑箱"，清晰地指出在中国情境下，关系导向可以帮助中小企业获取外部资源以实现不同类型的商业模式创新提升企业绩效，且双元协同型与效率主导型商业模式创新对企业绩效的促进作用要显著优于新颖主导型和双低对照组。这一结论进一步阐释了本土中小企业成长所具有的独特性，丰富了关系视角下从资源、能力到创新的中小企业竞争优势的相关理论研究，对中小企业绩效的成因研究具有较好的理论贡献。

7.2.2　实践启示

对于中小企业而言，本书主要的实践启示如下：

第一，中小企业在构建商业模式时可以考虑融合效率和新颖两种维度所对应的交易系统要素，可以采用平衡、协同效率与新颖双元的方式来设计、构造新的商业模式，重视不同商业模式创新类型对中小企业不同绩效的影响差异，寻找到合适的商业模式创新类型，即明确自身在价值网络与市场中的合理定位。商业模式创新是中小企业获取竞争优势的重要手段，通过对交易系统中核心板块与要素的改变和更新可以创造价值。但创造价值的路线并不单一，中小企业可以侧重于降低成本以创造价值，亦可侧重于提出新的价值主张创造价值，抑或兼顾两者，实现双元协同效应以创造价值。本书研究发现，双元协同型商业模式创新既是大多数中小企业选择的创新类型，也是最有利于中小企业各类绩效提升的创新类型。因此，中小企业应该树立一种有机平衡观，努力在效率与新颖两方面实现合理的匹配、协同与联合，充分发挥两者相互促进、相互转化的作用，规避两者带来的风险，以更好地促进绩效的提升。同时，效率主导型商业模式创新可以有效促进绩效的提升，这也是中小企业可以选择的类型。效率主导型商业模式创新对于中小企业而言是比较容易实现的，在以往交易惯性的支撑下，组织对现有系统的优化更便于伙伴的理解与支持，风险也更小。通过降低交易网络的成本，可以有效提升中小企业短期财务绩效的提升。新颖主导型商业模式创新类型对于中小企业而言需要慎重选择，因为新颖主导型可能存在较大的创新风险，较长的创新过程、较高的培养用户使用习惯的成本容易导致中小企业陷入"失败陷阱"，这未必与中小企业的自身特性相适应。

第二，中小企业需要树立牢固的关系导向战略，提升企业在社会网络中的自主权，合理利用社会网络，而非盲目扩张网络边界，要以"关系"为基础，逐步构建信任格局，在网络中占据有利位置，提升网络动员能力，获取可靠、有效、异质的稀缺资源，进而突破实现组织双元性的资源束缚，实现商业模式创新，提升企业绩效。由于中小企业天然地存在资源短板以及合法性不足等问题，因此在开放式创新过程中必然面临信任危机与资源束缚等问题。因此，中小企业需要以关系导向为战略驱动力，以"关系"为基础，构建良好的社会网络，逐渐拓展网络边界，与伙伴构建信任机制，以开放互惠的心态与外部合作伙伴展开合作，获取知识、信息、技术、资金等资源，弥补资源缺陷，革新资源体系，这既有利于企业绩效的提升，又能够有效促进商业模式创新。商业模式创新离不开必要的资源与能力，任何一个商业模式的设计过程即是资源不断匹配、协同、优化的过程，两者之间保持统一的运行路径。但对于大多数中国中小企业而言，在推进商业模式演进、创新的过程中必然受资源的限制。因此，关系导向促进中小企业可以更好地获得外部资源，一方面促进了双方的资源转移，为企业的可持续发展提供支撑；另一方面则直接作用于商业模式创新，驱动商业模式不断演化以提升绩效。可见，中小企业在关系导向的驱动下，可以以更开放的心态构建良好的关系网络，并重视对外部关系的合理利用，尤其是以高层管理者的个人优质"关系"为切入点，优化关系治理，将个人关系组织化、制度化，以帮助企业持久地获取外部稀缺资源，推进商业模式的创新，获取可持续的竞争优势。

第三，在 VUCA 时代，要适应、利用外部环境，结合不同的外部环境匹配相应的商业模式创新类型，以提升组织绩效，在外部环境较为平稳时，选择效率主导型商业模式创新提升短期绩效，在外部环境变化动荡时，采用双元协同型商业模式创新提升长期绩效。动荡不定的外部环境是客观存在的，中小企业的成长与发展必须经受住市场与技术的双重考验，需要不断根据环境的变化进行调整。实际上，从权变的视角来看，外部环境的剧变虽然给中小企业带来了生存的压力，但反过来也是提升中小企业创新能力与战略水平的重要驱动因素。因此，在中小企业生存、发展、创新乃至成熟的过程中，组织应该对环境动态性保持高度的敏感性，适时地完成商业模式的创新以完成企业交易结构、价值主张、治理规范的优化与变革，从而更好地契合技术的波动与需求的起伏，充分利用外部环境为中小企业所带来的各种可能性，将潜在的风险转化为可识别的机遇。由此，中小企业必须对环境保持一种前瞻性与敏感性，并且结合自身因素进行创新决策，避免僵化的决策机制所产生的不利影响。

7.3 研究局限与未来展望

本书探索了商业模式创新类型与不同绩效之间的影响差异，同时构建并验证了关系导向驱动下商业模式创新促进中小企业绩效提升的作用机制研究模型，做出了一定的理论贡献，可以推进实业界对相关问题的思考。但由于本书研究对象的复杂性以及受笔者能力与经验的限制，本书仍存在一些局限与有待继续深入的地方。

（1）样本数据的代表性问题。本书通过多种渠道与多种方式发放并回收问卷，耗费了大量的时间与精力，虽然样本数据达到了实证分析的基本要求，但由于回收的问卷主要来自西部地区，区域经济特性与地方文化可能对样本数据产生影响。因此，在未来研究中，本书所构建的模型与假设应在更广泛的范围内进行验证。再者，商业模式创新具有动态性，可能表现出一种持续的演化过程，但本书所收集的数据属于横截面数据，并非时间序列数据，因此对研究结果可能会产生某些影响。因此，在以后的研究中，可以考虑对样本企业进行长期跟踪观察调研，以获取面板数据进行进一步的分析。

（2）问卷量表测试的局限性。本书的量表基本源于国内外的成熟量表，并根据研究需要在专家的指导下进行了必要的修正，且征求了企业高管的建议，进行了适当补充，因此可能存在为了使语言习惯与题项表述更符合国内管理者的认知方式而使量表发生一定程度的歧义的情况，因此会或多或少影响到问卷的质量。再者，由于研究对象难以获得公开数据，采用问卷调查法获取的数据难免被调查对象的主观性所干扰，再加上本书问卷采用李克特7级量表，进一步增强了主观性可能带来的干扰。同时，本书拟研究的问题存在一定的复杂性，虽已在问卷上详细地阐明了相关概念，但仍可能存在理解模糊的问题，对其准确性造成一定的影响。在未来研究中，需要对量表进一步细化，提高量表的科学性和准确性。

（3）企业发展阶段的影响。由于时间的紧迫性与研究对象的复杂性，本书并未将企业发展阶段纳入研究范围内。虽然中小企业基本情况是较为相似的，但中小企业在不同的发展阶段可能也会表现出某些不同的特质。基于生命周期理论，企业所处的发展阶段不同，其在资源、能力、组织构架、战略目标上会呈现出一些差异，因此不同阶段的中小企业可能侧重点会有偏差。在下一步研究中，可以考虑将企业的发展阶段纳入研究框架，进一步丰富研究成果。

参考文献

［1］ Acosta-Pankov I, Spassov N, Banea O . Seasonal Differences in Howling Response of Golden Jackals Canis aureus L. 1758 (Mammalia：Canidae) in Eastern Bulgaria Acosta et al. 2018 ［J］. Acta Zoologica Bulgarica, 2018, 70 (4)：539-545.

［2］ Adler P S, Kwon S W. Social Capital：Prospects for a New Concept ［J］. Academy of Management Review, 2002, 27 (1)：17-40.

［3］ Adomako S, Danso A, Boso N, et al. Entrepreneurial Alertness and New Venture Performance：Facilitating Roles of Networking Capability ［J］. International Small Business Journal, 2018, 36 (5)：453-472.

［4］ Afuah A , Tucci C L. Internet Business Models and Strategies：Text and Cases ［M］. Boston：McGraw-Hill, 2003：68-73.

［5］ Alejandro Germán Frank, Cortimiglia M N , Ghezzi A . Business Model Innovation and Strategy Making Nexus：Evidence from a Cross-Industry Mixed-Methods Study ［J］. R&D Management, 2015, 46 (3) .

［6］ Allee, Verna. Value Network Analysis and Value Conversion of Tangible and Intangible Assets ［J］. Journal of Intellectual Capital, 2008, 9 (1)：5-24.

［7］ Amit R, Zott C. Business Model Innovation：Creating Value in Times of Change ［J］. Social Science Electronic Publishing, 2010, 23 (23)：108-121.

［8］ Amit R, Zott C. Crafting Business Architecture：The Antecedents of Business Model Design ［J］. Strategic Entrepreneurship Journal, 2016, 9 (4)：331-350.

［9］ Amit R, Zott C. Creating Value through Business Model Innovation ［J］. Mit Sloan Management Review, 2012, 53 (5)：102-124.

［10］ Amit R, Zott C. Value Creation in E-Business ［J］. Strategic Management Journal, 2001, 22 (6-7)：493-520.

［11］ Andriopoulos C, Lewis M W. Exploitation-Exploration Tensions and Organizational Ambidexterity：Managing Paradoxes of Innovation ［J］. Organization Science, 2009, 20.

［12］ Angela Paladino. Analyzing the Effects of Market and Resource Orientations on Innovative Outcomes in Times of Turbulence ［J］. Journal of Product Innovation Management, 2008, 25 （6）: 577-592.

［13］ Anna Krzeminska, Christine Eckert. Complementarity of Internal and External R&D: Is There a Difference between Product Versus Process Innovations? ［J］. R&D Management, 2015, 46 （53） 931-944.

［14］ Asemokha A, Musona J, Torkkeli L, et al. Business Model Innovation and Entrepreneurial Orientation Relationships In SMEs: Implications For International Performance ［J］. Journal of International Entrepreneurship, 2019 （6）.

［15］ Aspara J, Hietanen J, Tikkanen H. Business Model Innovation Vs Replication: Financial Performance Implications of Strategic Emphases ［J］. Journal of Strategic Marketing, 2010, 18 （1）.

［16］ Atuahene-Gima K. Resolving the Capability-Rigidity Paradox in New Product Innovation ［J］. Journal of Marketing, 2005, 69 （4）: 61-83.

［17］ Bagnoli C, Giachetti C. Aligning Knowledge Strategy and Competitive Strategy In Small Firms ［J］. Journal of Business Economics And Management, 2015, 16 （3）: 571-598.

［18］ Balboni B, Bortoluzzi G, Pugliese R, et al. Business Model Evolution, Contextual Ambidexterity and the Growth Performance of High-tech Start-ups ［J］. Journal of Business Research, 2019, 99: 115-124.

［19］ Barney J B. Strategic Factor Markets: Expectations, Luck, and Business Strategy ［J］. Management Science, 1986, 32 （10）: 1231-1241.

［20］ Barney J. Firm Resources and Sustained Competitive Advantage ［J］. Journal of Management, 1991, 17 （1）: 99-120.

［21］ Baron Reuben M, David A Kenny. The Moderator-Mediator Variable Distinction in Social Psychological Research: Conceptual, Strategic, and Statistical Considerations ［J］. Journal of Personality and Social Psychology, 1986, 51 （6）: 1173-1182.

［22］ Bartz W, Winkler A. Flexible Or Fragile? The Growth Performance of Small and Young Businesses during the Global Financial Crisis - Evidence From Germany ［J］. Journal of Business Venturing, 2016, 31 （2）: 196-215.

［23］ Beckert J, Zafirovski M. International Encyclopedia of Economic Sociology ［M］. Routledge, 2005.

［24］ Bian Y, Zhang L. Corporate Social Capital in Chinese Guanxi Culture ［J］. Research in the Sociology of Organizations, 2014, 40: 421-443.

［25］ Bierly P E, Damanpour F, Santoro M D, et al. The Application of External Knowledge: Organizational Conditions for Exploration and Exploitation ［J］. Journal of Management Studies, 2009, 46 (3): 481-509.

［26］ Birasnav M, Albufalasa M, Bader Y. The Role of Transformational Leadership and Knowledge Management Processes on Predicting Product and Process Innovation: An Empirical Study Developed in Kingdom of Bahrain ［J］. Tékhne, 2013, 11 (2): 64-75.

［27］ Bottazzi G, Dosi G, Lippi M, et al. Innovation and Corporate Growth in The Evolution of The Drug Industry ［J］. Lem Papers Series, 2001, 19 (7): 1161-1187.

［28］ Bourdieu P. The market of symbolic goods ［J］. Poetics, 1985, 14 (1): 13-44.

［29］ Bowman C, Collier N. A Contingency Approach to Resource - Creation Processes ［J］. International Journal of Management Reviews, 2006, 8 (4): 191-211.

［30］ Brumbrach A. Performance Management ［M］. London: The Cromwell Press, 1988.

［31］ Brush C G, Greene P G, Hart M M, et al. From Initial Idea To Unique Advantage: The Entrepreneurial Challenge of Constructing A Resource Base ［J］. Academy of Management Executive, 2001, 15 (1): 64-78.

［32］ Burt R S. Structural Holes and Good Ideas ［J］. American journal of sociology, 2004, 110 (2): 349-399.

［33］ Cai L, Hughes M, Yin M, et al. The Relationship Between Resource Acquisition Methods and Firm Performance In Chinese New Ventures: The Intermediate Effect of Learning Capability ［J］. Journal of Small Business Management, 2014, 52 (3): 365-389.

［34］ Calantone R J, Garcia R, Cornelia Dröge. The Effects of Environmental Turbulence on New Product Development Strategy Planning ［J］. Journal of Product Innovation Management, 2003, 20 (2): 90-103.

［35］ Campbell J P, Mc Cloy R A, Oppler S H, et al. A Theory of Performance ［J］. Personnel Selection In Organizations, 1993, 35 (70): 35-70.

［36］ Cao L, Navare J, Jin Z, et al. Business Model Innovation: How the International Retailers Rebuild Their Core Business Logic in a New Host Country ［J］. International Business Review, 2018, 27 (3): 543-562.

［37］ Carlos Bou-Llusar, Juan, Segarra-Ciprés, Mercedes. Strategic Knowledge Transfer and Its Implications for Competitive Advantage: An Integrative Conceptual

Framework [J] . Journal of Knowledge Management, 2006, 10 (4): 100-112.

[38] Casadesus-Masanell R, Ricart J E. From Strategy to Business Models and onto Tactics [J] . Long Range Planning, 2010, 43 (2-3): 195-215.

[39] Cassiman B , Veugelers R . R&D Cooperation and Spillovers: Some Empirical Evidence from Belgium [R] . American Economic Review, 2002, 92 (4): 1169-1184.

[40] Cassiman B , Veugelers R. Complementarity in the innovation strategy: Internal R&D, external technology acquisition, and cooperation in R&D [R] . IESE Research Papers, 2002.

[41] Chang J. The Effects of Buyer-Supplier' S Collaboration on Knowledge and Product Innovation [J] . Industrial Marketing Management, 2017, 65: 129-143.

[42] Chen H, Ellinger A E, Tian Y. Manufacturer-Supplier Guanxi Strategy: An Examination of Contingent Environmental Factors [J] . Ind. Mark. Manag. 2011, 40: 550-560.

[43] Chesbrough H, Appleyard M M. Open Innovation And Strategy [J] . California Management Review, 2007, 50 (1): 57-76.

[44] Chesbrough H, Birkinshaw J, Teubal M. Introduction to the Research Policy 20th Anniversary Special Issue of the Publication of "Profiting From Innovation" by David J. Teece [J] . Research Policy, 2006, 35 (8): 1091-1099.

[45] Chesbrough H, Vanhaverbeke W, West J. Open Innovation: Researching a New Paradigm [M] . Oxford University Press, 2006.

[46] Chesbrough H. Business Model Innovation: Opportunities and Barriers [J] . Long Range Planning, 2010, 43 (2-3): 354-363.

[47] Chesbrough H. Open Innovation: The New Imperative for Creating and Profiting From Technology Cambridge [M] . Ma: Harvard Business School Press, 2003.

[48] Ching-Lai Hwang, Ming-Jeng Lin. Group Decision Making under Multiple Criteria [M] . Springer Berlin Heidelberg, 1987.

[49] Chrisman J J, Chua J H, Sharma P. Important Attributes of Successors in Family Businesses: An Exploratory Study [J] . Family Business Review, 1998, 11 (1): 35-47.

[50] Christensen C M. The Innovator' s Dilemma: When New Technologies Cause Great Firms to Fail [M] . Harvard Business Review Press, 2013.

[51] Chung H F L . How Guanxi Networking Matters in the Relation between Market Orientation and Innovation in Asian Emerging Economies—The Case of Markor [J] . Journal of Business & Industrial Marketing, 2019, 34 (4): 836-849.

［52］Coleman S . Why There is Nothing rather than Something: A Theory of The Cosmological Constant ［J］. Nuclear Physics B, 1988, 310 (3-4): 643-668.

［53］Covin J G, Slevin D P. A Conceptual Model of Entrepreneurship as Firm Behavior ［J］. Social Science Electronic Publishing, 1991, 16 (1): 7-25.

［54］Crosno J L , Dahlstrom R . A Meta-analytic Review of Opportunism in Exchange Relationships ［J］. Journal of the Academy of Marketing Science, 2008, 36 (2): 191-201.

［55］Cucculelli M, Bettinelli C. Business Models, Intangibles and Firm Performance: Evidence on Corporate Entrepreneurship from Italian Manufacturing SMEs ［J］. Small Business Economics, 2015, 45 (2): 329-350.

［56］Dacin M T , Oliver C , Roy J P . The Legitimacy of Strategic Alliances: An Institutional Perspective ［J］. Strategic Management Journal, 2007, 28 (2): 169-187.

［57］Danny Miller, Peter H. Friesen. Strategy-Making and Environment: The Third Link ［J］. Strategic Management Journal, 1983, 4 (3): 221-235.

［58］Daphne, W, Yiu, et al. Corporate Entrepreneurship as Resource Capital Configuration in Emerging Market Firms ［J］. Entrepreneurship Theory and Practice, 2017, 32 (1): 37-57.

［59］Das T K, Teng B. A Resource-Based Theory of Strategic Alliances ［J］. Journal of Management, 2000, 26 (1): 31-61.

［60］Davis J P, Hallen B L. Agentic Networks and Entrepreneurial Opportunities: An Emerging Nonlocal Network Dynamics Perspective ［J］. SSRN Electronic Journal, 2016, 03.

［61］Demil B, Lecocq X. Business Model Evolution: In Search of Dynamic Consistency ［J］. Long Range Planning, 2010, 43 (2-3): 227-246.

［62］Denrell J, Fang C, Winter S G. The Economics of Strategic Opportunity ［J］. Strategic Management Journal, 2003, 24 (10): 977-990.

［63］Dess G G, Robinson R B. Measuring Organizational Performance in the Absence of Objective Measures: The Case of The Privately-Held Firm and Conglomerate Business Unit ［J］. Strategic Management Journal, 1984, 5 (3): 265-273.

［64］Dierick I, Cool K. Asset Stock Accumulation and Sustainability of Competitive Advantage ［J］. Management Science, 1989, 35 (12): 1504-1511.

［65］Divito L, Bohnsack R. Entrepreneurial Orientation and Its Effect on Sustainability Decision Tradeoffs: The Case of Sustainable Fashion Firms ［J］. Journal of Business Venturing, 2017, 32 (5): 569-587.

[66] Dong M C, Liu Z, Yu Y, et al. Opportunism in Distribution Networks: The Role of Network Embeddedness and Dependence [J]. Production & Operations Management, 2015, 24 (10): 1657-1670.

[67] Dr. Yen, ShangYung, Fan, SongChin. An Exploration on the Business Model of Social Enterprises Owned by Chinese Entrepreneurs in Taiwan [J]. Asian Economic & Financial Review, 2014, 4: 1275-1289.

[68] Duncan R B. Characteristics of Organizational Environments and Perceived Environmental Uncertainty [J]. Administrative Science Quarterly, 1972, 17 (3): 313-327.

[69] Dunfee T W, Warren D E. Is Guanxi Ethical? A Normative Analysis of Doing Business in China [J]. 2001, 32 (3): 191-204.

[70] Dyer J H, Hatch N W. Network-specific Capabilities, Network Barriers to Knowledge Transfers, and Competitive Advantage. [J]. Academy of Management Proceedings, 2004 (1): V1-V6.

[71] Dyer J H, Nobeoka K. Creating and Managing a High-Performance Knowledge-Sharing Network: The Toyota Case [J]. Strategic Management Journal, 2000, 21 (3): 345-365.

[72] Fang C, Lee J, Schilling M A. Balancing Exploration and Exploitation Through Structural Design: The Isolation of Subgroups and Organizational Learning [J]. Organization Science, 2010, 21 (3): 625-642.

[73] Feng M W, Luo Y. Managerial Ties and Firm Performance in a Transition Economy: The Nature of a Micro-Macro Link [J]. Academy of Management Journal, 2000, 43 (3): 486-501.

[74] Fischer T, Gebauer H, Gregory M, et al. Exploitation or Exploration in Service Business Development? Insights from a Dynamic Capabilities Perspective [J]. Journal of Service Management, 2010, 21 (5): 591-624.

[75] Foss N J, Saebi T. Fifteen Years of Research on Business Model Innovation: How Far Have We Come, and Where Should We Go [J]. Journal of Management, 2017, 43 (1): 200-227.

[76] Frank H, Kessler A, Korunka C. The Impact of Market Orientation on Family Firm Performance [J]. International Journal of Entrepreneurship and Small Business, 2012, 16 (4): 372.

[77] Gatignon, H. and Xuereb, J-M. Strategic Orientation of the Firm and New Product Performance, Journal of Marketing Research [J], 1997, 34 (2).

[78] George G, Bock A J. The Business Model In Practice and Its Implications

for Entrepreneurship Research [J]. Entrepreneurship Theory & Practice, 2011, 35 (1): 83-111.

[79] George G, Zahra S A, Jr D R W. The Effects of Business-University Alliances on Innovative Output and Financial Performance: A Study of Publicly Traded Biotechnology Companies [J]. Journal of Business Venturing, 2002, 17 (6): 577-609.

[80] Germain, Richard, Cindy Claycomb, Cornelia Dröge. Supply Chain Variability, Organizational Structure, and Performance: The Moderating Effect of Demand Unpredictability [J]. Journal of Operations Management, 2008, 26 (5): 557-570.

[81] Giesen E, Berman S J, Bell R, et al. Three Ways to Successfully Innovate Your Business Model [J]. Strategy & Leadership, 2007, 35 (6): 27-33.

[82] Giudice M D, Maggioni V, Cruz-González, Jorge, et al. Directions of External Knowledge Search: Investigating Their Different Impact on Firm Performance in High-technology Industries [J]. Journal of Knowledge Management, 2014, 18 (5): 847-866.

[83] Goh S K, Nee P Y. Pseudo Knowledge Sharing: The Influence of Trust and Guanxi Orientation [J]. Journal of Information & Knowledge Management, 2015: 1550025.

[84] Grant R M. Toward a Knowledge-based Theory of the Firm [J]. Strategic Management Journal, 1996, 17 (S2): 109-122.

[85] Grimpe C, Sofka W. Complementarities in the Search for Innovation-Managing Markets and Relationships [J]. Research Policy, 2016, 45 (10): 2036-2053.

[86] Gu F F, Hung K, Tse D K. When Does Guanxi Matter? Issues of Capitalization and Its Dark Sides [J]. Journal of Marketing, 2008, 72 (4): 12-28.

[87] Gulati A. Knowledge Management: An Information Technology Prospective [J]. DESIDOC Bulletin of Information Technology, 1999, 19 (6)

[88] Guo H, Su Z, Ahlstrom D. Business Model Innovation: The Effects of Exploratory Orientation, Opportunity Recognition, and Entrepreneurial Bricolage in an Emerging Economy [J]. Asia Pacific Journal of Management, 2016, 33 (2): 533-549.

[89] Gupta B, Iyer L S, Aronson J E. Knowledge Management: Practices and Challenges [J]. Industrial Management & Data Systems, 2000, 100 (1): 17-21.

[90] Guthrie D. The Declining Significance of Guanxi in China's Economic Transition [J]. China Quarterly, 1998, 154 (154): 254-282.

[91] Habtay S R. A Firm-level Analysis on the Relative Difference between

Technology-Driven and Market-Driven Disruptive Business Model Innovations ［J］.
Creativity & Innovation Management, 2012, 21 （3）: 290-303.

［92］Hamel G. Waking Up IBM ［J］. Harvard Business Review, 2000, 78
（4）: 137-144.

［93］Hamel, Gary. Leading the Revolution ［M］. Boston: Harvard Business
School Press, 2000.

［94］Hansen, Morten T. Knowledge Networks: Explaining Effective Knowledge
Sharing in Multiunit Companies ［J］. Organization Science, 2002, 13 （3）: 232-248.

［95］Hanvanich S, Richards M, Miller S R, et al. Technology and the Effects
of Cultural Differences and Task Relatedness: A Study of Shareholder Value Creation in
Domestic and International Joint Ventures ［J］. International Business Review, 2005,
14 （4）: 397-414.

［96］He Z L, Wong P K. Exploration Vs. Exploitation: An Empirical Test of the
Ambidexterity Hypothesis ［J］. Organization Science, 2004, 15 （4）: 81-494.

［97］Hitt M A, Ireland R D, Camp S M, et al. Strategic Entrepreneurship: En-
trepreneurial Strategies for Wealth Creation ［J］. Strategic Management Journal,
2001, 22 （6-7）.

［98］Hodge G, Cagle C. Business-To-Business E-Business Models: Classifica-
tion and Textile Industry Implications ［J］. AUTEX Research Journal, 2004, 4 （4）:
211-227.

［99］Hogan T, Hutson E R. Capital Structure in New Technology-Based Firms:
Evidence from the Irish Software Sector ［J］. Global Finance Journal, 2005, 15 （3）:
369-387.

［100］Holsapple C W. Decision Support Systems-Knowledge Management Support
of Decision Making ［J］. Elsevier Science Publishers B. V. 2001, 31 （1）: 1-3.

［101］Hoskisson R E, Hitt M A, Wan W P, et al. Theory and Research in Stra-
tegic Management: Swings of a Pendulum ［J］. Journal of Management, 1999, 25
（3）: 417-456.

［102］Hu B, Chen W. Business Model Ambidexterity and Technological Innova-
tion Performance: Evidence from China ［J］. Technology Analysis & Strategic Man-
agement, 2016, 28 （5）: 583-600.

［103］Hu B. Linking Business Models with Technological Innovation Performance
through Organizational Learning ［J］. European Management Journal, 2014, 32 （4）:
587-595.

［104］Huang Q, Davison R M, Gu J. The Impact of Trust, Guanxi Orientation and Face on the Intention of Chinese Employees and Managers to Engage in Peer-To-Peer Tacit and Explicit Knowledge Sharing [J]. Information Systems Journal, 2011, 21 (6): 557-577.

[105] Huatao Peng, Geert, et al. The Changing Role of Guanxi in Influencing the Development of Entrepreneurial Companies: A Case Study of the Emergence of Pharmaceutical Companies In China [J]. International Entrepreneurship & Management Journal, 2016 (12): 215-258.

[106] Huber G P. Special Issue: Organizational Learning: Papers in Honor of (and by) James G. March. Organizational Learning: The Contributing Processes and the Literatures [J]. Organization Science, 1991, 2 (1): 88-115.

[107] Hwang K K. Face and Favor: The Chinese Power Game [J]. American Journal of Sociology, 1987, 92 (4): 944-974.

[108] Iacobucci D. Methods Dialogue Mediation Analysis and Categorical Variables: The Final Frontier [J]. Journal of Consumer Psychology, 2012, 22: 582-594.

[109] Ipek Koçoğlua, Salih Zeki, Akgün, Ali Ekber, et al. Exploring the Unseen: A Collective Emotional Framework in Entrepreneurial Orientation and Business Model Innovation [J]. Procedia - Social and Behavioral Sciences, 2015, 207: 729-738.

[110] Ittner C D, Larcker D F, Nagar V, et al. Supplier Selection, Monitoring Practices, and Firm Performance [J]. Journal of Accounting & Public Policy, 1999, 18 (3): 0-281.

[111] Jaworski B J, Kohli A K. Market Orientation: Antecedents and Consequences [J]. Journal of Marketing, 1993, 57 (3): 53-71.

[112] Jiang F, Wang G, Jiang X. Entrepreneurial Orientation and Organizational Knowledge Creation: A Configurational Approach [J]. Asia Pacific Journal of Management, 2018 (36): 1193-1219.

[113] Jimenez-Jimenez D, Sanz-Valle R. Innovation, Organizational Learning, and Performance [J]. Journal of Business Research, 2011, 64 (4): 408-417.

[114] Jody L, Crosno, et al. A Meta-Analytic Review of Opportunism in Exchange Relationships [J]. Journal of the Academy of Marketing Science, 2007 (36): 191-201.

[115] Ju W, Zhou X, Wang S, et al. The Impact of Scholars' Guanxi Networks on Entrepreneurial Performance - The Mediating Effect of Resource Acquisition [J]. Physica A-statistical Mechanics and Its Applications, 2019: 9-17.

[116] Kaplan R S, Norton D P. The Strategy Map: Guide to Aligning Intangible

Assets [J] . Strategy & Leadership, 2004, 32 (5): 10-17.

[117] Khanagha S, Volberda H, Oshri I. Business Model Renewal and Ambidexterity: Structural Alteration and Strategy Formation Process during Transition to a Cloud Business Model [J] . R&D Management, 2014, 44 (3): 322-340.

[118] Kirca A H, Jayachandran S, Bearden W O. Market Orientation: A Meta-Analytic Review and Assessment of Its Antecedents and Impact on Performance [J] . Journal of Marketing, 2005, 69 (2): 24-41.

[119] Kiss, Andreea N, Barr, Pamela S. New Venture Strategic Adaptation: The Interplay of Belief Structures and Industry Context [J] . Strategic Management Journal, 2015, 36 (8): 1245-1263.

[120] Kogut M . Evaluation of Salmonella Enteritidis-Immune Lymphokines on Host Resistance to Salmonella Gallinarum Infection in Broiler Chicks [M] . Stanford University Press, 1992.

[121] Krzeminska A, Eckert C. Complementarity of Internal and External R&D: Is There a Difference between Product Versus Process Innovations? [J] . R&D Management, 2016, 46 (S3): 931-944.

[122] Lampert C M, Semadeni M. Search Breadth and the Costs of Search [J] . Academy of Management Proceedings, 2010 (1): 1-6.

[123] Landry R, Amara N, Lamari M. Does Social Capital Determine Innovation? to What Extent? [J] . Technological Forecasting and Social Change, 2002, 69 (7): 681-701.

[124] Laskovaia A, Shirokova G, Morris M H. Erratum to: National Culture, Effectuation, and New Venture Performance: Global Evidence from Student Entrepreneurs [J] . Small Business Economics, 2017, 49 (3): 1-23.

[125] Lavie D. The Interconnected Firm: Evolution, Strategy, and Performance [M] . University of Pennsylvania, 2004.

[126] Lee C, Lee K, Pennings J M. Internal Capabilities, External Networks, And Performance: A Study on Technology-Based Ventures [J] . Strategic Management Journal, 2001, 22 (6-7): 615-640.

[127] Lee D Y, Dawes P L. Guanxi, Trust, and Long-term Orientation in Chinese Business Markets [J] . Journal of International Marketing, 2015, 13 (2): 28-56.

[128] Lee, Dong-Jin, Pae, et al. A Model of Close Business Relationships in China (Guanxi) [J] . European Journal of Marketing, 2001.

[129] Lejla T, Nijaz B. Innovation, Firms' Performance and Environmental Tur-

bulence: Is There a Moderator or Mediator? [J]. European Journal of Innovation Management, 2018.

[130] Leung T K P, Chan Y K, Lai K H, et al. An Examination of the Influence of Guanxi and Xinyong (Utilization of Personal Trust) on Negotiation Outcome in China: An Old Friend Approach [J]. Industrial Marketing Management, 2011, 40 (7): 0-1205.

[131] Li H, Zhang Y. The Role of Managers' Political Networking and Functional Experience in New Venture Performance: Evidence from China's Transition Economy [J]. Strategic Management Journal, 2007, 28 (8): 791-804.

[132] Li J J, Zhou K Z. How Foreign Firms Achieve Competitive Advantage in the Chinese Emerging Economy: Managerial Ties and Market Orientation [J]. Journal of Business Research, 2010, 63 (8): 856-862.

[133] Li T, Calantone R J. The Impact of Market Knowledge Competence on New Product Advantage: Conceptualization and Empirical Examination [J]. Journal of Marketing, 1998, 62 (4): 13-29.

[134] Liao S, Liu Z, Zhang S. Technology Innovation Ambidexterity, Business Model Ambidexterity, and Firm Performance in Chinese High-tech Firms [J]. Asian Journal of Technology Innovation, 2018, 26 (3): 325-345.

[135] Liao Y, Marsillac E. External Knowledge Acquisition and Innovation: The Role of Supply Chain Network - Oriented Flexibility and Organisational Awareness [J]. International Journal of Production Research, 2015, 53 (18): 5437-5455.

[136] Lichtenstein B B, Brush C G. How Do "Resource Bundles" Develop and Change in New Ventures? A Dynamic Model and Longitudinal Exploration [J]. Entrepreneurship Theory and Practice, 2001, 25 (3): 37.

[137] Lin B W, Wu C H. How Does Knowledge Depth Moderate the Performance of Internal and External Knowledge Sourcing Strategies? [J]. Technovation, 2010, 30 (11-12): 582-589.

[138] Lippman S A, Rumelt R P. A Bargaining Perspective on Resource Advantage [J]. Strategic Management Journal, 2003, 24 (11): 1069-1086.

[139] Liu H F, Ke W, Wei K K. The Impact of It Capabilities on Firm Performance: The Mediating Roles of Absorptive Capacity and Supply Chain Agility [J]. Decision Support Systems, 2013, 54 (3): 1452-1462.

[140] Liu Y, Deng P, Wei J, et al. International R&D Alliances and Innovation for Emerging Market Multinationals: Roles of Environmental Turbulence and Knowledge Transfer [J]. Journal of Business & Industrial Marketing, 2019, 34 (6): 1374-1387.

[141] Lumpkin G T, Dess G G. Enriching the Entrepreneurial Orientation Construct—A Reply to "Entrepreneurial Orientation or Pioneer Advantage" [J]. Academy of Management Review, 1996, 21 (3): 605-607.

[142] Lumpkin G T, Dess G G. Linking Two Dimensions of Entrepreneurial Orientation to Firm Performance: The Moderating Role of Environment and Industry Life Cycle [J]. Journal of Business Venturing, 2001, 16 (5): 429-451.

[143] Lumpkin G T, Dess G. Clarifying The Entrepreneurial Orientation Construct and Linking It to Performance [J]. Academy of Management Review, 1996, 21 (1): 135-172.

[144] Luo Y, Huang Y, Wang S L. Guanxi and Organizational Performance: A Meta-Analysis [J]. Management & Organization Review, 2012, 8 (1): 139-172.

[145] Lusch R F, Brown J R. Interdependency, Contracting, and Relational Behavior in Marketing Channels [J]. Journal of Marketing, 1996, 60 (4): 19-38.

[146] Lz A, Yn A, Vlw B, et al. Hustle for Survival or Bustle for Revival: Effects of Guanxi Orientation and Order of Entry for China's Electronic Business Ventures [J]. Industrial Marketing Management, 2021, 93: 370-381.

[147] Mackinnon D P. Integrating Mediators and Moderators in Research Design [J]. Research on Social Work Practice, 2011, 21 (6): 675-681.

[148] Magali Dubosson-Torbay, Osterwalder A, Pigneur Y E. Business Model Design, Classification, and Measurements [J]. Thunderbird International Business Review, 2002, 44 (1): 19.

[149] Mansfield E. The Speed And Cost of Industrial-Innovation in Japan and the United-States-External Vs Internal Technology [J]. Science, 1988, 34 (10): 1157-1168.

[150] March J G. Exploration and Exploitation in Organizational Learning [J]. Organization Science, 1991, 2 (1): 71-87.

[151] Martin Friesl. Knowledge Acquisition Strategies and Company Performance in Young High Technology Companies [J]. British Journal of Management, 2012, 23 (3): 325-343.

[152] Martins L L, Rindova V P, Greenbaum B E. Unlocking the Hidden Value of Concepts: A Cognitive Approach to Business Model Innovation [J]. Strategic Entrepreneurship Journal, 2015, 9 (1): 99-117.

[153] Mary J. Benner, Michael L. Tushman. Exploitation, Exploration, and Process Management: The Productivity Dilemma Revisited [C]. Academy of Management Review, 2003.

[154] Matusik S F. An Empirical Investigation of Firm Public and Private Knowledge [J]. Strategic Management Journal, 2002, 23 (5): 457-467.

[155] McEvily B, Marcus A. Embedded Ties and the Acquisition of Competitive Capabilities [J]. Strategic Management Journal, 2005, 26 (11): 1033-1055.

[156] Menon T, Pfeffer J. Valuing Internal Vs. External Knowledge: Explaining The Preference for Outsiders [J]. Management Science, 2003, 49 (4): 497-513.

[157] Meyer A D. Adapting to Environmental Jolts [J]. Administrative Science Quarterly, 1982, 27 (4): 515-537.

[158] Miller D, Friesen P H. Structural Change and Performance: Quantum Versus Piecemeal - Incremental Approaches [J]. Academy of Management Journal, 1982, 25 (4): 867-892.

[159] Miller D, Friesen P H. Successful and Unsuccessful Phases of the Corporate Life Cycle [J]. Organization Studies, 1983, 4 (4): 339-356.

[160] Miller D. Configurations Revisited [J]. Strategic Management Journal, 1996, 17 (7): 505-512.

[161] Millington A, Wilkinson E B. Gift Giving, "Guanxi" and Illicit Payments in Buyer - Supplier Relations in China: Analysing the Experience of UK Companies [J]. Journal of Business Ethics, 2005, 57 (3): 255-268.

[162] Mina A, Bascavusoglu - Moreau E, Hughes A. Open Service Innovation and the Firm's Search for External Knowledge [J]. Research Policy, 2014, 43 (5): 853-866.

[163] Mishra Cs. Creating and Sustaining Competitive Advantage [M]. Springer International Publishing Ag, 2017.

[164] Mitchell D, Coles C. The Ultimate Competitive Advantage of Continuing Business Model Innovation [J]. Journal of Business Strategy, 2003, 24 (5): 15-21.

[165] Monteiro F, Mol M J, Birkinshaw J. External Knowledge Access Versus Internal Knowledge Protection: A Necessary Trade-off? [J]. Academy of Management Proceedings, 2011 (1): 1-6.

[166] Morris M H, Schindehutte M, Allen J, et al. The Entrepreneur's Business Model: Toward a Unified Perspective [J]. Journal of Business Research, 2005, 58 (6): 726-735.

[167] Murphy, Gregory B, Trailer, Jeff W, Hill, Robert C. Measuring Performance in Entrepreneurship Research [J]. Journal of Business Research, 1996, 36 (1): 15-23.

[168] Murray J Y, Fu F Q. Strategic Guanxi Orientation: How to Manage Distribution Channels in China? [J]. Journal of International Management, 2016, 22 (1): 1-16.

[169] Nahapiet J, Ghoshal S. Social Capital, Intellectual Capital, and the Organizational Advantage. [J]. Academy of Management Review, 1998, 23 (2): 242-266.

[170] Naldi L, Davidsson P. Entrepreneurial Growth: The Role of International Knowledge Acquisition as Moderated by Firm Age [J]. Journal of Business Venturing, 2014, 29 (5): 687-703.

[171] Narver J C, Slater S F. The Effect of a Market Orientation on Business Profitability [J]. Journal of Marketing, 1990, 54 (4): 20-35.

[172] Narver J C, Slater S F, Maclachlan D L. Responsive and Proactive Market Orientation and New-Product Success [J]. Journal of Product Innovation Management, 2004, 21 (5): 334-347.

[173] Niu Y, Cheng L W, Dong L C. Firm Resources and Entry-Related Advantages: An Empirical Study in China [J]. Industrial Marketing Management, 2013, 42 (4): 595-607.

[174] Olavarrieta S, Friedmann R. Market Orientation, Knowledge-Related Resources and Firm Performance [J]. Journal of Business Research, 2008, 61 (6): 1-630.

[175] Osiyevskyy O, Dewald J. Explorative Versus Exploitative Business Model Change: The Cognitive Antecedents of Firm-Level Responses to Disruptive Innovation [J]. Strategic Entrepreneurship Journal, 2015, 9 (1): 58-78.

[176] Osterwalder A, Pigneur Y, Tucci CL. Clarifying Business Models: Origins, Present, and Future of the Concept [J]. Communications of the Association for Information Systems, 2005, 16 (1): 1-25.

[177] Parida V, Patel P C, Wincent J, et al. Network Partner Diversity, Network Capability, and Sales Growth in Small Firms [J]. Journal of Business Research, 2016, 69 (6): 2113-2117.

[178] Park S H, Luo Y. Guanxi and Organizational Dynamics: Organizational Networking in Chinese Firms [J]. Strategic Management Journal, 2001, 22 (5): 455-477.

[179] Peng M W, Luo Y. Managerial Ties and Firm Performance in a Transition Economy: The Nature of a Micro-Macro Link [J]. Academy of Management Journal, 2000, 43 (3): 486-501.

［180］Peng M W, Zhou J Q. How Network Strategies and Institutional Transitions Evolve in Asia ［J］. Asia Pacific Journal of Management, 2005, 22 (4): 321-336.

［181］Peng W G. The Development and Improvement of TCP ［J］. Jiangsu Communication Technology, 2003 (7).

［182］Penrose E T. The Theory of Growth of the Firm ［M］. Oxford University Press, 1959.

［183］Pfeffer J, Salancik G R. The External Control of Organizations: A Resource Dependence Perspective ［J］. Social Science Electronic Publishing, 2003, 23 (2): 123-133.

［184］Podsakoff, Philip M, et al. Common Method Biases in Behavioral Research: A Critical Review of the Literature and Recommended Remedies ［J］. Journal of Applied Psychology, 2003, 88 (5): 879-903.

［185］Portes A. Social Capital: Its Origins and Applications in Modern Sociology ［J］. Annual Review of Sociology, 1998, 24: 1-24.

［186］Prahalad C K, Hamel G. The Core Competence of the Corporation ［J］. Harvard Business Review, 1990, 68 (3): 275-292.

［187］Preacher K J, Hayes A F. SPSS and SAS Procedures for Estimating Indirect Effects in Simple Mediation Models ［J］. Behavior Research Methods, Instruments, & Computers, 2004, 36 (4): 717-731.

［188］Putnam H. Words and Life ［M］. Harvard University Press, 1995.

［189］Putnins T J, Sauka A. Why Does Entrepreneurial Orientation Affect Company Performance? ［J］. Strategic Entrepreneurship Journal, 2019, 14 (4): 711-735.

［190］Qian L, Yang P, Li Y. Does Guanxi in China Always Produce Value? The Contingency Effects of Contract Enforcement and Market Turbulence ［J］. Journal of Business & Industrial Marketing, 2016, 31 (7): 861-876.

［191］Qing C, Eric G, Hongping Z. Unpacking Organizational Ambidexterity: Dimensions, Contingencies, and Synergistic Effects ［J］. Organization Science, 2009, 20 (4): 781-796.

［192］Raisch S, Birkinshaw J. Organizational Ambidexterity: Antecedents, Outcomes, and Moderators ［J］. Journal of Management, 2008, 34 (3): 375-409.

［193］Robinson W T, Fornell C, Sullivan M W, et al. Are Market Pioneers Intrinsically Stronger than Later Entrants ［J］. Strategic Management Journal, 1992, 13 (8): 609-624.

［194］Roy Y J, Chua M W, Morris P Ingram. Guanxi Versus Networking: Distinctive Configurations of Affect and Cognition-Based Trust in the Networks of Chinese and American Managers ［J］. Journal of International Business Studies, 2009, 40 (3): 490-508.

［195］Sarah L, Jack. The Role, Use and Activation of Strong and Weak Network Ties: A Qualitative Analysis ［J］. Journal of Management Studies, 2005, 42 (6): 1233-1259.

［196］Sarasvathy S D. Causation and Effectuation: Toward a Theoretical Shift from Economic Inevitability To Entrepreneurial Contingency ［J］. Academy of Management Review, 2001, 26 (2): 243-263.

［197］Schumpeter J, Backhaus U. The Theory of Economic Development ［M］// Backhaus J. Joseph Alois Schumpeter: Entrepreneurship, Style and Vision. Boston, MA: Springer US, 2003: 61-116.

［198］Sharma A K, Talwar B. Evolution of "Universal Business Excellence Model" Incorporating Vedic Philosophy ［J］. Measuring Business Excellence, 2007, 11 (3): 4-20.

［199］Shu C, Page A L, Gao S, et al. Managerial Ties and Firm Innovation: Is Knowledge Creation a Missing Link? ［J］. Journal of Product Innovation Management, 2012, 29 (1): 125-143.

［200］Simsek Z, Heavey C. The Mediating Role of Knowledge-Based Capital for Corporate Entrepreneurship Effects on Performance: A Study of Small-To Medium-Sized Firms ［J］. Strategic Entrepreneurship Journal, 2011, 5 (1): 81-100.

［201］Sirmon D G, Hitt M A, Ireland R D. Managing Firm Resources in Dynamic Environments to Create Value: Looking Inside the Black Box ［J］. The Academy of Management Review, 2007, 32 (1): 273-292.

［202］Sniukas M. The Micro-Foundations of Business Model Innovation as a Dynamic Capability ［D］. The University of Manchester (United Kingdom), 2015.

［203］Solano Acosta A, Herrero Crespo, ángel, Collado Agudo, Jesús. Effect of Market Orientation, Network Capability and Entrepreneurial Orientation on International Performance of Small and Medium Enterprises ［J］. International Business Review, 2018: S0969593117304961.

［204］Spender J C, Scherer A G. The Philosophical Foundations of Knowledge Management: Editors' Introduction ［J］. Organization the Critical Journal of Organization Theory & Society, 2007, 14 (1): 5-28.

［205］Spieth P, Schneider S. Business Model Innovativeness: Designing a Formative Measure for Business Model Innovation ［J］. Journal of Business Economics, 2016, 86 (6).

［206］Starr J A, Macmillan I C. Resource Cooptation Via Social Contracting: Resource Acquisition Strategies for New Ventures ［J］. Strategic Management Journal, 1990, 11: 79-92.

［207］Su C T, Yang Z L, Zhuang G J, et al. Interpersonal Influence as an Alternative Channel Communication Behavior in Emerging Markets: The Case of China ［J］. Journal of International Business Studies, 2009, 40 (4): 668-690.

［208］Su C, Littlefield S J E. Is Guanxi Orientation Bad, Ethically Speaking? A Study of Chinese Enterprises ［J］. Journal of Business Ethics, 2003, 44 (4): 303-312.

［209］Subramaniam M, Youndt M A. The Influence of Intellectual Capital on the Types of Innovative Capabilities ［J］. Academy of Management Journal, 2005, 48 (3): 450-463.

［210］Teece D J, Pisano G, Shuen A. Dynamic Capabilities and Strategic Management ［J］. Strategic Management Journal, 1997, 18 (7): 25.

［211］Teece D J. Business Models, Business Strategy and Innovation ［J］. Long Range Planning, 2010, 43 (2): 172-194.

［212］Thompson J S. BAFF-R, a Newly Identified TNF Receptor That Specifically Interacts with BAFF ［J］. Science, 2001, 293 (5537): 2108-2111.

［213］Tsai W, Ghoshal S. Social Capital and Value Creation: The Role of Intrafirm Networks ［J］. Academy of Management Journal, 1998, 41 (4): 464-476.

［214］Turner N, Swart J, Maylor H. Mechanisms For Managing Ambidexterity: A Review and Research Agenda ［J］. International Journal of Management Reviews, 2013, 15 (3): 317-332.

［215］Turulja L, Bajgoric N. Innovation, Firms' Performance and Environmental Turbulence: Is There a Moderator or Mediator? ［J］. European Journal of Innovation Management, 2019, 22 (1): 213-232.

［216］Tushman M L, O' Reilly C A. Ambidextrous Organizations: Managing Evolutionary and Revolutionary Change ［J］. California Management Review, 1996 (4): 8-30.

［217］Velu C. Business Model Innovation and Third-Party Alliance on the Survival of New Firms ［J］. Technovation, 2015, 35: 1-11.

［218］Wales W J, Patel P C, Parida V, et al. Nonlinear Effects of Entrepreneurial Orientation on Small Firm Performance: The Moderating Role of Resource Orchestration Capabilities ［J］. Strategic Entrepreneurship Journal, 2013, 7 (2): 93-121.

［219］Walker O C, Ruekert R W. Marketing' s Role in the Implementation of

Business Strategies: A Critical Review and Conceptual Framework [J]. Journal of Marketing, 1987, 51 (3): 15-33.

[220] Wang C L, Chung H F L. The Moderating Role of Managerial Ties in Market Orientation and Innovation: An Asian Perspective [J]. Journal of Business Research, 2013, 66 (12): 2431-2437.

[221] Wang C L. Guanxi Vs. Relationship Marketing: Exploring Underlying Differences [J]. Industrial Marketing Management, 2007, 36 (1): 81-86.

[222] Wang S, Noe R A. Knowledge Sharing: A Review and Directions for Future Research [J]. Human Resources Management Review, 2010, 20 (2): 115-131.

[223] Weill P, Malone T W, D'Urso V T, et al. Do Some Business Models Perform Better than Others? A Study of the 1000 Largest US Firms [J]. MIT Center for Coordination Science Working Paper, 2005: 226.

[224] Weill P, Vitale M. Place to Space: Migrating to eBusiness Models [M]. Harvard Business Press, 2001.

[225] Wernerfelt B. A Resource-Based View of the Firm [J]. Strategic Management Journal, 1984, 5 (2): 171-180.

[226] Wiklund J, Shepherd D. Knowledge-Based Resources, Entrepreneurial Orientation, and the Performance of Small and Medium-Sized Businesses [J]. Strategic Management Journal, 2003, 24 (13): 1307-1314.

[227] Wilson H 1, Appiah-Kubi K. Resource Leveraging Via Networks by High-Technology Entrepreneurial Firms [J]. The Journal of High Technology Management Research, 2002, 13 (1): 45-62.

[228] Wong A, Tjosvold D, Yu Z Y. Organizational Partnerships in China: Self-Interest, Goal Interdependence, and Opportunism [J]. Journal of Applied Psychology, 2005, 90 (4): 782-791.

[229] Wu J F, Wang Y G, Li S C. Search Depth, Knowledge Characteristics, and Innovation Performance [J]. Journal of Chinese Management, 2014, 1 (1): 553-572.

[230] Wubben E F M, Batterink M, Kolympiris C. Profiting from External Knowledge: The Impact of Different External Knowledge Acquisition Strategies on Innovation Performance [J]. International Journal of Technology Management, 2015, 69 (2): 139-165.

[231] Wynarczyk P. Open Innovation In SMEs: A Dynamic Approach to Modern Entrepreneurship in the Twenty-First Century [J]. Journal of Small Business and En-

terprise Development, 2013, 20 (2): 258-278.

[232] Xi Y, Tang J, Zhao J, et al. The Role of Top Managers' Human and Social Capital in Business Model Innovation [J]. Chinese Management Studies, 2013, 7 (3): 447-469.

[233] Xie X, Zou H, Qi G. Knowledge Absorptive Capacity and Innovation Performance in High-tech Companies: A Multi-mediating Analysis [J]. Journal of Business Research, 2018, 88 (jul.): 289-297.

[234] Xu Y. Entrepreneurial Social Capital, Cognitive Orientation and New Venture Innovation [J]. Management Research Review, 2016, 39 (5): 498-520.

[235] Yen D A, Abosag I, Huang Y A, et al. Guarvci GRX (Ganging, Renging, Xinren) and Conflict Management in Sino-US Business Relationships [J]. Industrial Marketing Management, 2017, 66 (10): 103-114.

[236] Yiu D W, Lau C M. Corporate Entrepreneurship as Resource Capital Configuration in Emerging Market Firms [J]. Entrepreneurship Theory and practice, 2008, 32 (1): 37-57.

[237] Zahra S A. Environment, Corporate Entrepreneurship and Financial Performance: A Taxonomic Approach [J]. Journal of Business Venturing, 1993, 8 (4): 319-340.

[238] Zhang J, Keh H T. Interorganizational Exchanges in China: Organizational Forms and Governance Mechanisms [J]. Management & Organization Review, 2010, 6 (1): 123-147.

[239] Zhang J, Wong P K. Networks Vs. Market Methods in High-Tech Venture Fundraising: The Impact of Institutional Environment [J]. Entrepreneurship and Regional Development, 2008, 20 (5): 409-430.

[240] Zhang Y, Zhang Z. Guanxi and Organizational Dynamics in China: A Link between Individual and Organizational Levels [J]. Journal of Business Ethics, 2006, 67 (4): 375-392.

[241] Zhou L, Niu Y, Wang V L, et al. Hustle for Survival or Bustle for Revival: Effects of Guanxi Orientation and Order of Entry for China's Electronic Business Ventures [J]. Industrial Marketing Management, 2021, 93: 370-381.

[242] Zott C, Amit R, Massa L. The Business Model: Recent Developments and Future Research [J]. Journal of Management, 2011, 37 (4): 101.

[243] Zott C, Amit R. Business Model Design and the Performance of Entrepreneurial Firms [J]. Organization Science, 2007, 18 (2): 181-199.

[244] Zott C, Amit R. Business Model Design: An Activity System Perspective

[J]. Long Range Planning, 2010, 43 (2-3): 216-226.

[245] Zott C, Amit R. The Fit between Product Market Strategy and Business Model: Implications for Firm Performance [J]. Strategic Management Journal, 2008, 29 (1): 1-26.

[246] Zott C, Huy Q N. How Entrepreneurs Use Symbolic Management to Acquire Resources [J]. Administrative Science Quarterly, 2007, 52 (1): 70-105.

[247] Zott C, Amit R. Business Model Innovation: How to Create Value in a Digital World [J]. Marketing Intelligence Review, 2017, 9 (1): 18-23.

[248] 宝贡敏, 赵卓嘉. 面子需要概念的维度划分与测量——一项探索性研究 [J]. 浙江大学学报: 人文社会科学版, 2009 (2): 82-90.

[249] 彼得·蒂尔, 布莱克·马斯特. 从 0 到 1: 开启商业与未来的秘密 [M]. 北京: 中信出版社, 2015.

[250] 边燕杰, 缪晓雷. 如何解释"关系"作用的上升趋势? [J]. 社会学评论, 2020, 8 (1): 17.

[251] 边燕杰, 张磊. 论关系文化与关系社会资本 [J]. 人文杂志, 2013 (1): 112-118.

[252] 边燕杰. 关系社会学及其学科地位 [J]. 西安交通大学学报 (社会科学版), 2010 (3).

[253] 卜长莉. "差序格局"的理论诠释及现代内涵 [J]. 社会学研究, 2003 (1): 21-29.

[254] 蔡俊亚, 党兴华. 商业模式创新对财务绩效的影响研究: 基于新兴技术企业的实证 [J]. 运筹与管理, 2015, 24 (2): 272-280.

[255] 蔡莉, 单标安, 刘钊, 郭洪庆. 创业网络对新企业绩效的影响研究——组织学习的中介作用 [J]. 科学学研究, 2010, 28 (10): 1592-1600.

[256] 蔡莉, 朱秀梅, 刘预. 创业导向对新企业资源获取的影响研究 [J]. 科学学研究, 2011 (4): 123-131.

[257] 曹霞, 刘国巍. 资源配置导向下产学研合作创新网络协同演化路径 [J]. 系统管理学报, 2015, 24 (5): 769-777.

[258] 常荔, 李顺才, 邹珊刚. 论基于战略联盟的关系资本的形成 [J]. 外国经济与管理, 2002, 24 (7): 29-33.

[259] 陈怀超, 侯佳雯, 张晶, 范建红. 外部知识获取对企业营销绩效的影响研究——环境宽松性的调节作用和营销能力的中介作用 [J]. 软科学, 2019, 33 (6): 101-106.

[260] 陈劲. 创新管理及未来展望 [J]. 技术经济, 2013, 32 (6): 1-9+84.

[261] 陈劲. 知识密集型服务业创新的评价指标体系 [J]. 学术月刊,

2008 (4)：66-68+75.

　　[262] 陈维政，任晗. 人情关系和社会交换关系的比较分析与管理策略研究 [J]. 管理学报，2015，12 (6)：789.

　　[263] 陈文婷，王俊梅. 人情还是规则更重要？——不同行业制度环境下创业者社会关系与企业创新绩效的关系研究 [J]. 经济管理，2015 (9)：166-176.

　　[264] 陈熹，范雅楠，云乐鑫. 创业网络、环境不确定性与创业企业成长关系研究 [J]. 科学学与科学技术管理，2015 (9)：107-118.

　　[265] 陈彦恺. 颠覆性创新视角下的后发企业商业模式创新研究 [D]. 上海交通大学，2010.

　　[266] 陈钰芬，陈劲. 开放度对企业技术创新绩效的影响 [J]. 科学学研究，2008，26 (2)：8.

　　[267] 陈志. 战略性新兴产业发展中的商业模式创新研究 [J]. 经济体制改革，2012 (1)：5.

　　[268] 单标安，陈海涛，鲁喜凤，陈彪. 创业知识的理论来源、内涵界定及其获取模型构建 [J]. 外国经济与管理，2015，37 (9)：17-28.

　　[269] 单鹏，裴佳音. 创业导向对创业绩效的影响机制研究——创新速度的中介作用 [J]. 湖南大学学报：社会科学版，2018，32 (1)：93-99.

　　[270] 党兴华，魏龙，闫海. 技术创新网络组织惯性对双元创新的影响研究 [J]. 科学学研究，2016，34 (9)：1432-1440.

　　[271] 翟学伟. 关系与中国社会 [M]. 北京：中国社会科学出版社，2012.

　　[272] 翟学伟. 人情、面子与权力的再生产 [M]. 北京：北京大学出版社，2005.

　　[273] 翟学伟. 人如何被预设：从关系取向对话西方——重新理解中国人的问题 [J]. 探索与争鸣，2017 (5).

　　[274] 翟学伟. 是"关系"，还是社会资本 [J]. 社会杂志，2009，29 (1).

　　[275] 范烨，周生春. 企业社会资本：理论与实证研究述评 [J]. 技术经济，2008，27 (10)：101-107.

　　[276] 方杰，温忠麟，张敏强. 类别变量的中介效应分析 [J]. 心理科学，2017 (2)：217-223.

　　[277] 费孝通. 1947 乡土中国 [M]. 北京：北京出版社，2002：75

　　[278] 费孝通. 乡土中国 [M]. 香港：凤凰出版社，1948：25-33.

　　[279] 费孝通. 乡土中国生育制度 [M]. 北京：北京大学出版社，1998.

　　[280] 风笑天. 社会学研究方法 [M]. 北京：中国人民大学出版社，2009.

　　[281] 高名姿，张雷，陈东平. 差序治理、熟人社会与农地确权矛盾化

解——基于江苏省 695 份调查问卷和典型案例的分析 [J]. 中国农村观察, 2015 (6)：60-69.

[282] 高展军, 江旭. 企业家导向对企业间知识获取的影响研究——基于企业间社会资本的调节效应分析 [J]. 科学学研究, 2011, 29 (2)：11.

[283] 耿紫珍, 刘新梅, 杨晨辉. 战略导向、外部知识获取对组织创造力的影响 [J]. 南开管理评论, 2012 (4)：17-29.

[284] 郭海, 沈睿. 如何将创业机会转化为企业绩效——商业模式创新的中介作用及市场环境的调节作用 [J]. 经济理论与经济管理, 2014 (3)：72-85.

[285] 郭毅夫, 赵晓康. 资源基础论视角下的商业模式创新与竞争优势 [J]. 贵州社会科学, 2009, 234 (6)：78-82.

[286] 海本禄, 张流洋, 张古鹏. 基于环境动荡性的联盟知识转移与企业创新绩效关系研究 [J]. 中国软科学, 2017 (11)：162-169.

[287] 洪建设, 林修果. 从传统—现代两种视角看差序格局的不同特质——谨以此文纪念费孝通先生 [J]. 青海社会科学, 2005 (3)：5-10.

[288] 洪进, 杨娜娜, 杨洋. 商业模式设计对新创企业创新绩效的影响 [J]. 中国科技论坛, 2018 (2)：120-127+135.

[289] 侯杰泰, 温忠麟, 成子娟. 结构方程模型及其应用 [M]. 北京：教育科学出版社, 2004.

[290] 胡保亮, 赵田亚, 闫帅. 高管团队行为整合、跨界搜索与商业模式创新 [J]. 科研管理, 2018, 39 (12)：40-47.

[291] 胡保亮. 商业模式创新、技术创新与企业绩效关系：基于创业板上市企业的实证研究 [J]. 科技进步与对策, 2012, 29 (3)：95-100.

[292] 黄光国. 面子：中国人的权力游戏 [M]. 台北：巨流图书公司, 1988.

[293] 黄昊, 王国红, 邢蕊, 李娜. 创业导向与商业模式创新的匹配对能力追赶绩效的影响——基于增材制造企业的多案例研究 [J]. 中国软科学, 2019 (5)：116-130.

[294] 黄少卿, 潘思怡, 施浩. 反腐败、政商关系转型与企业绩效 [J]. 学术月刊, 2018, 50 (12)：27-42.

[295] 黄文锋, 张建琦. 社会关系、企业家创新意图与管理创新实施 [J]. 华东经济管理, 2015, 29 (11)：120-128.

[296] 黄艳, 陶秋燕, 马丽仪. 社会网络、资源获取与小微企业的成长绩效 [J]. 技术经济, 2016, 35 (6)：8-15.

[297] 江积海. 商业模式是"新瓶装旧酒"吗？——学术争议、主导逻辑及理论基础 [J]. 研究与发展管理, 2015, 27 (2)：13.

［298］江旭，廖貅武，高山行．战略联盟中信任、冲突与知识获取和企业绩效关系的实证研究［J］．预测，2008，27（6）：6.

［299］江旭．基于社会网络视角的学习导向与企业外部知识获取研究［J］．管理评论，2015，27（8）：141-149.

［300］蒋旭灿，王海花，彭正龙．开放式创新模式下创新资源共享对创新绩效的影响——环境动荡性的调节效应［J］．科学管理研究，2011（3）：7-12.

［301］焦豪，周江华，谢振东．创业导向与组织绩效间关系的实证研究——基于环境动态性的调节效应［J］．科学学与科学技术管理，2007，28（11）：7.

［302］金耀基．行政生态学［M］．台北：台湾商务印书馆，1992.

［303］赖晓，丁宁宁．企业新创期资源获取问题的研究模型［J］．经济问题探索，2009（5）：90-94.

［304］雷家骕．企业需要关注商业模式创新［J］．中国青年科技，2008（1）：1.

［305］李存超，王兴元．宗教文化视角下东西方商业伦理观差异比较及启示［J］．商业经济与管理，2013（11）：56-62.

［306］李东，徐天舒，白璐．基于试错-学习的商业模式实验创新：总体过程与领导角色［J］．东南大学学报（哲学社会科学版），2013，15（3）：20-27.

［307］李鸿磊．基于价值创造视角的商业模式分类研究——以三个典型企业的分类应用为例［J］．管理评论，2018，30（4）：259-274.

［308］李怀祖．管理学研究方法论［M］．西安：西安交通大学出版社，2004.

［309］李靖华，林莉，李倩岚．制造业服务化商业模式创新：基于资源基础观［J］．科研管理，2019，40（3）：10.

［310］李麟，程源，高建．新企业创新性进入战略与企业绩效的关系——基于中国城市制度环境的实证研究［J］．技术经济，2018，37（3）：89-100.

［311］李姝，高山行．环境不确定性、组织冗余与原始性创新的关系研究［J］．管理评论，2014，26（1）：10.

［312］李姝，高山行．环境不确定性对渐进式创新和突破式创新的影响研究［J］．华东经济管理，2014，28（7）：131-136.

［313］李随成，武梦超．供应商整合能力对渐进式创新与突破式创新的影响——基于环境动态性的调节作用［J］．科技进步与对策，2016（3）：96-102.

［314］李巍，丁超．企业家精神、商业模式创新与经营绩效［J］．中国科技论坛，2016（7）：124-129.

［315］李巍，周娜，丁超．营销创新视野下营销动态能力的效用机制——基于"冷酸灵"的案例研究［J］．管理案例研究与评论，2017，10（2）：178-190.

［316］李瑶, 孙彪, 刘益. 社会资本悖论与联盟双元创新: 阴阳思维与动态组合的管理角色［J］. 科学学与科学技术管理, 2014（6）: 95-103.

［317］梁靓. 开放式创新中合作伙伴异质性对创新绩效的影响机制研究［D］. 浙江大学, 2014.

［318］林萍. 企业资源、动态能力对创新作用的实证研究［J］. 科研管理, 2012, 33（10）: 72-79.

［319］林嵩. 创业资源的获取与整合——创业过程的一个解读视角［J］. 经济问题探索, 2007（6）: 166-169.

［320］刘刚, 刘静, 程熙镕. 商业模式创新时机与强度对企业绩效的影响——基于资源基础观的视角［J］. 北京交通大学学报（社会科学版）, 2017, 16（2）: 66-75.

［321］刘红云, 骆方, 张玉等. 因变量为等级变量的中介效应分析［J］. 心理学报, 2013, 45（12）: 1431-1442.

［322］刘建国. 商业模式创新、先动市场导向与制造业服务化转型研究［J］. 科技进步与对策, 2016, 33（1）: 56-61.

［323］刘娟, 彭正银. 关系网络与创业企业国际市场机会识别及开发——基于中小企业国际创业的跨案例研究［J］. 科技进步与对策, 2014（8）: 74-79.

［324］刘善仕, 孙博, 葛淳棉, 王琪. 人力资本社会网络与企业创新——基于在线简历数据的实证研究［J］. 管理世界, 2017（7）: 88-98+119+188.

［325］刘文霞, 杨杰. 企业家导向对后发企业创新绩效的影响: 一个被调节的中介模型［J］. 科技进步与对策, 2019, 36（21）: 90-97.

［326］刘洋, 魏江, 应瑛. 组织二元性: 管理研究的一种新范式［J］. 浙江大学学报: 人文社会科学版, 2011（6）: 132-142.

［327］刘宇涵, 韦恒. 基于环境动荡性的动态能力与营销绩效研究［J］. 现代管理科学, 2015,（4）: 114-116.

［328］刘正阳, 王金鑫, 乔晗, 汪寿阳. 商业模式对企业绩效的影响探究——基于新能源上市企业数据［J］. 管理评论, 2019, 31（7）: 264-273.

［329］刘志迎, 曹淑平, 武琳, 廖素琴. 互联网企业商业模式循环迭代创新的演化机制——基于单案例的探索性研究［J］. 管理案例研究与评论, 2019, 12（4）: 335-348.

［330］柳青. 基于关系导向的新企业团队异质性与绩效: 团队冲突的中介作用［D］. 吉林大学, 2010.

［331］柳士顺, 凌文辁. 多重中介模型及其应用［J］. 心理科学, 2009, 32（2）: 433-435+407.

［332］罗彪, 张哲宇. 领导力与动态能力对企业绩效影响的实证研究［J］.

科学学与科学技术管理, 2012, 33 (10)：137-146.

［333］罗珉, 曾涛, 周思伟. 企业商业模式创新：基于租金理论的解释 ［J］. 中国工业经济, 2005 (7)：75-83.

［334］罗珉, 李亮宇. 互联网时代的商业模式创新：价值创造视角 ［J］. 中国工业经济, 2015, 57 (1)：95-107.

［335］罗兴武, 刘洋, 项国鹏, 宁鹏. 中国转型经济情境下的商业模式创新：主题设计与量表开发 ［J］. 外国经济与管理, 2018, 40 (1)：33-49.

［336］吕兴群, 蔡莉. 知识获取对新企业创新绩效的影响研究——基于家长式领导的调节作用 ［J］. 求是学刊, 2016, 43 (2).

［337］马翠萍, 古继宝, 窦军生, 张清琼. 创业激情对新创企业绩效的影响机制研究 ［J］. 科学学与科学技术管理, 2017, 38 (11)：142-154.

［338］马富萍, 李燕萍. 资源型企业高管社会资本、资源获取与技术创新 ［J］. 经济管理, 2011 (8)：60-68.

［339］马鸿佳, 葛宝山, 汤浩瀚. 科技型创业企业资源获取与动态能力关系的实证研究 ［J］. 科学学与科学技术管理, 2008 (11)：141-145.

［340］马庆国. 中国管理科学研究面临的几个关键问题 ［J］. 管理世界, 2002 (8)：105-115+140.

［341］马迎贤. 组织间关系：资源依赖视角的研究综述 ［J］. 管理评论, 2005 (2)：55-62+64.

［342］梅德平, 洪霞. 论"亲""清"新型政商关系的构建 ［J］. 江汉论坛, 2018 (8)：31-35.

［343］孟迪云, 王耀中, 徐莎. 网络嵌入性、商业模式创新与企业竞争优势关系研究 ［J］. 财经理论与实践, 2016, 37 (5).

［344］庞长伟, 李垣, 段光. 整合能力与企业绩效：商业模式创新的中介作用 ［J］. 管理科学, 2015 (5)：31-41.

［345］庞长伟, 李垣. 国内商业模式研究现状——基于 2000-2014 年 CSSCI 论文情况分析 ［J］. 华东经济管理, 2016, 30 (3)：7.

［346］彭伟, 符正平. 联盟网络对企业创新绩效的影响——基于珠三角企业的实证研究 ［J］. 科学学与科学技术管理, 2012, 33 (3)：108-115.

［347］彭新敏, 郑素丽, 吴晓波, 吴东. 后发企业如何从追赶到前沿？——双元性学习的视角 ［J］. 管理世界, 2017 (2)：142-158.

［348］齐二石, 陈果. 商业模式创新理论分类与演化述评 ［J］. 科技进步与对策, 2016, 33 (6)：6, 155-160.

［349］乔朋华, 鞠晓峰. CEO 权力对科技型中小企业技术创新效率的影响研究 ［J］. 科技管理研究, 2015, 35 (3)：4.

[350] 芮正云，罗瑾琏．企业平衡式创新搜寻及其阶段效应——间断性平衡还是同时性平衡？[J]．科研管理，2018（1）：9-17.

[351] 石秀印．中国企业家成功的社会网络基础 [J]．管理世界，1998（6）：11.

[352] 苏敬勤，林海芬．个体创业导向视角的管理创新引进机理研究 [J]．管理科学，2011，24（5）：1-11.

[353] 孙红霞．知识基础资源与竞争优势：创业导向与学习导向的联合调节效应 [J]．南方经济，2016，35（9）：32-46.

[354] 孙婧，沈志渔．权变视角下外部搜索对产品创新绩效的影响：组织冗余的调节作用 [J]．南方经济，2014（9）：1-13.

[355] 孙连才．商业生态系统视角下的企业动态能力与商业模式互动研究 [D]．华中科技大学，2013.

[356] 孙永波，丁沂昕．创业导向、外部知识获取与创业机会识别 [J]．经济与管理研究，2018，39（5）：130-144.

[357] 唐国华，孟丁．企业知识产权战略的维度结构与测量研究——基于中国经济发达地区的样本数据 [J]．科学学与科学技术管理，2015，36（12）：52-61.

[358] 田红云，贾瑞，刘艺玲．网络嵌入性与企业绩效关系文献综述——基于元分析的方法 [J]．商业研究，2017（5）：129-136.

[359] 童星，瞿华．差序格局的结构及其制度关联性 [J]．南京社会科学，2010（3）：7.

[360] 王凤彬，陈建勋，杨阳．探索式与利用式技术创新及其平衡的效应分析 [J]．管理世界，2012（3）：96-112+188.

[361] 王国红，李娜，邢蕊．新兴互联网企业创业导向的构成及演化——基于六家企业的案例研究 [J]．管理案例研究与评论，2018，11（1）：1-18.

[362] 王海花，谢富纪，胡兴华．企业外部知识网络视角下的区域产学研合作创新 [J]．工业技术经济，2012，31（7）：41-47.

[363] 王建斌．差序格局下本土组织行为探析 [J]．软科学，2012（10）：70-74.

[364] 王建国．IP 理论：第三方买单的商业模式与模式营销 [M]．北京：北京大学出版社，2016.

[365] 王剑涛．中小企业的经营战略分析 [J]．中国证券期货，2012（02X）：1.

[366] 王磊，郑孟育．差序格局理论的重新诠释与框架建构 [J]．辽宁师范大学学报（社会科学版），2013，36（3）：318-325.

［367］王利平．"中魂西制"——中国式管理的核心问题［J］．管理学报，2012，9（4）：473-480.

［368］王利平．制度逻辑与"中魂西制"管理模式：国有企业管理模式的制度分析［J］．管理学报，2017（11）：6-13.

［369］王玲玲，赵文红．创业资源获取、适应能力对新企业绩效的影响研究［J］．研究与发展管理，2017，29（3）：1-12.

［370］王水莲，常联伟．商业模式概念演进及创新途径研究综述［J］．科技进步与对策，2014（7）：160-166.

［371］王思荔．人脉对顾客价值创新的影响研究［D］．大连理工大学，2015.

［372］王伟，张善良，王永伟，李意茹．关系网络构建行为、商业模式创新与新创企业绩效——基于创新创业视角的实证研究［J］．华东经济管理，2017，31（10）：43-51.

［373］王雪冬，董大海．国外商业模式表达模型评价与整合表达模型构建［J］．外国经济与管理，2013，35（4）：51-63.

［374］王益锋，王晓萌．网络能力、资源获取与技术创新绩效——基于科技型小微企业的实证研究［J］．科技管理研究，2016，36（6）：135-140+147.

［375］王永贵．战略柔性、环境动态与基于顾客价值的竞争优势——动态环境下中国企业对抗跨国巨头的制胜谋略［J］．南大商学评论，2004（1）：19.

［376］王重鸣，刘帮成．技术能力与创业绩效：基于战略导向的解释［J］．科学学研究，2005（6）：47-53.

［377］魏炜，朱武祥．重构商业模式［M］．北京：机械工业出版社，2010.

［378］温忠麟，叶宝娟．中介效应分析：方法和模型发展［J］．心理科学进展，2014，22（5）：731-745.

［379］吴国盛．科学与礼学：希腊与中国的天文学［J］．北京大学学报：哲学社会科学版，2015（4）：134-140.

［380］吴国盛．什么是科学［M］．广州：广东人民出版社，2016.

［381］吴隽，张建琦，刘衡，等．新颖型商业模式创新与企业绩效：效果推理与因果推理的调节作用［J］．科学学与科学技术管理，2016，37（4）：11.

［382］吴明隆．结构方程模型-AMOS的操作与应用［M］．重庆：重庆大学出版社，2010.

［383］吴群．中小企业商业模式创新的现实意义与实现途径［J］．经济问题，2012（9）：81-84.

［384］吴晓波，雷李楠，陈颖．组织二元性的新机制——跨领域二元性［J］．西安电子科技大学学报（社会科学版），2015（3）：5-13.

[385] 吴晓波，赵子溢．商业模式创新的前因问题：研究综述与展望［J］．外国经济与管理，2017，39（1）：114-127.

[386] 夏清华，贾康田，冯颐．创业机会如何影响企业绩效——基于商业模式创新和环境不确定性的中介与调节作用［J］．学习与实践，2016（11）：11.

[387] 项国鹏，王进领．中小企业战略管理：理论述评及初步分析框架［J］．技术经济，2008，27（7）：113-122.

[388] 谢洪明，张颖，程聪，陈盈．网络嵌入对技术创新绩效的影响：学习能力的视角［J］．科研管理，2014，35（12）：1-8.

[389] 谢鹏．企业家社会资本、资源获取与创业绩效的关系研究［D］．西南大学，2018.

[390] 谢雪燕，郭媛媛，朱晓阳，康旺龙．融资约束、企业家精神与企业绩效关系的实证分析［J］．统计与决策，2018，34（20）：180-184.

[391] 许小虎，项保华．社会网络中的企业知识吸收能力分析［J］．经济问题探索，2005（10）：5.

[392] 阎婧，刘志迎，郑晓峰．环境动态性调节作用下的变革型领导、商业模式创新与企业绩效［J］．管理学报，2016（8）：1208-1214.

[393] 杨光飞．关系治理：华人家族企业内部治理的新假设［J］．经济问题探索，2009（9）：85-89.

[394] 杨国枢．中国人的价值观：社会科学观点［M］．北京：中国人民大学出版社，2013.

[395] 杨国枢．中国人的社会取向：社会互动的观点［J］．中国社会心理学评论，2005（1）：21-54.

[396] 杨洪涛．"关系"文化对合伙创业伙伴选择考量要素的影响研究［D］．哈尔滨工业大学，2010.

[397] 杨俊，张玉利，杨晓非，赵英．关系强度、关系资源与新企业绩效——基于行为视角的实证研究［J］．南开管理评论，2009，12（4）：44-54.

[398] 杨玉龙，潘飞，张川．差序格局视角下的中国企业业绩评价［J］．会计研究，2014（10）：66-73+97.

[399] 杨志勇，王永贵．关系利益对顾客长期关系导向影响的实证研究［J］．管理学报，2013，10（3）：413-419+429.

[400] 姚梅芳，栾福明，曹琦．创业导向与新企业绩效：一个双重中介及调节性效应模型［J］．南方经济，2018，37（11）：20，83-102.

[401] 姚伟峰，鲁桐．基于资源整合的企业商业模式创新路径研究——以怡亚通供应链股份有限公司为例［J］．研究与发展管理，2011（3）：97-101.

[402] 尹苗苗．创业导向、投机导向与资源获取的关系［J］．经济管理，

2013, 35（5）：43-51.

［403］于维娜，樊耘，张婕，门一．宽恕视角下辱虐管理对工作绩效的影响——下属传统性和上下级关系的作用［J］．南开管理评论，2015，18（6）：16-25.

［404］余来文．企业商业模式运营与管理［M］．北京：经济管理出版社，2015.

［405］余绍忠．创业资源、创业战略与创业绩效关系研究［D］．浙江大学，2012.

［406］原磊．商业模式体系重构［J］．中国工业经济，2007（6）：70-79.

［407］云乐鑫，杨俊，张玉利．创业企业如何实现商业模式内容创新？——基于"网络-学习"双重机制的跨案例研究［J］．管理世界，2017（4）.

［408］张闯，李骥，关宇虹．契约治理机制与渠道绩效：人情的作用［J］．管理评论，2014，26（2）：69-79+91.

［409］张广利，桂勇．社会资本：渊源·理论·局限［J］．河北学刊，2003，23（3）：6.

［410］张华，顾新，王涛．开放式创新的机会主义风险及其治理机制［J］．科学管理研究，2019（5）.

［411］张建涛．冗余资源、双元创新对企业绩效的影响研究［D］．辽宁大学，2018.

［412］张建宇．企业探索性创新与开发性创新的资源基础其匹配性研究［J］．管理评论，2014，26（11）：88-98.

［413］张江华．卡里斯玛、公共性与中国社会——有关"差序格局"的再思考［J］．社会杂志，2010，30（5）.

［414］张洁，安立仁，张宸璐．开放式创新环境下创业企业商业模式的构建与形成研究［J］．中国科技论坛，2013（10）：81-86.

［415］张璐，周琪，苏敬勤，长青．基于战略导向与动态能力的商业模式创新演化路径研究——以蒙草生态为例［J］．管理学报，2018，15（11）：1581-1590+1620.

［416］张明，江旭，高山行．战略联盟中组织学习、知识创造与创新绩效的实证研究［J］．科学学研究，2008（4）：200-205.

［417］张明珍，杨乃定，张延禄．环境动荡性对研发网络结构与风险传播的调节作用研究［J］．软科学，2019（9）.

［418］张翔，丁栋虹．创业型领导对新创企业绩效影响的中介机制研究——组织学习能力与战略柔性的多重中介效应分析［J］．江汉学术，2016，35（5）：14-22.

［419］张晓昱，朱慧明，吴宣明，等．动态环境调节下财务冗余结构对企业绩效的影响研究——以中国制造业为例［J］．软科学，2014，28（8）：5.

［420］张秀娥，张坤．创业导向对新创社会企业绩效的影响——资源拼凑的中介作用与规制的调节作用［J］．科技进步与对策，2018，35（9）：97-105.

［421］张学娟，郝宇青．现代治理体系下的新型政商关系构建［J］．理论探索，2017（1）：77-81.

［422］张永安，张瑜筱丹．外部资源获取、内部创新投入与企业经济绩效关系——以新一代信息技术企业为例［J］．华东经济管理，2018，32（10）：168-173.

［423］张永成，郝冬冬，王希．国外开放式创新理论研究11年：回顾、评述与展望［J］．科学学与科学技术管理，2015，36（3）：13-22.

［424］张永成，郝冬冬．基于开放式创新的组织间界面关系管理研究［J］．科学管理研究，2015，33（3）：9-12.

［425］张永强，安欣欣，朱明洋．高管主动性人格与商业模式创新研究［J］．科学学与科学技术管理，2017，38（10）：13.

［426］张玉利，李乾文．公司创业导向、双元能力与组织绩效［J］．管理科学学报，2009，12（1）：137-152.

［427］赵立雨．企业内部R&D投入、外部知识获取与创新绩效关系研究［J］．科研管理，2016，37（9）：11-19.

［428］赵文红，李秀梅．资源获取、资源管理对创业绩效的影响研究［J］．管理学报，2014（2）．

［429］赵云辉．社会资本、知识特性与企业知识创新——以科技型企业为对象［J］．未来与发展，2014（1）：4.

［430］郑丹辉，李新春，李孔岳．相对关系导向与新创企业成长：制度环境的调节作用［J］．管理学报，2014，11（4）：510-519.

［431］中国文化书院学术委员会．梁漱溟全集 第一卷［M］．济南：山东人民出版社，1989.

［432］周飞，郑培娟，王晓玉．关系营销导向对商业模式创新的影响机制［J］．财经论丛，2015（7）：86-93.

［433］周建国．关系强度、关系信任还是关系认同——关于中国人人际交往的一种解释［J］．社会科学研究，2010（1）：97-102.

［434］周生辉，周轩．基于中医阴阳平衡法破解管理理论或策略对立问题的案例分析［J］．管理学报，2018，15（4）：485-495+538.

［435］周小宇，符国群，王锐．关系导向战略与创新导向战略是相互替代还是互为补充——来自中国私营企业的证据［J］．南开管理评论，2016，19（4）：

13-26.

[436] 朱明洋, 张玉利, 张永强. 民营科技企业成长过程中商业模式双元演化研究 [J]. 科学学与科学技术管理, 2017, 38 (10): 15.

[437] 朱秀梅, 李明芳. 创业网络特征对资源获取的动态影响——基于中国转型经济的证据 [J]. 管理世界, 2011 (6): 105-115+188.

[438] 朱秀梅, 张妍, 陈雪莹. 组织学习与新企业竞争优势关系——以知识管理为路径的实证研究 [J]. 科学学研究, 2011 (5): 107-117.

[439] 庄贵军, 李珂, 崔晓明. 关系营销导向与跨组织人际关系对企业关系型渠道治理的影响 [J]. 管理世界, 2008 (7): 77-90+187-188.

[440] 庄贵军, 周南, 苏晨汀, 杨志林. 社会资本与关系导向对于营销渠道中企业之间沟通方式与策略的影响 [J]. 系统工程理论与实践, 2008 (3): 1-15.

[441] 庄贵军. 关系在中国的文化内涵: 管理学者的视角 [J]. 当代经济科学, 2012 (1): 18-29.

[442] 庄贵军. 营销渠道中的人际关系与跨组织合作关系: 概念与模型 [J]. 商业经济与管理, 2012 (1): 25-33.

后 记

这是我的第一本学术专著，毫无疑问，接下来还会有第二本、第三本……至少我是这样系统性规划的，毕竟把系统性的思考付之于文字且结集成书，本身就是一件比较系统性的实践。故，于此，我也想对这些系统性的思考与实践做一点不那么系统的回顾。

"周虽旧邦，其命维新"，对创新领域的研究一直是我的兴趣所在，尤其是商业模式创新，因为许多新颖的商业模式确实能够为企业带来巨大的利润。但并不是每家企业都成功了，也有企业因为跟风创新莫名其妙地被淘汰出局。为什么会这样呢？我当时通过对比归类研究发现，不同体量的企业可能通过不同的商业模式创新类型获得成功。因此，如果能够做好商业模式创新的分类，应该可以更好地对以上问题进行解释。

再者，如果想搞清楚商业模式创新类型与企业绩效的匹配问题，逻辑上就不免需要去思考怎样才能实现这些商业模式创新，尤其是对于中国的中小企业而言，有没有一种更"接地气"的驱动因素发挥着独特的作用。在阅读文献时我看到这么一句话，即管理学的研究应该逐渐转变视角，从"站在世界看中国"转向"站在中国看中国"，认真总结中国改革开放以来企业管理实践与管理理论发展的特点与规律。这句话对我触动很大，因为我突然意识到企业总是由人构成的，而人就注定会具有某种文化烙印，这种带有文化烙印的人以某种阵型构成组织，因此组织必然会留有某种印记。这种印记就是文化惯性下的某种路径依赖，同时这种路径依赖又在新的时代条件下呈现出不一样的特点。在中国式现代化进程中，尤其在中国特色社会主义市场经济的构建过程中，那些经过"扬弃"而保留下的植根于文化土壤中的传统因素在法治社会的背景下，究竟以何种作用机制影响着我们本土企业的生存与发展，是一个值得深思与深挖的课题。

正是因为带着这样的思考，我才努力去做了一些尝试，用比较本土化的解释机制来讲，这种尝试未尝不是一种"机缘"：机缘巧合下，我读过费孝通先生的《乡土中国》；机缘巧合下，我读过牛永革教授和庄贵军教授"关系营销"的相关研究；机缘巧合下，我读过邓晓芒教授的《中西文化比较十一讲》；机缘巧合下，我看过吴国盛教授《什么是科学》的演讲视频。种种机缘的叠加，最终让我想尝试从传统文化的视角去解读我之前的研究主题——商业模式创新，这正是本书得以形成的某种偶然性与必然性的耦合。

或许正是因为具备了这种比较文化的知识储备，才触发了我去寻找中小企业实现双元商业模式创新的具有本土特质的驱动因素，而这种"双元"思维本就与道家"万物负阴而抱阳，冲气以为和"的辩证思维方式不谋而合，在中国的土地上具有深厚的文化土壤。由此看来，研究也是一种讲"缘分"的东西，亦所谓"此有故彼有，此生故彼生。此无故彼无，此灭故彼灭"。

本书的出版，要感谢四川大学商学院的张黎明教授和牛永革教授对我的学术培养，星火式的灵光一闪想要燎原，就必须要有扎实的理论沉淀与方法技术做支撑；同时要特别感谢西昌学院经济管理学院院长陆铭宁教授的关心与支持，陆教授一直鞭策我继续精进，鼓励我多思多写，也多亏了这种"催促"，我才能夜以继日地修改稿件，最终完成本书；也要感谢经济管理出版社的郭丽娟老师，感谢她为本书出版所付出的努力。

最后，我想感谢我的父母，感谢你们对我的包容、对我的关心、对我的支持、对我永不变质的爱。虽然过早失去了父亲的草原，让我倍感遗憾，但那条母亲的河还在日以继夜地奔流，依旧哺育着我、滋养着我、温润着我，作为他们的孩子，我唯有继续努力，成就好事业、组建好家庭、照顾好亲友，才能让天边的父亲宽慰，才能让身边的母亲放心。终有一天，我也会成为孩子的父亲，而那草原注定长青，望向天边，一定有一颗是只属于我父亲的恒星。

人生不易，不易而易，易为恒常，易则恒长。人、事、物三理皆如此。